JN193651

こども家庭庁と
日本のこども政策

衆議院議員
小倉將信

こども
まんなか社会の
実現に向けて

中央公論事業出版

はじめに　〜こども家庭庁の誕生で何が変わるのか〜

2023年4月1日、我が国で初めて「こども」という言葉を冠したこども家庭庁が発足した。私はその前の年にこども家庭庁設立準備室を所管する担当大臣となり、この日にこども家庭庁の初代大臣に就任することになった。新たな省庁が誕生する時は通常担当大臣がひとりで書く看板の題字を、5人のこども達と作業した。それぞれの個性が光る不揃いの題字が、こども達が心を込めて描いた絵であふれるこども家庭庁のオフィスで訪問する客を迎える。こどもを中心とし、そのこども達が型にはまることなく、個性を伸ばしていける社会を目指していく。そんな同庁の理念を表した看板が仕上がった。

古くは環境庁（現在の環境省）や消費者庁、近年はデジタル庁や内閣感染症危機管理統括庁など、社会の環境変化に伴い新たな政策課題が浮上する度に、政治主導で新たな行政組織が誕生した。そのなかでも、こども家庭庁は、中堅・若手議員が主導して設立が決まった珍しい組織だ。私も発起人のひとりとして名を連ねた自民党のチルドレン・ファースト勉強会で、「こども庁」構想が持ち上がり、それが菅義偉政権の公約となり、続く岸田文雄政権に引き継がれて準備が進められた。私の前任者である野田聖子大臣の下でこども家庭庁設置法及びこども基本法が成立したが、その際には与野党を超えた多くの賛同を集めた。行政機構ではなく国会議員・地方議会議員がこども家庭庁設立を主導したということは、現場の近くで活動している議員がこどもを巡る現状に相当な危機感を抱いたということを意味する。また、とりわけ組織改編には長期間を要する通常の行政プロセスを待っていられないほど、こどもを取り巻く状況が深刻だということも意味する。

こども家庭庁の組織やそれぞれの政策についての詳細な紹介は第2章

以降に譲るとして、ここでは、初代大臣として繰り返し言及したこども家庭庁の意義について述べたい。それは「省庁の縦割りを排しこども政策を一元化する司令塔機能を果たすこと」と「こども・若者の意見を聴きその目線に立った政策を実現すること」である。そして、これらを通じて、こどもの最善の利益を第一に考える「こどもまんなか社会」を実現することが、こども家庭庁の使命である。

　まずは、こども政策の一元化について述べたい。我が国の少子化はとどまるところを知らず、静かなる有事とも指摘されている（私は少子化担当大臣として、岸田政権の少子化対策も担当したが、その詳細は拙著『元少子化大臣が解説する異次元の少子化対策』〈2024 年、中央公論事業出版〉をご参照願いたい）。他方で、こどもの数は少なくなっても、こどもを取り巻く状況はむしろ深刻さを増している。児童虐待の通報対応件数は、20 年前の 1 万件超から今や年間 20 万件を超えるほど増加した。不登校児童数は 3 年間で 10 万人近いペースで急増し、全国で 30 万人に迫っている。こどもの自殺者数は 2022 年に過去最多の 514 人となってしまった。こうした状況に対し、政府はただ指をくわえて見ていたわけではない。例えば、児童虐待対策として、その最前線に立つ児童相談所と、そこで働く児童福祉司や児童心理司といった専門職などへの、国による財政的支援は累次に強化された。児童相談所が緊急度の高い家庭への支援に集中できるよう、2022 年に各自治体はこども家庭センターを設置し、両者が連携することで、困難に直面する家庭を切れ目なく支援する体制を整えることも義務付けられた。

　しかしながら、政府側が、省庁間の縦割りを排し、こどもの最善の利益を第一に考えて政策を実施してきたかという点については、まだまだ改善の余地が大きい。児童虐待を防ぐためには、家庭を支援する福祉部署と、こどもが通う学校や幼稚園、更には通報を受ける警察署との連携は不可欠だ。しかし、児童虐待対策ひとつを取り上げても、政府内の関係機関は、児童相談所や保育所等が厚生労働省（厚労省）、学校や幼稚園が文部科学省（文科省）、加えて警察庁、法務省、総務省など多岐に

わたる。これまでも関係省庁はこどもの命と安全を守るため最善の努力を続けてきたかもしれない。ところが、それはあくまで省庁間の横の連携であり、各種の施策を統合する司令塔組織が存在したわけではない。そこに限界は存在する。児童相談所や保育所が、厚労省からこども家庭庁に移管されても同じことではないかと思う読者もいるかもしれないが、こども家庭庁は内閣府に属し、より一段高いところから各省庁と調整することができる。加えて、こども家庭庁を所管するこども政策担当大臣には各省庁に対して政策の是正を促す勧告権が与えられている。内閣府に新たな組織ができれば、政府の体制は大きく変わりうる。

　そして、こども政策の一元化のために、総合調整機能を有する内閣府への移管や、勧告権の有無と同じくらい重要なポイントを挙げるとすれば、それは、こどもに関する政策の決定権をこども政策担当大臣に集約させる「時の政権の意志」である。私の在任中も、こども家庭庁発足前の通園バスの置き去り事故防止策に始まり、少子化対策、こどもの自殺対策や性被害の防止対策など、喫緊の課題に関する関係府省庁会議を開催した。幸いなことに、いずれの案件も、構成員たる関係省庁は非常に協力的であり、短期間で、これまでより踏み込んだ包括的な対策を取りまとめることができた。その理由のひとつに、こども政策に対する世間の注目度が高く、それが政策推進の追い風となるとともに、各省庁もこどもに関する問題意識を強く抱き、対策の必要性を認識してくれたことがある。そうした状況に加えて、こども政策担当大臣である私を議長（座長）とする会議を開催し、対策を講じるという岸田総理の指示が大きかったように感じる。近年の官邸主導の政治システムの下で、総理（官邸）の後押しが政策形成に大きく作用することは言うまでもないからだ。

　上記の緊急を要する政策課題のみならず、就学前のこどもの育ちの保障や、こどもの居場所づくりなど、かねてより重要性を指摘されながら省庁の壁を越えられなかった課題についても、こども家庭庁は政府横断的に取り組むことになる。

こども家庭庁の誕生により、政府内にとどまらず、国と地方の関係にも変化が現れた。こども政策のほぼ全ては自治体を通して実施されている。したがって、政府と地方自治体の連携がこども政策の鍵を握る。こども家庭庁の発足後、私（こども政策担当大臣）と地方三団体（全国知事会、市長会、町村長会）は定期協議の場を設けることに合意した。更に、政策テーマごとに実務者協議を設けることも決めた。自治体の首長からは「こども家庭庁が窓口になってくれることで、これまでのように省庁にたらい回しにされずに助かる」との発言があった。こども家庭庁の誕生により政府内だけでなく、国と自治体の風通しもより良くなるメリットも感じた。

　次に、こどもや若者の意見反映について述べたい。こども政策担当大臣として、かつてないほど多くのこども達と意見を交わしてきた。障がいを持つこども、児童養護施設で暮らすこども、いじめや不登校に悩むこどもや、児童虐待のトラウマに苦しむ若者の声に、耳を傾けることもあった。こうした何らかの困難に直面しているこどもや若者も含め、全ての人達に共通していたのが、私に自分達の想いを一通り話してくれた後に、彼らの表情がとても晴れやかでいきいきとしたものに変わるところだった。世の中に言いたいことはいっぱいあるけれども、大人達はどうせ聞いてくれない。このような思いが嵩じて意見を言うこと自体を諦めているこども達が、我が国にたくさんいるのではないかとの思いを、彼らとの対話を通じて抱いた。日本の若者の自己肯定感や自己有用感は米国や中国の若者と比べて顕著に低い。裏を返せば、「自分が社会を変えられるとは思えない」、「自分の将来は明るくない」と考える若者が多いということだ。これを若者の責任に帰するのではなく、経済の低成長や人口減少などの要因もあるのかもしれないが、我が国でこどもや若者が意見を言い、社会や行政がこれらを真剣に受け止め、社会が変わるといった機会が著しく少ないことが、若者達の態度の要因となっていると言えないだろうか。こども政策担当大臣としてこどもや若者と接するにつれ、大人達の姿勢や我が国の社会のあり方に責任があるとの印象を持

つにいたった。

　日本が児童権利条約を批准してから約 30 年が経つ。この条約では、こども達を権利の主体と位置付け、こどもの意見表明権を定めている。しかし、この権利が我が国でなかなか定着しなかったからこそ、こども家庭庁の発足と同時に施行されたこども基本法には、改めてこの意見表明権が明記されている。こども家庭庁では既に「こども若者★いけんぷらす」事業をスタートさせて、こどもや若者から SNS を含む様々な方法で意見を集めている。従来より相当大規模に意見を集約するのみならず、議論するテーマやプロセスについても、政府が一方的に決めるのではなく、こどもや若者で構成される運営委員会（ぽんぱー）と共に進めていくことになる。そして、これらの意見を政策に最大限反映させるよう努めるだけでなく、政策に反映できなかった場合もその理由や代替策を、こどもや若者に対して丁寧に説明していくことになる。こどもをこども扱いしない。これが、こども家庭庁がこれからチャレンジする新しい政策のプロセスである。

　こどもや若者の意見を十分に聞くことは、彼らの自己有用感・自己肯定感の改善が期待されるだけでなく、こども・若者政策が当事者のニーズを満たす実効性の向上にもつながっていく。例えば、我が国の社会的養護は、こどもの育ちを考えて、施設の小規模化や里親委託などの家庭的児童養護を推進してきた。こうした政策が極めて重要なことは言うまでもないが、施設で暮らすこども達から私が直接要望されたのは、全く別のことだった。「コンタクトをつけたい」、「スマホがほしい」。いずれも施設のこども達には、極めて限定的にしか認められていないものだった。かつてはぜいたく品とみなされてきたスマホやコンタクトも、今や中学生にもなれば、どの子も当たり前のようにコンタクトを付けてスマホを持っている。こうした要望は、こども達に直接聞かなければ、なかなか行政側には届かない。

　ところで、よく誤解されるのだが、こども家庭庁における「こども」は未成年を指すのではなく、ましてや小中学生に限られない。「こど

も」の範囲は、年齢で区切ることをせず、心身の発達段階にある者と定義している。20代、更には30代であっても、行政の支援を必要とする人がいれば、それはこども家庭庁の政策の対象者であると共に、意見を聴き、共に議論し、政策に反映させるという意味では重要なパートナーでもある。こども家庭庁の担当大臣の職務は、「こども政策」に加えて「若者活躍」である。このことにも、こども家庭庁の姿勢が現れている。

　こども家庭庁は、全てのこどもを対象とする政策から、様々な困難に直面する特定のこども達への支援まで、広範囲の業務を担いつつ、これまでこどもが置かれてきた環境を変える「社会変革の」役割も担う。その想いや政策がこども達に伝わり、後世から振り返って、こども家庭庁ができた2023年が「こどもまんなか」元年と思われるようになる。こども家庭庁の職員には、こうした高い理想の下で頑張ってもらいたい。また、私も微力ながら今後もこうした取組を後押ししていくつもりである。

　私が大臣を退任してから、「こども家庭庁でどのような政策を実施しているか教えてほしい」、「我が国のこども政策の全体像がわかるものはないのか」などの要望が多く寄せられるようになった。前者の質問は生まれたばかりのこども家庭庁である以上当然のことであるが、後者については、確かにこども政策全般を概括的に論じている本はあまりないように思う。したがって、本書を通じて、こども家庭庁自体をよりよく理解してもらうと同時に、各論の詳細はそれぞれ専門書で更に深く学んでもらうとして、本書をこども政策の入門編としてもご活用いただければ幸いである。

　以下の章では、こども家庭庁が担うそれぞれの政策について、現在の状況や今後の方向性について説明していく。第1章ではこども家庭庁発足の経緯について、こども政策の新たな推進体制に関する基本方針（2021年12月21日閣議決定）、こども基本法（令和4年法律第77号）、こども家庭庁設置法（令和4年法律第75号）を中心に説明する。第2章ではこども家庭庁の組織と予算の全体像について、第3章ではこども

写真 1　こども家庭庁の発足式

家庭庁の設置に伴い新たに取り組む政策について、第 4 章では従来から取り組んできたこども政策の現状と今後の方向性について、それぞれ説明する。読者は第 1 章から第 4 章を通して、こども家庭庁とこども政策の全体像を理解することができるようになるだろう。

こども家庭庁と日本のこども政策

～こどもまんなか社会の実現に向けて～

目次

第1章　こども家庭庁発足の経緯

（1）こども家庭庁発足の経緯

　「はじめに」でも述べたように、こども家庭庁は、自民党の中堅・若手議員が主導して設立の議論が始まった珍しい組織だ（私も発起人のひとりとして名を連ねた）。自民党のチルドレン・ファースト勉強会で「こども庁」構想が持ち上がり、それを菅総理（当時）が引き受け、議論が本格化したものである。

　菅総理は 2021 年 4 月 1 日、自民党の二階幹事長（当時）に、こどもに関する政策を一元的に担当する省庁の創設に向け、自民党内で詳細設計を進める体制を整えるよう指示し、同年 4 月 13 日に「「こども・若者」輝く未来創造本部」（本部長：二階俊博幹事長）を設置している。

　政府内においても、自民党の動きと並行して検討が行われ、同年 7 月 7 日には「こども政策の推進に係る作業部会」として関係省庁会議を設置するとともに、内閣官房に事務局として「こども政策推進体制検討チーム」を立ち上げている。その後、9 月 16 日に「こども政策の推進に係る有識者会議」が設置され、11 月 29 日に「こども政策の推進に係る有識者会議報告書」が取りまとめられた。そして、この報告書を踏まえ、12 月 21 日に「こども政策の新たな推進体制に関する基本方針〜こどもまんなか社会を目指すこども家庭庁の創設〜」（以下「基本方針」という。）が閣議決定され、こども家庭庁の基本設計が政府として正式に意思決定されることとなった。この基本方針はこども家庭庁を語る上で極めて重要な閣議決定なので、後ほど詳しく解説したい。

　その後、こども家庭庁設置法の議論と併せて、自民党「こども・若

者」輝く未来創造本部をはじめとして各党において、こども政策の基本理念等を定める「こども基本法」の新規立法の機運が高まり、各党各会派において検討が進められることとなった。結果として、こども基本法は、2022年4月4日に自民党・公明党から議員立法として法案が提出され、5月17日に衆議院において可決、6月15日に参議院において可決・成立し、6月22日に公布、2023年4月1日に施行されている。

　こども基本法は基本方針の内容のうち基本法として法制化が必要な部分（こども施策の基本理念や、こども施策を推進するための仕組み《こども施策推進会議、こども大綱・白書の策定、国・地方自治体・事業主・国民の責務、こども・子育て当事者等の意見の反映等の基本的施策》）が法律として結実したものと考えると理解しやすいだろう。

　また、こども家庭庁設置法については、基本方針をベースに法制化が行われ、2022年4月2日に内閣提出法律案（閣法）として法案が提出され、こども基本法と同時に審議が行われ、5月17日に衆議院において可決、6月15日に参議院において可決・成立し、6月22日に公布、2023年4月1日に施行されている。こども家庭庁設置法は基本方針の内容のうち組織法として法制化が必要な部分（こども家庭庁の設置・任務・所掌事務、こども審議会）が法律として結実したものと考えると理解しやすいだろう。

　本章では、この基本方針、こども基本法、こども家庭庁設置法のポイントについて解説する。参考資料として、基本方針、こども基本法、こども家庭庁設置法の全文を添付しているので必要に応じて参照いただきたい。

（2）こども政策の新たな推進体制に関する基本方針

　基本方針は、その表題「こども政策の新たな推進体制に関する基本方針〜こどもまんなか社会を目指すこども家庭庁の創設〜」の通り、「こども家庭庁」の創設に当たっての基本的な考え方を初めて政府として取

りまとめたものである。

〈こどもまんなか社会〉

　第一のポイントは、「こども家庭庁の目指す社会像として『こどもまんなか社会』の考え方を示していること」である。この「こどもまんなか社会」とは、常にこどもの視点に立って、こどもの最善の利益を第一に考え、こどもに関する取組・政策を我が国社会の真ん中に据えるという趣旨の言葉である。こども家庭庁では、この「こどもまんなか」をキーワードにあらゆる施策を展開している。

〈こども政策の基本理念〉

　第二のポイントは、「こども政策の六つの基本理念を提示したこと」である。具体的には、

　①こどもの視点、子育て当事者の視点に立った政策立案

　②全てのこどもの健やかな成長、Well-being の向上

　③誰一人取り残さず、抜け落ちることのない支援

　④こどもや家庭が抱える様々な複合する課題に対し、制度や組織による縦割りの壁、年齢の壁を克服した切れ目ない包括的な支援

　⑤待ちの支援から、予防的な関わりを強化するとともに、必要なこども・家庭に支援が確実に届くようプッシュ型支援、アウトリーチ型支援（訪問支援）に転換

　⑥データ・統計を活用したエビデンスに基づく政策立案、PDCA サイクル（評価・改善）

の六つの基本理念が定められている。

　それでは、それぞれの基本理念の考え方について見てみよう。

　基本理念①は、こどもの最善の利益を実現する観点から、こどもの意見が年齢や発達段階に応じて積極的かつ適切にこども政策に反映されるよう取り組むとともに、若者の社会参画を促進するというものである。

　基本理念②は、全ての国民に基本的人権を保障する日本国憲法の下、

児童の権利に関する条約に則り、「全てのこどもが生命・生存・発達を保障されること」、「こどもに関することは、常に、こどもの最善の利益が第一に考慮されること」、「こどもは自らに関係のあることについて自由に意見が言え、大人はその意見をこどもの年齢や発達段階に応じて十分に考慮すること」、「全てのこどもが、個人としての尊厳が守られ、いかなる理由でも不当な差別的取扱いを受けることがないようにすること」といった基本原則を、今一度、社会全体で共有し、必要な取組を推進するというものである。

また、「全てのこどもの Well-being の向上」の考え方が明記されていることもポイントである。ここでは「Well-being」を、「こどもが、安全で安心して過ごせる多くの居場所を持ちながら、様々な学びや、社会で生き抜く力を得るための糧となる多様な体験活動や外遊びの機会に接することができ、自己肯定感や自己有用感を高め、幸せな状態」としている。

基本理念③は、我が国も賛同し国連総会で採択された「持続可能な開発のための 2030 アジェンダ」の根底に流れる「誰一人取り残さない」という基本的な理念を踏まえ、脆弱な立場に置かれたこどもや外国人のこどもなどを含めて、全てのこどもが、施策対象として取り残されることなく、かつ、当事者として持続可能な社会の実現に参画できるよう支援するというものである。

基本理念④は、これまで困難を抱えるこどもや家庭に対する支援については、

- ・児童虐待、貧困、いじめ、不登校、高校中退、非行といった困難の種類や制度ごとの「縦割り」によって生じる弊害
- ・教育、福祉、保健、医療、雇用といった各関連分野や関係府省庁の「縦割り」によって生じる弊害
- ・児童福祉法や要保護児童対策地域協議会の対象年齢が 18 歳未満であるなど、支援の対象年齢を区切っていることで支援が途切れがちになる「年齢の壁」

などによって、必要な支援が抜け落ちてしまうといった課題があったことを踏まえ、これらの「壁」を打破するため、「こども家庭庁」を創設するというものである。

基本理念⑤は、専門家の配置や相談窓口の開設といった従来の施設型、来訪型の支援では、本来支援が必要なこどもや家庭に十分アプローチをすることは難しいことから、地域における関係機関やNPO等の民間団体等が連携して、こどもにとって適切な場所に支援者が出向いて、それぞれのこどもや家庭の状況に合わせたオーダーメイドの支援を行うアウトリーチ型支援を充実させるとともに、支援を望むこどもや家族が相談支援に関する必要な情報を得られるよう、SNSを活用したプッシュ型の情報発信やこどもや子育て当事者にとってわかりやすい広報の充実強化等を進めるというものである。

基本理念⑥は、これからの時代に、「勘（K）」、「経験（K）」、「思い込み（O）」に基づく政策形成を続けていては施策の効果は期待できないことから、令和時代の政策形成として、こども家庭庁では、こどもの意識に関するデータ、こどもや家庭を取り巻く状況に関するデータ、こどもや家庭を支援する機関や団体のデータ、各種統計など、様々なデータや統計を活用するとともに、こどもからの意見聴取などの定性的な事実も活用し、エビデンスに基づき多面的に政策を立案し、評価し、改善していくというものでる。

いずれの基本理念も、こども政策を推進するに当たって重要な考え方であり、基本的にこれらの基本理念は全てこども基本法に引き継がれている。

〈強い司令塔機能〉

第三のポイントは、「こども家庭庁に強い司令塔機能を持たせることとしていること」である。

まず、①内閣府政策統括官（政策調整担当）から青少年の健全な育成やこどもの貧困対策に関する事務、②内閣府子ども・子育て本部から子

ども・子育て支援や少子化対策に関する事務、③内閣官房から犯罪から
こどもを守るための対策に関する事務、④国家公安委員会及び警察庁か
ら児童の性的搾取に関する事務、⑤厚労省から児童虐待等に関する事務
をこども家庭庁に一元化することとしている。

　また、各省大臣に対する勧告権を有する「こども政策を担当する内閣
府特命担当大臣」を必置とすることとしている。こども政策担当大臣に、
「①各省大臣に対し、資料の提出や説明を求める権限、②各省大臣に対
し、勧告する権限、③当該勧告に基づいて講じた措置について、各省大
臣に対し、報告を求める権限、④勧告した事項に関し、内閣総理大臣に
対し、意見具申できる権限」を付与することにより、こども家庭庁の司
令塔機能を担保することとしている。

〈こども家庭庁の業務〉
　第四のポイントは、「こども家庭庁の業務の範囲を明確化しているこ
と」である。具体的には、法律の目的が、主として、こどもの権利利益
の擁護、福祉の増進、保健の向上、その他のこどもの健やかな成長及び
こどものいる家庭の子育てに対する支援を行うものについては、こども
家庭庁に移管し、こどもやこどものある家庭に関する部分とそれ以外の
者に関する部分とを切り分けて事務を執行することが可能であるもの、
法律の目的がこども又はこどものある家庭を対象としているが、権利利
益の擁護、福祉の増進、保健の向上、その他のこどもの健やかな成長及
びこどものある家庭における子育てに対する支援とそれ以外の政策分野
を含んでいるものについては、関係府省庁で共管することとしている。
その上で、国民全体の教育の振興、雇用の確保や環境整備、福祉の増進、
保健の向上等を目的とするものについては、関係府省庁の所管としつつ、
個別作用法に具体的な関与を規定するほか、こどもの視点から総合調整
を行うこととしている。

　こども家庭庁では、更に、新規の政策課題や隙間事業への対応に取り
組むこととされている。例えば、放課後等におけるこどもの居場所づく

りについて、各省がそれぞれの所掌にて照らして行っているこどもの居場所と関連する事務について必要な調整を行い、新たに「こどもの居場所づくりに関する指針」[1] を策定し、施策を推進していくこととしている。また、これまでは幼稚園や保育所等のどの施設にも通っていないこども（未就園児）については、各省庁の所掌事務の隙間となっていたが、小学校就学前の全てのこどもの育ちの保障に関して、幼稚園、保育所、認定こども園、家庭、地域を含めた取組の方針として、「就学前のこどもの育ちに係る基本的な指針」[2] を策定し、施策を推進することとしている。

　なお、こども家庭庁の創設に当たっては、こども家庭庁を文科省の外局にする案と内閣府の外局に設置する案が検討された。文科省の外局にする案には教育政策との一体性、内閣府の外局にする案には政府全体の調整機能といったメリットが指摘されたが、最終的には、各省庁の上位に位置し、政策を調整する権能を有し、担当大臣には勧告権が付与される内閣府に設置することとなった。

　次に大きな論点となっていたのは、文科省をこども家庭庁に統合するか否か、である。この点については、様々な議論があったが、文科省は、初等中等教育、高等教育及び社会教育の振興に関する事務を一貫して担っており、この教育行政の一体性を維持しつつこどもの教育の振興を図ることが、こどもの成長を「学び」の側面から支えていく上では重要であることを踏まえ、教育については文科省の下でこれまでどおりその充実を図り、こども家庭庁は全てのこどもの健やかな成長を保障する観点から必要な関与を行うことにより、両省庁が密接に連携して、こどもの健やかな成長を保障することとされた。つまり、「こどもの学び」は文科省、「こどもの育ち」はこども家庭庁という役割分担となった。

　いじめ、不登校、放課後児童クラブの待機児童対策など、こども家庭庁と文科省との連携は、厚労省と文科省の時よりも格段に進んだと感じる。しかし、こどもにとって、学びと育ちの違いが明確にあるわけではない。育ちの中に学ぶこともたくさんあり、学びの中にも健全な育ちに

資することもたくさんある。非認知能力の重要性が指摘されている昨今ならなおさらである。今後、組織のあり方も含め、こども家庭庁と文科省の更なる融合を不断に検討していくべきである。

注
1) 第3章（4）で詳述。
2) 第3章（3）で詳述。なお、有識者等による議論を経て、最終的な名称は「幼児期までのこどもの育ちに係る基本的なビジョン」とされた。

〈こども家庭庁の組織〉

第五のポイントは、「こども家庭庁の組織体制の基本的な考え方を定めたこと」である。詳細は後述するが、基本方針の時点で、こども家庭庁に企画立案・総合調整部門、成育部門、支援部門の3部門の体制を設け、移管する定員を大幅に上回る体制を目指すこととしている。

巻末の基本方針の本文を読んでいただければわかるが、この基本方針はこども家庭庁の組織の内容についてかなり細部にわたって書き込まれており、実質的に基本方針の閣議決定によって、こども家庭庁の基本的な形が固まったと言える。

（3）こども基本法

こども家庭庁を語る上で欠かせないのは、こども家庭庁設置法と同時期に成立した「こども基本法」である。なぜなら、こども家庭庁とは、この「こども基本法」の理念を体現するための組織であるからである。

こども基本法には、こども施策の基本理念や、こども施策を推進するための仕組みが定められている。ここでは、こども基本法のポイントについて解説する。

〈こども基本法の目的〉

第一のポイントは、「こども基本法は、こども施策の基本理念やこど

も施策を推進するための仕組みを定めることにより、こども施策を総合的に推進することを目的とするものであること」である。具体的には、六つの基本理念やこども施策を推進するための仕組み（こども施策推進会議、こども大綱・白書の策定、国・地方自治体・事業主・国民の責務、こども・子育て当事者等の意見の反映等の基本的施策）を定めている。

〈こどもの定義〉

　第二のポイントは、「こども」を18歳未満の者という形で年齢で定義するのではなく、「心身の発達の過程にある者」という形で定義し、18歳以上の者であっても「心身の発達の過程にある者」であれば、こども施策の対象となるものとしていることである。このことにより、こども施策については、こどもの年齢で機械的に区切ることなく柔軟に対応していくという考え方を基本とすることが明確になる。例えば、社会的養護の措置を解除されたこどもに対して居住支援や各種の相談援助を行う「児童自立生活援助事業」について、これまでは22歳までを支援の対象としていたが、23歳以上も支援対象にできるよう見直すなどの取組を行っている。

〈こども政策の基本理念〉

　第三のポイントは、「こども政策の六つの基本理念を定めたこと」である。具体的には、

①全てのこどもについて、個人として尊重され、その基本的人権が保障されるとともに、差別的取扱いを受けることがないようにすること

②全てのこどもについて、適切に養育されること、その生活を保障されること、愛され保護されること、その健やかな成長及び発達並びにその自立が図られること、その他の福祉に係る権利が等しく保障されるとともに、教育基本法の精神にのっとり教育を受ける機会が等しく与えられること

③全てのこどもについて、その年齢及び発達の程度に応じて、自己に直接関係する全ての事項に関して意見を表明する機会及び多様な社会的活動に参画する機会が確保されること

④全てのこどもについて、その年齢及び発達の程度に応じて、その意見が尊重され、その最善の利益が優先して考慮されること

⑤こどもの養育については、家庭を基本として行われ、父母その他の保護者が第一義的責任を有するとの認識の下、これらの者に対してこどもの養育に関し十分な支援を行うとともに、家庭での養育が困難なこどもにはできる限り家庭と同様の養育環境を確保することにより、こどもが心身ともに健やかに育成されるようにすること

⑥家庭や子育てに夢を持ち、子育てに伴う喜びを実感できる社会環境を整備すること

である。

①は日本国憲法第11条[3]の基本的人権の保障、第13条[4]の個人の尊重、第14条[5]の法の下の平等、児童の権利に関する条約第2条[6]の差別の禁止の趣旨を踏まえたものである。基本的人権の保障、個人の尊重、法の下の平等、差別の禁止は、最も根源的なものであり、当然にこれを確保しなければならない。

②は児童の権利に関する条約第6条[7]の趣旨を踏まえたものである。この理念を踏まえ、こども家庭庁では、「全てのこどもに、健やかで安全・安心に成長できる環境を提供する」、「成育環境にかかわらず誰一人取り残すことなく健やかな成長を保障する」ことを柱として、保育所等の受け皿拡大・質の向上、放課後児童クラブの受け皿拡大・質の向上、こどもの居場所づくりや、社会的養護・ヤングケアラー、障がい児・医療的ケア児、ひとり親家庭等への支援を推進している。

③は児童の権利に関する条約第12条[8]の趣旨を踏まえたものである。こどもの意識調査の国際比較では、「自分自身に満足している（自己肯定感がある）」と回答した人の割合は45.1％にとどまっている（最も高いアメリカは87.0％）。また、「自分は役に立たないと強く感じる（自己

図表1　私は自分自身に満足している

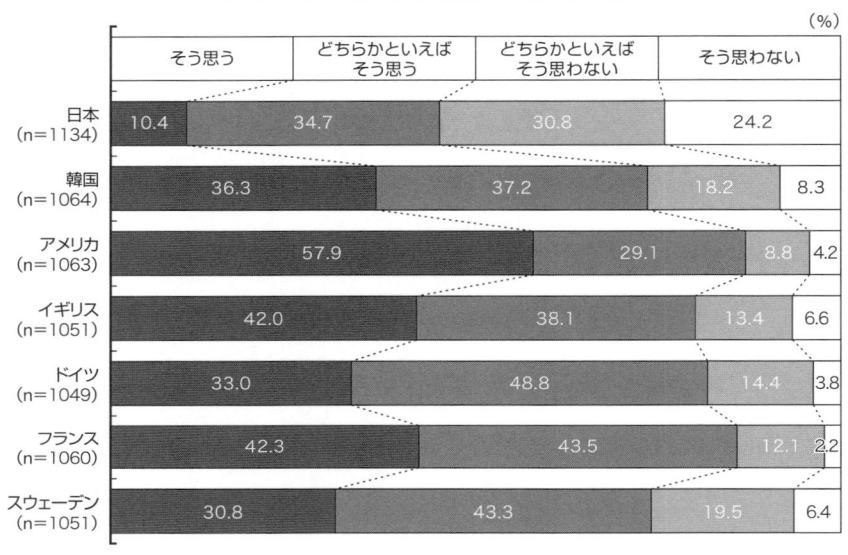

	そう思う	どちらかといえばそう思う	どちらかといえばそう思わない	そう思わない
日本 (n=1134)	10.4	34.7	30.8	24.2
韓国 (n=1064)	36.3	37.2	18.2	8.3
アメリカ (n=1063)	57.9		29.1	8.8　4.2
イギリス (n=1051)	42.0	38.1	13.4	6.6
ドイツ (n=1049)	33.0	48.8	14.4	3.8
フランス (n=1060)	42.3	43.5	12.1	2.2
スウェーデン (n=1051)	30.8	43.3	19.5	6.4

(%)

注：nはサンプル数。

図表2　自分は役に立たないと強く感じる

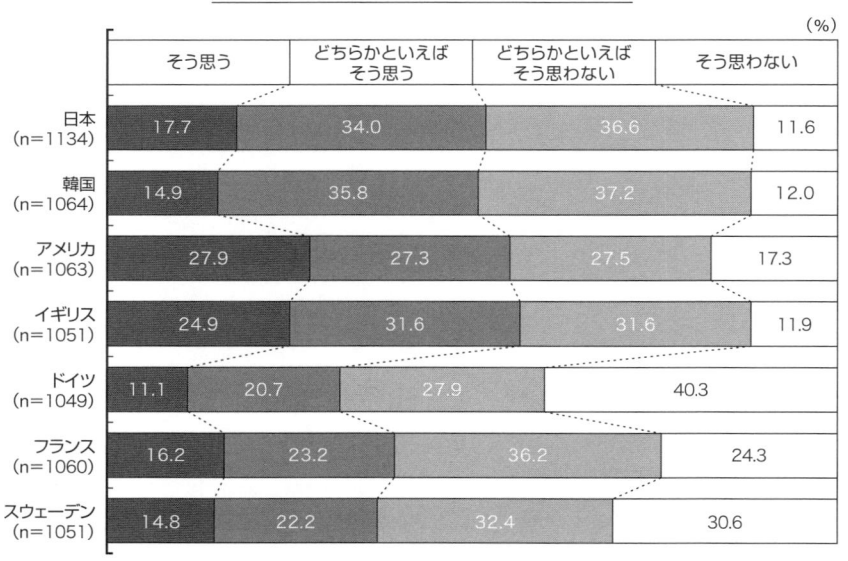

	そう思う	どちらかといえばそう思う	どちらかといえばそう思わない	そう思わない
日本 (n=1134)	17.7	34.0	36.6	11.6
韓国 (n=1064)	14.9	35.8	37.2	12.0
アメリカ (n=1063)	27.9	27.3	27.5	17.3
イギリス (n=1051)	24.9	31.6	31.6	11.9
ドイツ (n=1049)	11.1	20.7	27.9	40.3
フランス (n=1060)	16.2	23.2	36.2	24.3
スウェーデン (n=1051)	14.8	22.2	32.4	30.6

(%)

注：nはサンプル数。

有用感がない）」と回答した人の割合は51.7％に上っている（最も低いドイツは31.8％）。これらの背景の一つには、我が国では、こどもの意見表明の機会、社会的活動への参画の機会が十分確保されていないことがあるのではないかと考えられる。私自身、こども政策担当大臣として、数多くのこども達と意見交換をしてきたが、こどもと同じ目線で話を聞くことができると、こども達は「大人は自分達の意見を聞いてくれないと思っていたけれども、ちゃんと話を聞いてくれた」と言って、話し終わった後に、ものすごく良い表情をしてくれる。逆に言うと、こども達は、「大人は自分たちの意見を聞いてくれない」、「自分達が何かやっても社会は変わらない」という閉塞感を少なからず抱いている。「はじめに」でも述べたように、こども達の自己肯定感、自己有用感を高めるためにも、こどもの意見表明の機会や社会的活動への参画の機会を確保することは極めて重要である。

　④は児童の権利に関する条約第3条[9)]の趣旨を踏まえたものである。こどもの意見を尊重するという点において、③との関係が若干わかりにくいところがあるが、③は「こども自身に直接関係する全ての事項（どのような学校を選ぶか、どのような職業に就くかなど、個々のこどもに直接影響を及ぼす事項）」について意見を表明する機会を確保すべきとしているのに対し、④は、こども自身に直接関係する事項に加えて、「こども自身に直接関係する事項以外の事項」についても、こどもの意見を尊重すべきとしているという違いがある。

　⑤は児童の権利に関する条約の前文[10)]、第18条[11)]及び第20条[12)]の趣旨を踏まえたものである。この理念を踏まえ、こども家庭庁では、様々な家庭の事情がある中で、どのような家庭であっても「成育環境にかかわらず誰一人取り残すことなく健やかな成長を保障する」ことを柱として、社会的養護・ヤングケアラー、ひとり親家庭等への支援を推進している。

　⑥は子育てをする者や子育てをしようとする者が、家庭や子育てに夢を持ち、子育てに伴う喜びを実感できるよう、社会環境を整備すること

を示したものである。この理念は、次元の異なる少子化対策の具体策を取りまとめた「こども未来戦略」に踏襲されている。

注
3)　第11条　国民は、すべての基本的人権の享有を妨げられない。この憲法が国民に保障する基本的人権は、侵すことのできない永久の権利として、現在及び将来の国民に与へられる。
4)　第13条　すべて国民は、個人として尊重される。生命、自由及び幸福追求に対する国民の権利については、公共の福祉に反しない限り、立法その他の国政の上で、最大の尊重を必要とする。
5)　第14条　すべて国民は、法の下に平等であつて、人種、信条、性別、社会的身分又は門地により、政治的、経済的又は社会的関係において、差別されない。
6)　第2条
　　1　締約国は、その管轄の下にある児童に対し、児童又はその父母若しくは法定保護者の人種、皮膚の色、性、言語、宗教、政治的意見その他の意見、国民的、種族的若しくは社会的出身、財産、心身障害、出生又は他の地位にかかわらず、いかなる差別もなしにこの条約に定める権利を尊重し、及び確保する。
　　2　締約国は、児童がその父母、法定保護者又は家族の構成員の地位、活動、表明した意見又は信念によるあらゆる形態の差別又は処罰から保護されることを確保するためのすべての適当な措置をとる。
7)　第6条
　　1　締約国は、すべての児童が生命に対する固有の権利を有することを認める。
　　2　締約国は、児童の生存及び発達を可能な最大限の範囲において確保する。
8)　第12条
　　1　締約国は、自己の意見を形成する能力のある児童がその児童に影響を及ぼすすべての事項について自由に自己の意見を表明する権利を確保する。この場合において、児童の意見は、その児童の年齢及び成熟度に従って相応に考慮されるものとする。
　　2　このため、児童は、特に、自己に影響を及ぼすあらゆる司法上及び行政上の手続において、国内法の手続規則に合致する方法により直接に又は代理人若しくは適当な団体を通じて聴取される機会を与えられる。
9)　第3条
　　1　児童に関するすべての措置をとるに当たっては、公的若しくは私的な社会福祉施設、裁判所、行政当局又は立法機関のいずれによって行われるものであっても、児童の最善の利益が主として考慮されるものとする。
10)　この条約の締約国は、（略）家族が、社会の基礎的な集団として、並びに家族のすべての構成員、特に、児童の成長及び福祉のための自然な環境として、社会においてその責任を十分に引き受けることができるよう必要な保護及び援助を与えられるべきであることを確信し、児童が、その人格の完全なかつ調和のとれた発達のため、家庭環境の下で幸福、愛情及び理解のある雰囲気の中で成長すべきであることを認め、（略）次のとおり協定した。

11）第18条

 1　締約国は、児童の養育及び発達について父母が共同の責任を有するという原則についての認識を確保するために最善の努力を払う。父母又は場合により法定保護者は、児童の養育及び発達についての第一義的な責任を有する。児童の最善の利益は、これらの者の基本的な関心事項となるものとする。

 2　締約国は、この条約に定める権利を保障し及び促進するため、父母及び法定保護者が児童の養育についての責任を遂行するに当たりこれらの者に対して適当な援助を与えるものとし、また、児童の養護のための施設、設備及び役務の提供の発展を確保する。

 3　締約国は、父母が働いている児童が利用する資格を有する児童の養護のための役務の提供及び設備からその児童が便益を受ける権利を有することを確保するためのすべての適当な措置をとる。

12）第20条

 1　一時的若しくは恒久的にその家庭環境を奪われた児童又は児童自身の最善の利益にかんがみその家庭環境にとどまることが認められない児童は、国が与える特別の保護及び援助を受ける権利を有する。

 2　締約国は、自国の国内法に従い、1の児童のための代替的な監護を確保する。

 3　2の監護には、特に、里親委託、イスラム法のカファーラ、養子縁組又は必要な場合には児童の監護のための適当な施設への収容を含むことができる。解決策の検討に当たっては、児童の養育において継続性が望ましいこと並びに児童の種族的、宗教的、文化的及び言語的な背景について、十分な考慮を払うものとする。

〈こども施策を推進するための仕組み〉

　第四のポイントは、「こども施策を推進するための仕組みを定めたこと」である。具体的には、

　①こども政策推進会議の設置

　②こども大綱・こども白書の策定

　③国・地方自治体・事業主・国民の責務

　④こども・子育て当事者等の意見の反映

　⑤都道府県こども計画の策定

について定めている。

　①は、こども施策を推進するための特別の機関として、内閣総理大臣を長とする閣僚会議である「こども政策推進会議」を設置することを定めるものである。「こども政策推進会議」は、こども大綱の作成やこども施策に関する重要事項の審議等の役割を担う。この法律の規定に基

づいて、こども家庭庁では、2023 年 4 月 18 日に内閣総理大臣を長とし、全閣僚を構成員とする「こども政策推進会議」を設置し、こども大綱の検討をスタートさせている。

　②は、こども施策を総合的に推進するため、こども施策に関する基本的な方針、重要事項を定める「こども大綱」を策定することや、こども施策の PDCA を適切に実施するため、毎年、国会に「こども白書」を提出することを定めるものである。なお、従来の「少子化社会対策大綱」、「子供・若者育成支援推進大綱」、「子供の貧困対策に関する大綱」を「こども大綱」に一本化するとともに、従来の「少子化社会対策白書」、「子供・若者白書」、「子どもの貧困の状況及び子どもの貧困対策の実施の状況」を「こども白書」に一本化し、国民にとってわかりやすいものにすることとしている。後ほど詳述するが、こども家庭庁では、この法律の規定に基づき、2023 年 12 月 22 日に「こども大綱」を定めている。

　③は、国及び地方自治体に対しては、こども施策を総合的に策定し実施する責務を、事業主に対しては、共働き・共育てのために必要な雇用環境の整備の努力義務を、国民に対しては、こども施策について関心と理解を深めるともに、国及び地方自治体のこども施策に協力するよう努力義務を課すものである。

　④は、国及び地方自治体に対して、こども施策については、こどもや子育て当事者等の意見を反映させるための必要な措置を講じる義務を課すものである。基本理念の解説で述べた通り、こども等の意見を反映することは極めて重要な取組であるものの、これまで我が国では十分に行われてこなかったが、こども基本法によって、国及び地方自治体の義務とされたことから、国の機関及び地方自治体は、こどもや若者を対象としたパブリックコメントの実施、審議会・懇談会等の委員等へのこどもや若者の参画、SNS を活用した意見聴取などこどもや若者から直接意見を聞く仕組みや場づくりなどの具体的な取組を進める必要がある。

　⑤は、都道府県及び市町村に対して、「こども計画」を策定することを努力義務として課すものである。また、「こども計画」の策定に当た

っては、従来の「子ども・若者計画」、「子どもの貧困対策に関する計画」、「次世代育成支援対策推進法に関する計画」、「子ども・子育て支援事業計画」等を一体として作成し、住民にとってわかりやすいものにすることができるものとしている。こども家庭庁では、都道府県及び市町村が「こども計画」を円滑に策定できるよう、ガイドラインを策定するとともに、先進的な事例については計画策定に要する経費を補助事業により支援している。

こども基本法は基本方針の内容のうち基本法として法制化が必要な部分（こども施策の基本理念や、こども施策を推進するための仕組み）が法律として結実したものである。こども基本法によって、我が国のこども政策の基本的な枠組みが法律上固まったと言えよう。

(4) こども家庭庁設置法

こども家庭庁設置法には、こども家庭庁の組織の枠組みが定められている。ここでは、こども家庭庁設置法のポイントについて解説する。

〈名称〉

第一のポイントは、「『こども家庭庁』という名称としていること」である。「こども家庭庁」の名称は、こどもの健やかな成長を目指して、こどものいる家庭を対象とした子育て支援施策と、こどもを対象とした健やかな成長のための支援に関する施策を、共に実施することを基本的な任務及び所掌事務とする組織として適切な名称とする、という考え方に基づいている。なお、こども家庭庁は、「内閣府政策統括官（政策調整担当）の一部」、「内閣府子ども・子育て本部」、「厚労省子ども家庭局」を統合し、その業務を引き継いでおり、従来から、「こども」、「家庭」の文言を組織の名称として用いていた。

また、こども家庭庁設置法では、従来の法律では「子供・子ども」と漢字を用いて標記されていた文言を「こども」のひらがな標記に統一し

て用いている。これは、「こども」を年齢階層に関わらず、成長過程にある者という概念で定義した特殊用語として用いているものである。

〈こども家庭庁の設置〉

第二のポイントは、「内閣府の外局として、こども家庭庁を設置する」としていることである。これは、こども家庭庁を内閣府の外局とすることによって、「内閣府」に備わっている「各省庁の政策全般に関する総合調整機能」を発揮させることを意図したものである（例えば、文科省のような個別の省庁には「総合調整機能」が備わっていない）。こども政策は、福祉、保健、労働、教育、医療、社会保障、警察、更生保護など広範な政策分野にわたり、各省庁から一段高い立場で総合調整を行っていく必要がある。一方、こども政策は、内閣府が所管している男女共同参画、経済政策、科学技術政策、沖縄振興などとは異なり、一定の独立性のある相当程度の事務があることから、これに特化した組織として、こども家庭庁を創設することとしたのである。

〈こども家庭庁の業務の範囲〉

第三のポイントは、「こども家庭庁の業務の範囲を定めたこと」である。こども家庭庁自らが分担管理して推進する事務として、

①小学校就学前のこどもの支援及び小学校就学前のこどものある家庭における子育て支援に関する事務（保育所、認定こども園、保育所・認定こども園・幼稚園共通の施設型給付、いずれの施設にも通っていないこども（いわゆる未就園児）への支援、児童養護施設、児童手当等に関する事務）

②福祉の増進に関する事務（放課後児童クラブ〈いわゆる学童〉、子育て家庭の相談・交流・一時預かり等を行う地域子育て支援拠点、ひとり親家庭等への経済的支援・就労支援、母子生活支援等に関する事務）

③安全安心な生活環境の整備に関する事務（こどもの事故防止、性被

害防止、非行防止等に関する事務）

④保健の向上に関する事務（成育医療、乳幼児健診、児童発達支援・障がい児支援等に関する事務）

⑤こどもの権利利益の擁護に関する事務（児童虐待防止対策、学校外でのいじめを含めたいじめの防止のための地方自治体の体制整備、児童の権利条約、こどもの意見の政策への反映等に関する事務）

⑥その他の各省横断的な調整事務（少子化対策、子ども・若者育成支援、こどもの貧困対策等に関する事務）

を定めている。

〈こども家庭庁の組織〉

　第四のポイントは、「こども家庭庁の組織として、長官官房、成育局、支援局の１官房２局を設置」していることである。こども家庭庁設置法及びこども家庭庁組織令に基づき、長官官房、成育局、支援局が設置されている。また、こども家庭庁に有識者によって構成されるこども家庭審議会を設置することが定められている。

　こども家庭庁設置法は基本方針の内容のうち組織法として法制化が必要な部分（こども家庭庁の設置・任務・所掌事務、こども家庭審議会）が法律として結実したものである。こども家庭庁設置法によって、こども家庭庁の組織の枠組みが法律上定められたことになる。

第2章　こども家庭庁の組織と予算

　第2章では、こども家庭庁の組織と予算のポイントについて具体的に解説する。まず、こども家庭庁の組織の全体像を俯瞰してみよう。

（1）こども家庭庁の組織

　こども家庭庁は、長官官房、成育局、支援局の1官房2局の体制となっている。創設時の人員は総勢430人（国立児童自立支援施設を除く内部部局350人）となっており、内部部局で見ると、内閣府・厚労省から引き継ぐ職員（事務移管分208人）の約2倍となる人員体制の強化がなされた。更に、2024年度機構・定員については、こども未来戦略に基づくこども・子育て支援特別会計及びこども・子育て支援金制度の企画のための体制整備、こどもの自殺対策の強化、こども政策DXの推進を図るための体制強化等が行われ、総勢465人（内部部局384人）に拡大している。

　長官官房は、こども政策の司令塔機能を担うこども家庭庁の「司令塔」となる組織である。国会、広報、こども政策DX、地方との連携等を担う「総務課」、人事を担う「参事官（人事担当）」、予算を担う「参事官（会計担当）」、こども大綱、少子化対策、こどもの意見反映、EBPM（証拠に基づく政策立案）等を担う「参事官（総合政策担当）」がある。

　成育局は、全てのこどもに、健やかで安全・安心に成長できる環境を保障するための施策を担う組織である。成育局内の国会・人事・予算等を担う「総務課」、保育政策を担う「保育政策課」、就学前のこどもの育ちの指針等を担う「成育基盤企画課」、こどもの居場所づくりの指針、

＜内部部局＞【内部部局計 350人】 **こども家庭庁長官**

【長官官房計 97人】

長官官房（官房長）	**【課長級】**	**【室長級】**

長官官房（官房長）

審議官（成育局担当）

審議官（支援局担当）

審議官（総合政策等担当） ※3年時限

総務課／総務、法令審査、防災、国会連絡、秘書、広報、文書、情報システム

公文書監理官／公文書管理、情報公開、個人情報保護

参事官（会計担当）／予算編成（こども政策予算の取りまとめ）、予算執行

参事官（人事担当）／人事（任免、服務、給与、人事評価等）、機構・定員、福利厚生、民間人材登用

参事官（日本版DBS担当）／こども関連業務従事者の性犯罪歴等確認の仕組み（日本版DBS）に係る企画立案、システム構築・運用

参事官（総合政策担当）／こども政策総括、内閣補助事務（勧告権等）、こども基本法総括、こども家庭審議会・こども政策推進会議、こども大綱策定、こども若者意見の政策反映、児童の権利条約、EBPM等

経理室／契約、経理、物品・庁舎管理、支出負担行為、決算、災害関係の連絡調整

企画官（広報・文書担当）／報道・マスコミ対応、公文書管理、情報公開、個人情報保護

企画官（地方連携・DX等担当）／地方自治体等との連携、DXの推進

人事調査官／職員の人事（特に一般職）、人事交流を中心とした地方自治体との連携強化

サイバーセキュリティ・情報化企画官／サイバーセキュリティ対策、自己点検・内部監査、情報化戦略、情報システムの管理、人材の育成

【成育局計 160人】

成育局

総務課／成育局総括、児童福祉法及び子ども・子育て支援法の総括、子ども・子育て支援法に基づく基本指針の策定等

保育政策課／保育所、認定こども園、認定こども園法の総括（待機児童対策、保育施設等の人材確保等）、教育・保育給付に関する企画立案等

成育基盤企画課／就学前指針策定、認定こども園教育保育要領や保育所保育指針の策定、幼稚園に係る文科省との調整、保育士の養成、就学前教育保育内容等

成育環境課／子育て世代包括支援センターや子ども家庭総合支援拠点等の有機的連携、地域子育て支援拠点、放課後児童クラブ、居場所づくり支援企画立案・指針策定、児童委員等

母子保健課／妊娠・出産支援、母子保健、成育医療、生殖補助医療等、子育て世代包括支援センター、予防のためのこどもの死亡検証（CDR）調査研究、旧優生保護法一時金支給等

安全対策課／インターネット環境整備、登下校の安全、こどもの事故防止・事故対策、教育・保育事故、災害共済給付、CDR制度、こどもの性被害防止等

参事官（事業調整担当）／子ども・子育て支援勘定に係る企画立案・経理、児童福祉施設等施設整備、施設等の災害時状況把握・復旧事業等

少子化対策企画官／結婚・妊娠・出産・子育てに係る地方自治体の取組支援（地域少子化対策重点推進交付金）や民間団体との連携

認可外保育施設担当室／企業主導型保育事業（ベビーシッターを含む）、認可外保育施設に関する企画立案等、指導監督

児童手当管理室／児童手当制度の総括、企画立案

企画官（日本版DBS担当）／（長官官房参事官（日本版DBS担当）の下で）日本版DBSに係る企画立案、システム構築・運用

企画官（いじめ・不登校防止担当）／いじめ・不登校の指針等の協議受け、いじめに係る地域の体制整備、重大ないじめ事案への対応

【支援局計 93人】

支援局

総務課／支援局総括、いじめ・不登校対策、こどもの自殺対策等

虐待防止対策課／児童相談所、子ども家庭総合支援拠点、要保護児童対策地域協議会、こどもの支援に携わる人材の確保・養成、一時保護所、保護者指導・支援等

家庭福祉課／里親支援、児童養護、社会的養育（国立児童自立支援施設に係る事務を含む）

障がい児支援課／障がい児支援施策に係る企画立案

企画官（こども若者支援担当）／年齢や制度の壁を克服した切れ目ない包括的なアウトリーチ型・伴走型支援、子ども・若者支援地域協議会、子ども・若者総合相談センター、ヤングケアラー支援

企画官（ひとり親家庭等支援担当）／ひとり親、低所得の子育て家庭へ支援、こどもの貧困対策

＜施設等機関＞【施設計 80人】 **国立児童自立支援施設**（きぬ川学院、武蔵野学院）

放課後児童クラブ、児童手当等を担う「成育環境課」、産後ケア、母子保健の充実等を担う「母子保健課」、こどもの安全対策、性被害防止対策等を担う「安全対策課」、こども・子育て制度の事業主拠出金等を担う「参事官（事業調整担当）」がある。

支援局は、成育環境にかかわらず誰一人取り残すことなく健やかな成長を保障するための施策を担う組織である。支援局内の国会・人事・予算、いじめ・不登校対策、こどもの自殺対策等を担う「総務課」、児童虐待防止対策を担う「虐待防止対策課」、社会的養護・ヤングケアラー支援、ひとり親支援、こどもの貧困対策等を担う「家庭福祉課」、障がい児・医療的ケア児支援等を担う「障がい児支援課」がある。

このほか、人材の面では、関係府省からの職員のほか、地方自治体職員やメディア業界の経験者、子育て支援の NPO の経験者、保育所の現場の経験者など多様な人材が集まっている。

（2）こども家庭庁の予算

こども家庭庁の予算は創設前の 2022 年度予算は 4.7 兆円であったが、2024 年度予算は後述するこども未来戦略によるこども・子育て政策の抜本的な強化によって 5.3 兆円（＋0.6 兆円）となっている。

こども家庭庁の予算を施策別に見ていくと、最も大きいのが「保育所や放課後児童クラブの運営費等（約 2 兆 3,700 億円）（約 45％）」であり、約半分の予算を保育所や放課後児童クラブの受け皿の拡大、質の向上などの支援に使っている。続いて「児童手当（約 1 兆 5,200 億円）（約 29％）」に約 3 分の 1 の予算を使っている。更に、「障がい児の支援、虐待防止、ひとり親家庭の支援等（約 8,100 億円）（約 15％）」に約 7 分の 1 の予算を使っており、保育所などの運営費や児童手当が幅広い子育て家庭の負担軽減のためのものであるとすれば、これらは、多様な支援ニーズを持ったこどものために上乗せで使われる予算となっている。

2024 年度予算では、こども未来戦略の加速化プランに基づく施策の

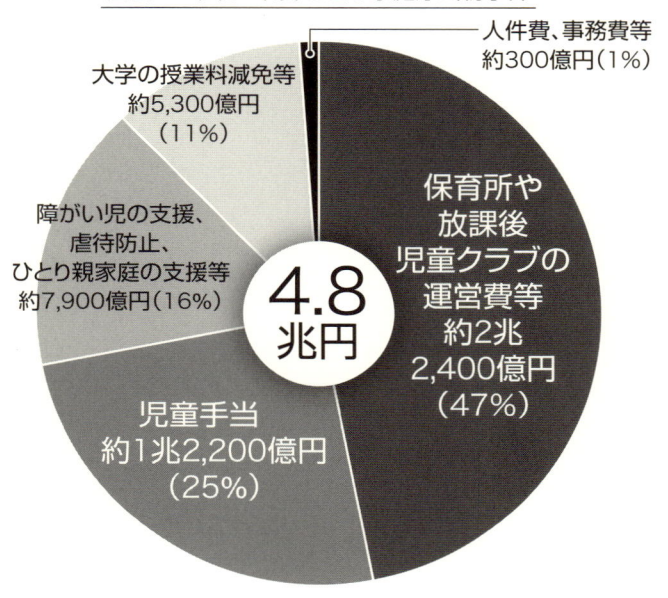

図表4　令和5年度 こども家庭庁当初予算

- 人件費、事務費等
約300億円（1%）

大学の授業料減免等
約5,300億円
（11%）

障がい児の支援、
虐待防止、
ひとり親家庭の支援等
約7,900億円（16%）

保育所や
放課後
児童クラブの
運営費等
約2兆
2,400億円
（47%）

4.8
兆円

児童手当
約1兆2,200億円
（25%）

拡充が行われており、具体的には、

- ・児童手当の抜本的拡充（所得制限の撤廃、高校生年代への支給対象拡大、第3子以降3万円）1兆5,246億円（＋3,047億円）
- ・出産・子育て応援交付金（妊娠届時5万円相当、出産届時5万円相当の経済的支援と伴走型相談支援）624億円（＋254億円）
- ・高等教育費の負担軽減（対象を多子世帯や理工農系の学生等の中間層〈世帯年収約600万円〉に拡大）5,438億円（＋127億円）
- ・保育所等の4・5歳児クラスの職員配置基準の改善（こども対保育士の30対1から25対1への改善を図り、それに対応する加算措置を創設）及び保育士等の処遇改善（2023年人事院勧告を踏まえた対応を実施〈人件費の改定率は＋5.2%〉）1兆6,617億円（＋669億円）
- ・放課後児童クラブの常勤職員配置の改善（常勤の放課後児童支援員

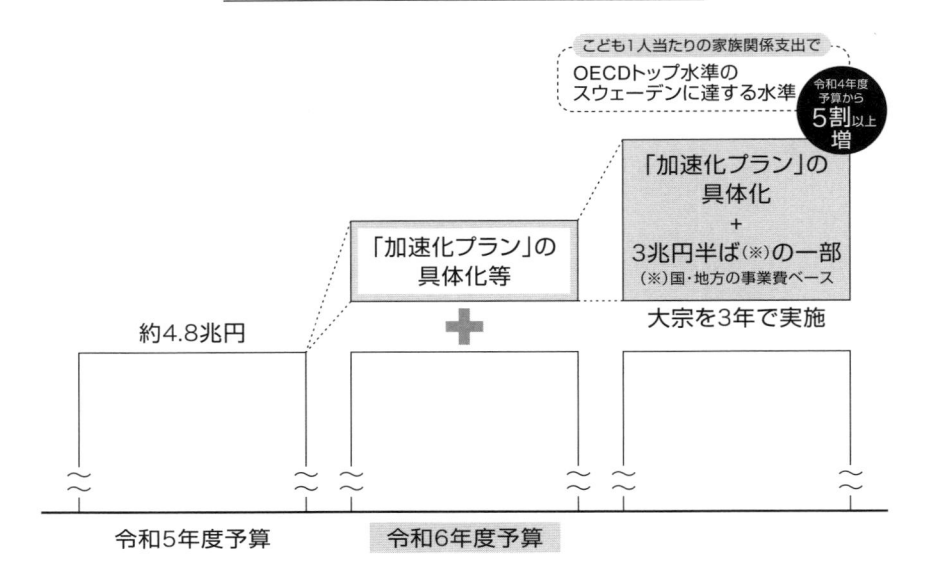

図表5　令和6年度 こども家庭庁予算（イメージ）

を2名以上配置した場合の補助基準額を創設）2,074億円（＋228億円）

・こどもの貧困対策・ひとり親家庭の自立促進（児童扶養手当の所得制限の見直し、多子加算の増額）　1,493億円（＋7億円）

・児童虐待防止・ヤングケアラー等支援（こども家庭センターの設置促進等）　3,829億円の内数（＋291億円）

・社会的養護関係1,754億円（＋63億円）

・障がい児支援、医療的ケア児支援等（こどもの補装具費支給制度の所得制限の撤廃等）　4,690億円（＋207億円）

等の施策の充実が行われている。

　政府としては、こども未来戦略に基づき、2024年度から2026年度までの3年間でこども・子育て予算を約3.6兆円程度充実することとしている。この3.6兆円の充実を実現した場合の予算規模をわかりやすく説明すると、

・こども 1 人当たりの家族関係支出で見て OECD トップ水準のスウェーデンに達する水準

・国のこども家庭庁予算（2022 年度 4.7 兆円）は約 5 割増加

という規模感になる。

　加えて、こども未来戦略では、「こども・子育て予算の倍増について、こども家庭庁予算で見て、2030 年代初頭までに、国の予算又はこども 1 人当たりで見た国の予算の倍増を目指す」こととしている。このため、今後、数年間にわたって、こども・子育て予算の充実が継続されていくことになる。

第3章 こども家庭庁の新政策

　こども家庭庁の大きな役割は、「省庁の縦割りを排しこども政策を一元化する司令塔機能を果たすこと」である。本章では、このような観点から、こども家庭庁が司令塔機能を果たして取り組む新政策について解説する。

（1）少子化対策とこども未来戦略

①我が国の少子化の現状

　少子化は、ⅰ）将来の経済や市場規模の縮小、ⅱ）社会保障制度の持

図表6　我が国の総人口及び人口構造の推移と見通し

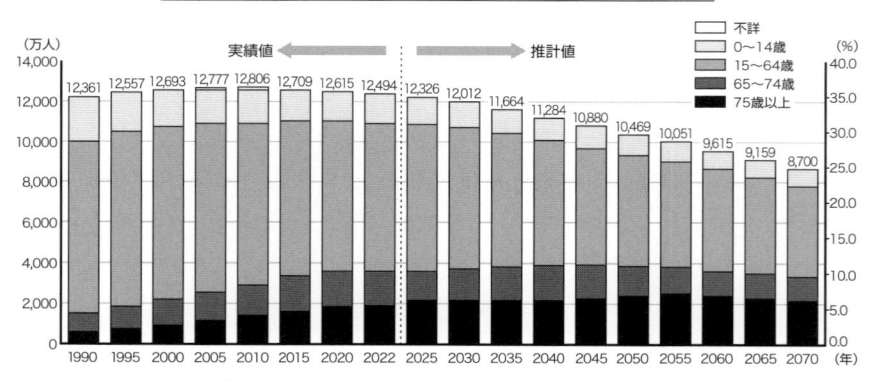

資料：2020年までは総務省「国勢調査」（2015、2020年は不詳補完値による。）、2022年は総務省「人口推計」、2025年以降は国立社会保障・人口問題研究所「日本の将来推計人口（令和5年推計）」の出生中位・死亡中位仮定による推計結果を基に作成。
注1：2015年及び2020年の年齢階級別人口は不詳補完値によるため、年齢不詳は存在しない。2025年以降の年齢階級別人口は総務省統計局「令和2年国勢調査　年齢・国籍不詳をあん分した人口（参考表）」による年齢不詳をあん分した人口に基づいて算出されていることから、年齢不詳は存在しない。なお、1950〜2010年の年少人口割合の算出には分母から年齢不詳を除いている。ただし、1950年及び1955年において割合を算出する際には、下記の注釈における沖縄県の一部の人口を不詳には含めないものとする。
注2：沖縄県の1950年70歳以上の外国人136人（男55人、女81人）及び1955年70歳以上23,328人（男8,090人、女15,238人）は65〜74歳、75歳以上の人口から除き、不詳に含めている。
注3：百分率は、小数点第2位を四捨五入して、小数第1位までを表示した。このため、内訳の合計が100％にならない場合がある。

図表7 出生数と合計特殊出生率の推移と見通し

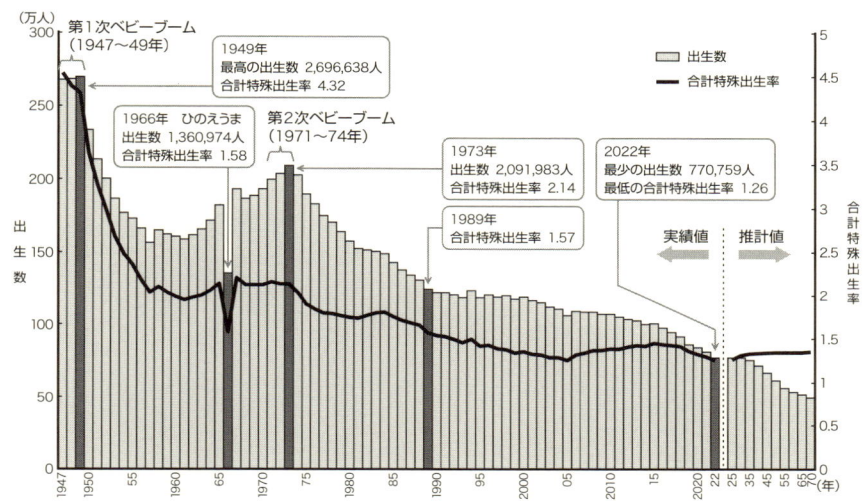

資料：2022年までは厚生労働省「人口動態統計」、2025年以降は国立社会保障・人口問題研究所「日本の将来推計人口（令和5年推計）」の出生中位・死亡中位仮定による推計結果を基に作成。

続可能性への影響、iii）消防・警察などの地域社会の担い手の減少、など社会に大きな影響を与えるものであり、我が国の「静かなる有事」である。

　我が国の総人口は、2010 年の 1 億 2,806 万人をピークに減少局面に入り、2020 年には 1 億 2,615 万人となっている。また、国立社会保障・人口問題研究所の将来推計人口を見ていくと、総人口は、2070 年には 8,700 万人と現在の約 7 割まで減少し、2120 年には 4,973 万人と現在の約 4 割まで減少する見込みとなっている。この少子化のトレンドを反転させなければならない。

②こども未来戦略の策定経緯

　少子化対策が一挙に国政の前面に躍り出たのは 2023 年 1 月 4 日のことだった。この日はコロナ禍が落ち着き、4 年ぶりに総理が閣僚と共に伊勢神宮を参拝した。私も閣僚の一人として随行していたが、その後の

恒例の総理の年頭会見で「異次元の少子化対策」との言葉が総理の口から初めて飛び出した。更に総理は、私（こども政策担当大臣）の下で関係府省会議を開催し、3月末を目途にたたき台をまとめるとの指示も明らかにした。私は「異次元の少子化対策」という言葉自体は初耳だったものの、総理指示の具体的な内容（ⅰ）児童手当を中心とした経済的支援の強化、ⅱ）幼児教育や保育サービスの量・質両面からの強化と全ての子育て家庭を対象としたサービスの拡充、ⅲ）働き方改革の推進とそれを支える制度の充実）は我々が内々検討してきたものと軌を一にしていた。

　通常、政策は中身、予算、財源がセットで定められるが、この度の少子化対策は最初に必要な政策の内容を決め、その後に予算総額と財源を確定させていく、との珍しい政策プロセスを辿ることになった。というのも、前年の防衛予算の倍増の際に、財源の報道が先行してしまい、「レストランでメニューも見ていないのに請求書が先に来るのはおかしい」との批判が与党からも上がったからだ。なかんずく、若者や子育て当事者が多岐にわたり、これらを独身者も含め皆で支えなければならない少子化対策の場合は、なおさら具体の政策をしっかり示した上で、より多くの人達に理解と賛同を得られなければ政策は前に進まない。

　上記の総理指示を受けて、2023年1月下旬には、最初の関係府省会議を開催した。上記の三本柱（＋こどもの貧困、社会的養護、障がい児支援）に関する有識者ヒアリングや、総理と共に地方に赴き当事者達と意見交換を行う「こども政策対話」を経て3月31日に「こども・子育ての強化について（試案）〜次元の異なる少子化対策の実現に向けて〜」を取りまとめ、公表した。更に、4月7日には岸田総理を議長とするこども未来戦略会議を設置し、関係閣僚、経済団体、労働団体、地方団体、学識経験者等と丁寧に議論を重ね、6月13日に次元の異なる少子化対策の基本スキームを定めた「こども未来戦略方針」を、12月22日に予算・財源についての詳細を具体化した「こども未来戦略」を決定した。

③こども未来戦略のポイント

こども未来戦略のポイントは以下の通りである。

〈2030 年は少子化対策の分水嶺〉

我が国の出生数は 2000 年代に入って急速に減少している。このままでは、2030 年代に入ると、若年人口は、現在の倍のスピードで急速に減ることになる。2030 年代に入るまでのこれからの 6 〜 7 年が、少子化傾向を反転できるかどうかのラストチャンスであり、そのような認識の下、まずは、2024 年度から 2026 年度までの 3 年間を集中取組期間として、「こども・子育て支援加速化プラン」に取り組むこととしている。

〈少子化対策の基本スタンス〉

結婚や妊娠・出産、子育ては、個人が選択するものであるということが大前提であり、結婚やこどもを産み、育てることに対する多様な価値観・考え方を尊重した上で、若い世代が希望通り結婚し、希望する誰もがこどもを持ち、ストレスを感じることなく子育てできるようにすることを、少子化対策の目指すべき基本的方向としている。

また、同時に、少子化・人口減少のトレンドを反転させることは、我が国の経済社会全体にも寄与するものであることから、「未来への投資」としてこども・子育て政策を強化するとともに、社会全体でこども・子育てを支えていくという意識を醸成していくこととしている。

〈こども・子育て政策の基本理念〉

こども・子育て政策の基本理念として、ⅰ）若い世代の所得を増やす、ⅱ）社会全体の構造・意識を変える、ⅲ）全ての子育て世帯を切れ目なく支援する、という 3 つの理念を掲げている。

第一の「若い世代の所得を増やす」ことについては、こども・子育て政策の範疇を超えた大きな社会経済政策として、「賃上げ」 をはじめ、雇用のセーフティネットの構築や、労働市場改革、いわゆる年収の壁の

見直しなどの取組を進めることとしている。

第二の「社会全体の構造・意識を変える」ことについては、これまで関与が薄いとされてきた企業や男性、更には地域社会、高齢者や独身の方を含めて、皆が参加して、社会全体の構造や意識を変えていくことを目指し、働き方改革などの「共働き・共育て」を推進するとともに、「こども・子育てにやさしい社会づくりのための意識改革」を進めることとしている。

第三の「全ての子育て世帯を切れ目なく支援する」ことについては、子育てに係る経済的負担を軽減するため、「ライフステージを通じた子育てに係る経済的支援の強化」を行うこととしている。また、子育て支援制度全体を見直し、全てのこども・子育て世帯について、親の働き方やライフスタイル、こどもの年齢に応じて、切れ目なく必要な支援が包括的に提供される「総合的な制度体系」を構築していくこととしている。

〈次元の異なる少子化対策のポイント〉

次元の異なる少子化対策を実現するにあたっては、3つのポイントを重視している。

第一のポイントは、「経済成長実現と少子化対策を「車の両輪」とした大きなパッケージを示し、実行すること」である。新しい資本主義のもと、持続的で構造的な賃上げと人への投資、民間投資増加の流れを加速化することで、安定的な経済成長の実現に先行して取り組み、併せて、少子化対策の強化に当たっても、経済的支援の充実を第一の柱に据え、児童手当の大幅な拡充、高等教育費の負担軽減、出産費用の保険適用、106万円・130万円の壁の見直しなど、これまで長年、指摘されながら実現できなかった経済的な支援策の拡充を思い切って実現することを通じて、若者・子育て世代の所得を伸ばすことに全力で取り組むこととしている。また、財源確保に当たっても、経済成長を阻害し、若者・子育て世代の所得を減らすことがないよう、言わば、アクセルとブレーキを同時に踏むことがないよう、まずは徹底した歳出改革等によって財源を

確保することを原則とし、全世代型社会保障を構築する観点から、歳出改革の取組を徹底するほか、既存予算を最大限活用することで、国民の実質的な追加負担を求めることなく、新たな支援金の枠組みを構築することとしている[13]。

　第二のポイントは、「2030年代までがラストチャンスであることを踏まえて、「加速化プラン」の予算規模を 3.6 兆円程度としていること」である。これにより、我が国のこども・子育て予算は、こども 1 人当たりの家族関係支出で見て、OECD トップのスウェーデンに達する水準となり、画期的に前進するものとなっている。また、こども家庭庁予算は 5 割以上増加することとなり、こども予算倍増が現実のものとして視野に入ってくる規模となっている。更に、加速化プラン後については、「加速化プラン」の効果も見極めながら、更に検討を進め、2030年代初頭までに、こども家庭庁予算の倍増を目指すこととしている。

　第三のポイントは、「2030年代がラストチャンスであることを踏まえ、スピード感を重視して施策の前倒しを進めていること」である。財源は徹底した歳出改革等を複数年にわたって積み上げて確保する一方、2030年の節目に遅れることがないよう、「加速化プラン」の大宗は、2024年度から 2026 年度にかけて着実に実施に移すこととし、例えば、出産育児一時金の引き上げや、0 〜 2 歳の伴走型支援は、2023 年度から、児童手当の拡充やこども誰でも通園制度（仮称）の本格実施を見据えた形でのモデル事業の実施など必要な政策は 2024 年度から速やかに実施することとしている。また、スピード感を重視する観点から、3 月 31 日の「こども・子育ての強化について（試案）〜次元の異なる少子化対策の実現に向けて〜」の段階では盛り込まれておらず、加速化プラン後に向けて検討することとされていた高等教育の更なる支援拡充と、貧困・虐待防止・障がい児・医療的ケア児に関する支援策については、岸田総理のリーダーシップの下、前倒しで施策を具体化している。なお、支援策をスピード感をもって実施する一方で、歳出改革等の完了には複数年を要することで生じる財源不足については、こども特例公債を活用するこ

ととしている。

注

13）こども・子育て支援金制度は、2024 年 6 月に「子ども・子育て支援法等の一部を改正する法律案」が成立し、2026 年 4 月に支援金制度が創設される。

〈充実する少子化対策「加速化プラン」の内容〉

「加速化プラン」は 3 つの基本理念、

ⅰ）第一に、若い世代の所得を増やすこと、

ⅱ）第二に、社会全体の構造や意識を変えるということ、

ⅲ）第三に、全てのこども・子育て世帯をライフステージに応じて切れ目なく支援すること、

を柱として、抜本的に政策内容を強化するものである。

　第一の「若い世代の所得を増やす」について、具体的には、まず、児童手当について、所得制限を撤廃するとともに、高校生の年代まで支給期間を 3 年間延長し、そして、第 3 子以降は 3 万円に倍増することとし、2024 年 10 月分から実施することとしている。これによって、3 人のこどもがいる家庭では、こどもが高校を卒業するまでの児童手当の総額は、最大で約 400 万円増の 1,100 万円となる。

　また、大学に進んだ場合の高等教育について、授業料減免の対象を年収 600 万円までの多子世帯等に拡大するとともに、多子世帯の大学授業料等の無償化を行うこととしており、具体的には、親等の経済的負担がある子が 3 人以上の場合（親等の経済的負担がある子が 3 人以上いる間、第一子から支援の対象）、2025 年度から大学等の高等教育の授業料・入学金を所得制限を設けず無償（大学の場合、授業料は国公立約 54 万円、私立約 70 万円、入学金は国公立約 28 万円、私立約 26 万円）とすることとしている。これによって、子が 3 人以上であっても、その家庭が負担する高等教育の授業料負担を少なくとも 2 人分以下に抑えることができることとなる。

　このほか、子育て期の家庭の経済的負担に配慮した貸与型奨学金の返

済負担の緩和、授業料後払い制度の抜本拡充などに取り組むこととしている。

更に、出産費用については、先行して、2023年度から、42万円の出産育児一時金を50万円に大幅に引き上げ、費用の見える化を進めるとともに、第2ステップとして、2026年度から出産費用の保険適用に取り組むこととしている。

加えて、共働きの世帯を支援するため、106万円の壁を越えても手取り収入が逆転しないよう、必要な費用を補助するなどの支援強化パッケージを2023年10月からスタートさせるとともに、週10時間以上20時間未満のパートの方々に雇用保険の適用を拡大し、育児休業給付が受け取れるようにすることや、育児中の自営業やフリーランスの方々に対する国民年金保険料免除措置の創設に取り組むこととしている。

このほか、子育て世帯が優先的に入居できる住戸を今後10年間で計30万戸確保するとともに、フラット35の金利をこどもの数に応じて優遇する仕組みを2024年2月からスタートしている。

第二の「社会全体の構造や意識を変える」について、具体的には、まず、育休取得率目標を大幅に引き上げ、2030年には85％の男性が育休を取得することを目標とし、各企業の取組を有価証券報告書などを通じて見える化するとともに、中小企業への支援について、育休をとった職員に代わる応援手当などの支援措置を大幅に拡充することとしている。更に、このような職場文化の変革とセットで、育児休業制度を抜本的に拡充し、産後の一定期間に男女で育休を取得した場合の給付率を、手取り10割相当に引き上げるとともに、育児期間中に完全に休業した場合だけでなく、時短勤務を選んだ場合にも給付をもらえるようにすることとしている[14]。これらの拡充策によって、育児休業給付に関連する予算額は2倍に増加し、支援策の内容は世界トップレベルとなる。

また、社会の意識を改革し、社会全体で子育て世帯を応援する社会をつくるため、そのさきがけとして、新宿御苑や科学博物館などの国の施設における専用レーン、公共交通機関等におけるベビーカー使用者のた

めのフリースペースといった取組など、こども・子育てにやさしい社会づくりのための意識改革を拡げる国民運動を展開することとしている。

第三の「全てのこども・子育て世帯をライフステージに応じて切れ目なく支援」について、具体的には、まず、これまで支援が比較的手薄だった、妊娠・出産時から0〜2歳の支援を強化するという考えの下、2022年度補正予算から開始した妊娠届出時と出生届出時の計10万円相当の経済的支援と伴走型相談支援を一体的に実施する出産・子育て応援交付金について、経済的支援を「子ども・子育て支援法に基づく新たな個人給付（妊婦のための支援給付〈仮称〉〈5万円＋妊娠したこどもの人数×5万円の給付金の支給〉）」、伴走型相談支援を「児童福祉法に基づく新たな相談支援事業」として制度化することとしている。

また、これまでの保育所のコンセプトを変え、働いているかどうかを問わず、時間単位等で柔軟に利用できる、「こども誰でも通園制度」を創設することとし、速やかに全国的な制度とすべく、2024年度から制度の本格実施を見据えた形でのモデル事業を行うこととしている。

更に、保育所については、長年の保育基盤拡大の努力により、待機児童問題については、一定の成果が得られたことから、量の拡大から質の向上へと政策の重点を移し、75年振りに保育士の配置基準を改善するとともに、保育士の処遇改善に取り組むこととしている。

加えて、貧困、虐待防止、障がい児や医療的ケア児など、特に支援強化が必要な課題については、「こどもの貧困対策・ひとり親家庭の自立支援」として、大学受験料等の補助の開始、児童扶養手当の拡充（所得制限の見直し、多子加算の増額）、「児童虐待防止・社会的養護・ヤングケアラー等支援」として、虐待等で家庭等に居場所がないこども・若者が必要な支援を受けられ宿泊もできる安全な居場所（こども若者シェルター）への補助事業の創設、「障がい児支援、医療的ケア児支援等」として、障がい児に関する補装具支給制度の所得制限の撤廃などの施策を盛り込んでいる。

注

14）2024 年 6 月に「子ども・子育て支援法等の一部を改正する法律案」が成立し、2025
　　年 4 月より制度がスタートする。

〈予算の規模〉

「加速化プラン」の充実の結果、予算の規模は、

・ライフステージを通じた子育てに係る経済的支援の強化や若い世代
　の所得向上に向けた取組　1.7 兆円程度
・全てのこども・子育て世帯を対象とする支援の拡充　1.3 兆円程度
・共働き・共育ての推進　0.6 兆円程度

の総額 3.6 兆円程度の充実を図り、2026 年度までの 3 年間でその大宗を
実施することとしている。

　また、この 3.6 兆円の財源については、

・既定予算の最大限の活用等　1.5 兆円
・歳出改革の徹底等による公費節減効果　1.1 兆円
・歳出改革の徹底等による社会保険負担軽減効果　1.0 兆円

によって、2028 年度までの 5 年間で確保することとし、その間のつな
ぎの財源については、こども・子育て支援特例公債の発行により対応す
ることとしている。

〈こども・子育て支援金制度〉

　少子化対策の財源として、少子化対策に要する費用を企業を含めて社
会・経済の参加者全員が連帯し、公平な立場で広く拠出する仕組みとし
て、「こども・子育て支援金制度」を創設することとしている。

　このこども・子育て支援金制度は、医療保険者が被保険者等から保険
料と合わせてこども・子育て支援金を徴収し、国が医療保険者からこど
も・子育て支援金相当額をこども・子育て支援納付金として徴収する仕
組みとなっている。

　また、こども家庭庁は、こども・子育て支援納付金の総額が適正な範

囲となるよう、毎年末の予算編成過程において、支援納付金を充当する事業の所要額と実質的な社会保険負担軽減効果を算定した上で、実質的な社会保険負担軽減効果の範囲内で総額を決定する仕組みとしている。

　なお、実施に当たっては、低所得者やこどもがいる世帯への負担軽減措置を講じることとしている。

　実施時期については、医療保険者等において相当程度の準備作業が必要であることから、2026年度から開始して2028年度までに段階的に構築することとしている。

〈こども・子育て支援特別会計〉

　2025年度から、「こども・子育て支援特別会計（こども金庫）」を創設し、財源バランスが図られるまでのつなぎとしてこども・子育て支援特例公債を発行することとしている。

　こども・子育て支援納付金を充当する事業として、「出産・子育て応援給付金の制度化」、「共働き・共育てを推進するための経済支援（両親が共に一定期間以上の育児休業を取得した場合の育児休業給付率の引き上げに相当する部分、育児時短就業給付の創設、自営業者・フリーランス等の育児期間中の経済的な給付に相当する支援措置としての国民年金第1号被保険者についての育児期間に係る保険料免除措置の創設）」、「こども誰でも通園制度（仮称）」、「児童手当」を計上することとしている。

〈こども・子育て政策が目指す将来像とPDCA〉

　加速化プランに基づく施策は、まずは3年間で集中的に取り組むが、それで終わりではなく、その実施状況や効果等を検証しつつ、適切な見直しを行うこととしている。

　また、その際によりどころとなる、こども・子育て政策が目指す将来像として、「こどもと向き合う喜びを最大限に感じるための4原則」を掲げている。これは、こども・子育てについては、ややもすれば「経済

図表8 こども未来戦略 「加速化プラン」施策のポイント

1. 若い世代の所得向上に向けた取組

賃上げ：「成長と分配の好循環」と「賃金と物価の好循環」の2つの好循環
三位一体の労働市場改革：リスキリングによる能力向上支援、個々の企業の実態に応じた職務給の導入、成長分野への労働移動の円滑化
非正規雇用労働者の雇用の安定と質の向上：同一労働同一賃金の徹底、希望する非正規雇用労働者の正規化

児童手当の拡充

拡充後の初回の支給は2024年12月（2024年10月分から拡充）

- **所得制限を撤廃**
- **高校生年代まで延長**
  すべてのこどもの育ちを支える
  基礎的な経済支援としての位置づけを明確化
- **第3子以降は3万円**

支給金額	3歳未満	3歳〜高校生年代
第1子・第2子	月額1万5千円	月額1万円
第3子以降	月額3万円 ※多子加算のカウント方法を見直し	

 3人の子がいる家庭では、
総額で最大400万円増の1100万円

妊娠・出産時からの支援強化

2022年度から実施中（2025年度から制度化）

- **出産・子育て応援交付金**
  10万円相当の経済的支援
  ①妊娠届出時（5万円相当）
  ②出生届出時（5万円相当×こどもの数）
- **伴走型相談支援**
  様々な不安・悩みに応え、ニーズに応じた支援につなげる

➡ 妊娠時から出産・子育てまで一貫支援

出産等の経済的負担の軽減

2023年度から実施中

STEP 1 出産育児一時金の引き上げ
42万円 ➡ 50万円に大幅引き上げ
「費用の見える化」・「環境整備」

STEP 2 出産費用の保険適用の検討
（2026年度を目途に検討）

高等教育（大学等）

大学等の高等教育費の負担軽減を拡充

- **給付型奨学金**を世帯年収約600万円までの多子世帯、理工農系に拡充 （2024年度から実施）
- 多子世帯の学生等については**授業料等を無償化**（2025年度から実施）
- 貸与型奨学金の**月々の返還額を減額**できる制度の収入要件等を緩和 （2024年度から実施）
- 修士段階の授業料後払い制度の導入（2024年度から実施）

子育て世帯への住宅支援

- **公営住宅等への優先入居等**（実施中）
  今後10年間で計30万戸
- **フラット35の金利引き下げ**（2024年2月から実施）
  こどもの人数に応じて最大1％（5年間）の引下げ

---

2. 全てのこども・子育て世帯を対象とする支援の拡充

切れ目なくすべての子育て世帯を支援

- **「こども誰でも通園制度」を創設**
  ○月一定時間までの利用可能枠の中で、**時間単位等で柔軟に通園が可能な仕組み**
    ※2024年度から本格実施を見据えた試行的事業を実施（2023年度からの実施も可能）※2025年度から制度化・2026年度から給付化し全国の自治体で実施
- **保育所：量の拡大から質の向上へ**
  4・5歳児は2024年度から実施、1歳児は2025年度以降加速化プラン期間中の早期に実施
  ○**76年ぶりの配置改善**：
    （4・5歳児）30対1→25対1（1歳児）6対1→5対1
  ○民間給与動向等を踏まえた**保育士等の更なる処遇改善**（2023年度から実施）
  ○「**小1の壁**」打破に向けた放課後児童クラブの質・量の拡充（2024年度から常勤職員配置の改善を実施）
- **多様な支援ニーズへの対応**
  ○**貧困、虐待防止、障害児・医療的ケア児**等への支援強化（2023年度から順次実施）
  ○児童扶養手当の拡充（拡充後の初回の支給は2025年1月〈2024年11月分から拡充〉）
  ○補装具費支援の所得制限の撤廃（2024年度から実施）

---

3. 共働き・共育ての推進

育休を取りやすい職場に

男性の育休取得率目標**85％**へ大幅引き上げ（2030年）
※2022年度：17.13%

➡ 男性育休を当たり前に

- **育児休業取得率の開示制度の拡充**（2025年度から実施）
- **中小企業に対する助成措置を大幅に強化**
  ○業務を代替する周囲の社員への**応援手当**支給の助成拡充（2024年1月から実施）
- 出生後の一定期間に**男女で育休を取得**することを促進するため給付率を手取り10割相当に（2025年度から実施）

育児期を通じた柔軟な働き方の推進

- **子が3歳以降小学校就学前までの柔軟な働き方を実現するための措置**
  （公布の日から1年6月以内に政令で定める日から実施）
  ○事業主が、テレワーク、時短勤務等の中から2以上措置
- **時短勤務時の新たな給付**（2025年度から実施）

➡ 利用しやすい柔軟な制度へ

注：上記項目のうち、法律改正が必要な事項は、所要の法案を本通常国会に提出。

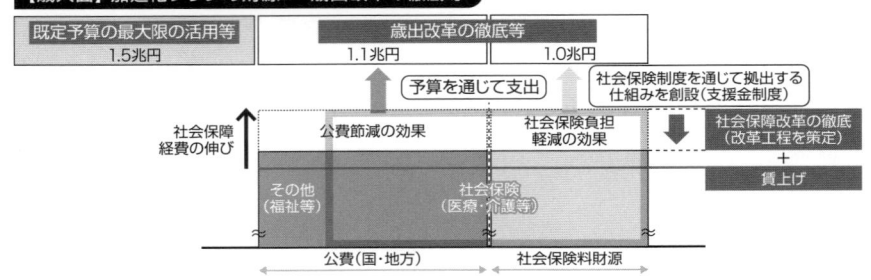

図表9　こども未来戦略(イメージ)

こども・子育て政策の強化(加速化プラン)の財源の基本骨格(イメージ)

○既定予算の最大限の活用等を行うほか、2028年度までに徹底した歳出改革等を行い、それによって得られる公費節減の効果及び社会保険負担軽減の効果を活用する。
○歳出改革と賃上げによって実質的な社会保険負担軽減の効果を生じさせ、その範囲内で支援金制度を構築することにより、実質的な負担が生じないこととする。

【歳出面】加速化プラン完了時点　3.6兆円

経済的支援の強化 1.7兆円	全てのこども・子育て世帯を 対象とする支援の拡充 1.3兆円	共働き・ 共育ての推進 0.6兆円

【歳入面】加速化プランの財源 ＝ 歳出改革の徹底等

既定予算の最大限の活用等 1.5兆円	歳出改革の徹底等 1.1兆円	1.0兆円

予算を通じて支出

社会保険制度を通じて拠出する仕組みを創設(支援金制度)

社会保障経費の伸び

公費節減の効果　社会保険負担軽減の効果

社会保障改革の徹底(改革工程を策定)
＋
賃上げ

その他(福祉等)　社会保険(医療・介護等)

公費(国・地方)　社会保険料財源

的負担」、「精神的負担」などネガティブなメッセージが伝えられがちだが、本来、こどもと向き合い、その成長を見守る子育ては、大変クリエイティブな営みであり、そうした「喜び」を最大限に感じることができるようにするための4つの原則（「ⅰ）こどもを産み、育てることを経済的理由であきらめない」、「ⅱ）身近な場所でサポートを受けながらこどもを育てることができる」、「ⅲ）どのような状況でもこどもが健やかに育つという安心がある」、「ⅳ）こどもを育てながら、キャリアや趣味など人生の幅を狭めることなく、夢を追いかけられる」）をメッセージとして発信するものである。

④異次元の少子化対策とは何か

　最後に「異次元」の意味について考えてみたい。まずは規模面である。少子化対策関係予算は安倍政権発足と合わせてこれまでも10年弱の

間で 3.3 兆円から 6.1 兆円へとほぼ倍増している。この間、特に注力されたのが、子育て支援サービス（現物給付）の充実強化である。アベノミクスが経済状況を好転させた結果、求人が増え、女性の就業率も上昇した。他方で、女性就業者の増加が保育ニーズの急増につながり、「保育園落ちた、日本死ね」とのネットの書き込みが国会で取り上げられるほどに社会問題化した。待機児童の解消が政権の喫緊課題となり、消費税 10％引き上げ時の財源活用等により保育の受け皿整備、保育士の処遇改善、幼児教育・保育の無償化などの政策が順次実現された。こうして女性の就業者数が 370 万人以上増加した（すなわち保育ニーズは増加の一途を辿った）にもかかわらず、待機児童数はピークの 2 万 6 千人から 3 千人を切るほどに減少した。

　しかしながら、今回の少子化対策の加速化プランは、僅か 3 年間で上記の規模を優に上回る 3.6 兆円である。そして、その後の数年間で、これと同規模の予算を更に積み増すというのである。

　個々の政策も、75 年間変更されてこなかった保育士の配置基準に着手する、就労要件を問わずこどもを預けられる新しい子育てサービス（「こども誰でも通園制度」〈仮称〉）を創出する、従来の育休制度の概念を変え手取り 10 割を保証する、雇用保険加入者以外にも産休・育休類似の支援を行う、若者の所得向上など子育て支援策の範疇を超えて広く経済社会政策として少子化対策を行うなど、従来とは異なる次元で議論され盛り込まれたものも数多い。

　何故こうした政策が実現し得たのか。我が国で初めての少子化対策となるエンゼルプランが策定されて約 30 年が経つ。少子化担当大臣が任命されて約 20 年となる。いずれの時期にあっても行政は少子化対策を国家的課題と認識し、少子化社会対策大綱の策定をはじめとする諸施策に取り組んできた。国民の中にも少子高齢化は我が国が克服すべきテーマであることについて異論を挟む人もいなかったろう。しかし、どの時期も、少子化対策は重要課題であっても"最"重要課題ではなかったように思う。バブル崩壊、金融危機、経済再生、デフレ脱却など経済問題

は常に存在したし、東日本大震災をはじめとする大災害にも見舞われ、当然のことながらその対応が最優先となった。また、北朝鮮の核開発・ミサイル発射、中国の軍事大国化など緊迫化する国際情勢を踏まえた安全保障上の対応もせざるを得なくなった。こうした我が国の政治史を振り返れば、2023年の年始に岸田総理が異次元の少子化対策を表明したことにより、少子化対策が初めて政権の最重要課題となったと言えよう。

　政権全体のコミットメントの下で、私（こども政策担当大臣）を議長とする関係府省会議を開催し、少子化対策を検討できた意義は大きかった。従来より内閣府に少子化担当があり上記の少子化社会対策大綱などの政策は実施してきた。とは言うものの、内閣府が権限のある各省庁の政策に対してまで口を挟むには依然として高いハードルがあり、結果として、各省庁の各種政策の「ホッチキス留め」になってしまうおそれもあった。しかしながら、今回は、総理・官邸の明示的なお墨付きにより、各省庁の従来にない政策にまで踏み込んで議論しそれらを取りまとめることができた。それと同時に、関係府省会議を構成する各府省庁の幹部ひとりひとりが、省益を超えて、少子化という国家的難題を正面から取り組む意気込みを持ってくれたことも大きかった。

【参考図書等】
・小倉將信（2024）『元少子化担当大臣が解説する異次元の少子化対策』中央公論事業出版
・松田茂樹（2021）『［続］少子化論：出生率回復と〈自由な社会〉』学文社
・メアリー・C・ブリントン（2022）『縛られる日本人―人口減少をもたらす「規範」を打ち破れるか』中央公論新社
・山崎史郎（2021）『人口戦略法案―人口減少を止める方策はあるのか』日本経済新聞出版

(2) こども大綱

①こども大綱の策定経緯
こども基本法第九条では、こども施策を総合的に推進するため、こど

も施策に関する基本的な方針、重要事項を定める「こども大綱」を策定することを定めている。

　これは、従来の「少子化社会対策大綱」、「子供・若者育成支援推進大綱」、「子どもの貧困対策に関する大綱」を「こども大綱」に一本化するものであり、こども政策を推進するための基本方針として極めて重要な役割を果たすことになる。

　こども家庭庁では、こども大綱の重要性に鑑み、こども、若者、子育て当事者、有識者など様々な方から丁寧に意見を伺いながら、議論を重ねてきた。具体的には、こども家庭庁創設以前のこども家庭庁設立準備室の時代から、こどもまんなかフォーラム（小学生、中学生、高校生、大学生、20代の若者、若者団体、子育て当事者、子育て支援団体、様々な困難を抱えるこどもを支援する団体、こどもの健やかな成長に向けて取り組む団体と計6回の意見交換）、有識者・関係団体等との対話（人口減少・持続可能な経済社会、経済界・労働界、財政・社会保障をテーマに計3回の意見交換）を行い、こども家庭庁創設後には、こども審議会の下に設置した基本政策部会において、こどもの意見を丁寧に伺いながら計10回の議論を重ね、2023年12月22日に成案を得ている。

②こども大綱のポイント

　こども大綱のポイントは、以下の通りである。

〈こども大綱の全体像〉

　こども大綱は、2023年4月に施行されたこども基本法に基づく、我が国初の大綱であり、幅広いこども施策を総合的に推進するため、今後5年程度の基本的な方針や重要事項を一元的に定めるものである。

　こども大綱では、

ⅰ）こども大綱が目指す「こどもまんなか社会」の具体像

ⅱ）こども施策に関する6つの基本的な方針

ⅲ）こども施策として重点的に取り組む施策

ⅳ）こども施策を推進するために必要な基盤となる取組
が示されている。

こども大綱では、これまでにはない初めての試みとして、

・こども大綱が目指す「こどもまんなか社会」の姿を、こども・若者
の視点で描き、それに対応する目標を定めていること
・こども・若者が「権利の主体」であることを明示するとともに、こ
ども施策をこどもや若者・子育て当事者と「ともに進めていく」も
のとしていること
・こども施策として重点的に取り組む施策について、こども・若者の
視点でわかりやすく示すため、こども・若者のライフステージごと
に提示していること
・こども大綱の下で具体的に進める施策について、今後、毎年、「こ
どもまんなか実行計画」を策定し、骨太の方針や各省庁の概算要求
などに反映するプロセスを設けたこと
・こども・若者、子育て当事者をはじめとする様々な方々から、対
面・オンライン・チャット、パブリックコメント、アンケート、ヒ
アリング、児童館や児童養護施設への訪問など、様々な方法で意見
を聴き、いただいた意見を反映するとともに、こどもや若者にもな
るべくわかりやすくフィードバックしていること
といった特徴がある。

〈こども大綱が目指す「こどもまんなか社会」の具体像〉
こども基本法では、全てのこども・若者が、日本国憲法、こども基本
法及びこどもの権利条約 15) の精神にのっとり、生涯にわたる人格形成
の基礎を築き、自立した個人としてひとしく健やかに成長することがで
き、心身の状況、置かれている環境等にかかわらず、ひとしくその権利
の擁護が図られ、身体的・精神的・社会的に将来にわたって幸せな状態
（ウェルビーイング 16)）で生活を送ることができる社会（「こどもまん
なか社会」）の実現を目指すこととされている。

こども大綱では、この「こどもまんなか社会」をこども・若者の視点で具体化している。具体的には、全てのこどもや若者が、保護者や社会に支えられ、生活に必要な知恵を身に付けながら、

- ・心身ともに健やかに成長できる
- ・個性や多様性が尊重され、尊厳が重んぜられ、ありのままの自分を受け容れて大切に感じる（自己肯定感を持つ）ことができ、自分らしく、一人一人が思う幸福な生活ができる
- ・様々な遊びや学び、体験等を通じ、生き抜く力を得ることができる
- ・夢や希望を叶えるために、希望と意欲に応じて、のびのびとチャレンジでき、将来を切り開くことができる
- ・固定観念や価値観を押し付けられず、自由で多様な選択ができ、自分の可能性を広げることができる
- ・自らの意見を持つための様々な支援を受けることができ、その意見を表明し、社会に参画できる
- ・不安や悩みを抱えたり、困ったりしても、周囲のおとなや社会にサポートされ、問題を解消したり、乗り越えたりすることができる
- ・虐待、いじめ、体罰・不適切な指導、暴力、経済的搾取、性犯罪・性暴力、災害・事故などから守られ、困難な状況に陥った場合には助けられ、差別されたり、孤立したり、貧困に陥ったりすることなく、安全に安心して暮らすことができる
- ・働くこと、また、誰かと家族になること、親になることに、夢や希望を持つことができる

社会であり、20 代、30 代を中心とする若い世代が、

- ・自分らしく社会生活を送ることができ、経済的基盤が確保され、将来に見通しを持つことができる
- ・希望するキャリアを諦めることなく、仕事と生活を調和させながら、希望と意欲に応じて社会で活躍することができる
- ・それぞれの希望に応じ、家族を持ち、こどもを産み育てることや、不安なく、こどもとの生活を始めることができる

・社会全体から支えられ、自己肯定感を持ちながら幸せな状態で、こ
　どもと向き合うことができ、子育てに伴う喜びを実感することができ
　きる。そうした環境の下で、こどもが幸せな状態で育つことができ
　る

社会であるとしている。

　更に、

・こうした「こどもまんなか社会」の実現は、こども・若者が、尊厳
　を重んぜられ、自分らしく自らの希望に応じてその意欲と能力を活
　かすことができるようになることや、こどもを産みたい、育てたい
　と考える個人の希望が叶うことにつながり、こどもや若者、子育て
　当事者の幸福追求において非常に重要であること
・その結果として、少子化・人口減少の流れを大きく変えるとともに、
　未来を担う人材を社会全体で育み、社会経済の持続可能性を高める
　ことにつながること
・すなわち、こどもや若者、子育て当事者はもちろん、全ての人にと
　って、社会的価値が創造され、その幸福が高まることにつながるこ
　と

といった基本的な考え方を示している。

注
15）こども大綱では、当事者であるこどもにとってのわかりやすさの観点から、児童の
　　権利に関する条約を「こどもの権利条約」と記載している。
16）身体的・精神的・社会的に良い状態にあるという包括的な幸福として、短期的な幸
　　福のみならず、生きがいや人生の意義など将来にわたる持続的な幸福を含むものを
　　いう。

〈こども施策に関する6つの基本的な方針〉
こども施策の6つの基本的な指針として、
ⅰ）こども・若者を権利の主体として認識し、その多様な人格・個性
　　を尊重し、権利を保障し、こども・若者の今とこれからの最善の利
　　益を図る

ⅱ）こどもや若者、子育て当事者の視点を尊重し、その意見を聴き、対話しながら、ともに進めていく

ⅲ）こどもや若者、子育て当事者のライフステージに応じて切れ目なく対応し、十分に支援する

ⅳ）良好な成育環境を確保し、貧困と格差の解消を図り、全てのこども・若者が幸せな状態で成長できるようにする

ⅴ）若い世代の生活の基盤の安定を図るとともに、多様な価値観・考え方を大前提として若い世代の視点に立って結婚、子育てに関する希望の形成と実現を阻む隘路の打破に取り組む

ⅵ）施策の総合性を確保するとともに、関係省庁、地方公共団体、民間団体等との連携を重視する

といった考え方を示している。

〈こども施策として重点的に取り組む施策〉

こども大綱では、こども・若者の視点でわかりやすく示すため、

ⅰ）特定のライフステージのみでなくライフステージを通して重点的に取り組む施策

ⅱ）ライフステージ別に重点的に取り組む施策

ⅲ）子育て当事者に対して重点的に取り組む施策

を区分して提示している。

具体的には、「ライフステージを通して重点的に取り組む施策」として、

・こども・若者が権利の主体であることの社会全体での共有等（こども基本法の周知、こどもの教育、養育の場におけるこどもの権利に関する理解促進等）

・多様な遊びや体験、活躍できる機会づくり（遊びや体験活動の推進、生活習慣の形成・定着、こどもまんなかまちづくり等）

・こどもや若者への切れ目のない保健・医療の提供（成育医療等に関する研究や相談支援等、慢性疾病・難病を抱えるこども・若者への

支援）
- ・こどもの貧困対策（教育の支援、生活の安定に資するための支援、保護者の就労支援、経済的支援）
- ・障がい児支援・医療的ケア児等への支援（地域における支援体制の強化、インクルージョンの推進、特別支援教育等）
- ・児童虐待防止対策と社会的養護の推進及びヤングケアラーへの支援（児童虐待防止対策等の更なる強化、社会的養護を必要とするこども・若者に対する支援、ヤングケアラーへの支援）
- ・こども・若者の自殺対策、犯罪などからこども・若者を守る取組（こども・若者の自殺対策、インターネット利用環境整備、性犯罪・性暴力対策等）

「ライフステージ別に重点的に取り組む施策」として、

- ・こどもの将来にわたるウェルビーイングの基礎を培い、人生の確かなスタートを切るための最も重要な時期である「こどもの誕生前から幼児期まで」の施策（妊娠前から妊娠期、出産、幼児期までの切れ目ない保健・医療の確保、こどもの誕生前から幼児期までのこどもの成長の保障と遊びの充実）
- ・こどもにとって、身体も心も大きく成長する時期であり、自己肯定感や道徳性、社会性などを育む時期である「学童期」から、性的な成熟が始まり、それに伴って心身が変化し、自らの内面の世界があることに気づき始め、他者との関わりや社会との関わりの中で、自分の存在の意味、価値、役割を考え、アイデンティティを形成していく時期である「思春期」までの施策（こどもが安心して過ごし学ぶことのできる質の高い公教育の再生等・居場所づくり、小児医療体制・心身の健康等についての情報提供やこころのケアの充実、成年年齢を迎える前に必要となる知識に関する情報提供や教育、いじめ防止、不登校のこどもへの支援、校則の見直し、体罰や不適切な指導の防止、高校中退の予防・高校中退後の支援）
- ・大学等への進学や就職に伴い新たな環境に適応し、専門性や職業性

を身に付け、将来の夢や希望を抱いて自己の可能性を伸展させる時期である「青年期」の施策（高等教育の修学支援・高等教育の充実、就労支援・雇用と経済的基盤の安定、結婚を希望する方への支援・結婚に伴う新生活への支援、悩みや不安を抱える若者やその家族に対する相談体制の充実）
「子育て当事者に対して重点的に取り組む施策」として、
・子育て当事者が、経済的な不安や孤立感を抱いたり、仕事との両立に悩んだりすることなく、また、過度な使命感や負担を抱くことなく、健康で、自己肯定感とゆとりを持って、こどもに向き合えるようにするための施策（子育てや教育に関する経済的負担の軽減、地域子育て支援・家庭教育支援、共働き・共育ての推進、男性の家事・子育てへの主体的な参画促進・拡大、ひとり親家庭への支援）
に取り組むこととしている。

〈こども施策を推進するために必要な基盤となる取組〉
こども大綱では、こども施策を推進するために必要な基盤となる取組として、
ⅰ）こども・若者の社会参画・意見反映（国の政策決定過程へのこども・若者の参画促進、地方公共団体等における取組促進、社会参画や意見表明の機会の充実、多様な声を施策に反映させる工夫、社会参画・意見反映を支える人材の育成、若者が主体となって活動する団体等の活動を促進する環境整備、こども・若者の社会参画や意見反映に関する調査研究）
ⅱ）こども施策の共通の基盤となる取組（「こどもまんなか」の実現に向けたEBPM、こども・若者、子育て当事者に関わる人材の確保・育成・支援、地域における包括的な支援体制の構築・強化、子育てに係る手続き・事務負担の軽減、必要な支援を必要な人に届けるための情報発信、こども・若者、子育てにやさしい社会づくりのための意識改革）

iii）施策の推進体制等（総理を長とするこども政策推進会議、こども
　　　　まんなか実行計画の策定、数値目標と指標の設定、自治体こども計
　　　　画の策定促進・地方公共団体との連携、国際的な連携・協力、安定
　　　　的な財源の確保等）

について基本的な考え方を示している。

　このうち特にポイントとなるのが、「こども・若者の社会参画・意見
反映」と「数値目標・指標の設定とこどもまんなか実行計画の策定」な
ので、丁寧に解説したい。

〈こども・若者の社会参画・意見反映〉

　こども大綱では、こどもや若者の意見を聴いて施策に反映することや
こどもや若者の社会参画を進めることには、大きく、2つの意義がある
としている。具体的には、

　　i）こどもや若者の状況やニーズをより的確に踏まえることができ、
　　　施策がより実効性のあるものになること

　　ii）こどもや若者にとって、自らの意見が十分に聴かれ、自らによっ
　　　て社会に何らかの影響を与える、変化をもたらす経験は、自己肯定
　　　感や自己有用感、社会の一員としての主体性を高めることにつなが
　　　ること、ひいては、民主主義の担い手の育成に資すること

であり、このことを踏まえて、国の政策決定過程へのこども・若者の参
画促進等に取り組むこととしている。実際、こども大綱の策定のプロセ
スにおいても、こども・若者、子育て当事者をはじめとする様々な方々
から、対面・オンライン・チャット、パブリックコメント、アンケート、
ヒアリング、児童館や児童養護施設への訪問など、様々な方法で意見を
聴き、いただいた意見を反映するとともに、こどもや若者にもなるべく
わかりやすくフィードバックしている（この取組については、「(5) こ
どもの意見反映プロセス」において詳しく解説する）。

〈数値目標・指標の設定とこどもまんなか実行計画の策定〉

　こども大綱においては、「こどもまんなか社会」の実現に向けたこども・若者や子育て当事者の視点に立った数値目標、こども・若者、子育て当事者の置かれた状況等を把握するための指標が設定されている（詳細は図表10を参照いただきたい）。

　そして、総理を長とする「こども政策推進会議」において、こども大綱に基づき具体的に取り組む施策を「こどもまんなか実行計画」として取りまとめるとともに、有識者で構成される「こども家庭審議会」において、施策の実施状況やこども大綱に掲げた数値目標・指標等を検証・評価し、その結果を踏まえ、毎年6月頃を目途に、こども政策推進会議において「こどもまんなか実行計画」を改定し、関係府省庁の予算概算要求等に反映するプロセスを設けている。

　この基本的な考え方に基づき、2024年5月に「こどもまんなか実行計画」が取りまとめられた。こどもまんなか実行計画では、幅広いこども政策の具体的な取組が一元的に示されており、具体的には、こどもや若者の権利の保障に関する取組や、「加速化プラン」等の少子化対策、こどもの貧困対策をはじめとする困難な状況にあるこどもや若者・家族への支援に係る施策など、387の項目が盛り込まれている。また、新規・拡充施策を中心に具体的な工程表が示され、既にこども大綱で設定していた数値目標を含めた指標（75指標）に加え、施策の進捗状況を把握するための288の指標が盛り込まれた。

　こども家庭庁の創設とこども大綱によって、今後5年のこども政策の基本的な方針は定まった。次に求められているのは、いかにこども大綱の内容を実行していくかという「実行力」である。

【参考図書等】
・こども家庭庁「こども大綱解説動画・冊子等」[17]
・末冨芳・秋田喜代美・宮本みち子（2023）『子ども若者の権利とこども基本法』明石書店

図表10　こども大綱における目標・指標

別紙1に、こども大綱が目指す「こどもまんなか社会」の実現に向けたこども・若者や子育て当事者の視点に立った数値目標、
別紙2に、こども・若者、子育て当事者の置かれた状況等を把握するための指標を設定する。
※具体的に取り組む施策の進捗状況を検証するための指標については「こどもまんなか実行計画」において設定。

目指す社会 ： こどもまんなか社会

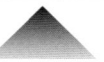

目 標 （別紙１）	（目標値）
「こどもまんなか社会の実現に向かっている」と思う人の割合	70%
「生活に満足している」と思うこどもの割合	70%
「今の自分が好きだ」と思うこども・若者の割合（自己肯定感の高さ）	70%
社会的スキルを身につけているこどもの割合	80%
「自分には自分らしさというものがある」と思うこども・若者の割合	90%
「どこかに助けてくれる人がいる」と思うこども・若者の割合	現状※維持 ※97.1%
「社会生活や日常生活を円滑に送ることができている」と思うこども・若者の割合	70%
「こども政策に関して自身の意見が聴いてもらえている」と思うこども・若者の割合	70%
「自分の将来について明るい希望がある」と思うこども・若者の割合	80%
「自国の将来は明るい」と思うこども・若者の割合	55%
「結婚、妊娠、こども・子育てに温かい社会の実現に向かっている」と思う人の割合	70%
「こどもの世話や看病について頼れる人がいる」と思う子育て当事者の割合	90%

指 標 （別紙２）

- ●「こどもは権利の主体である」と思う人の割合
- ●こどもの貧困率
- ●里親等委託率
- ●児童相談所における児童虐待相談対応件数
- ●小・中・高生の自殺者数
- ●妊産婦死亡率
- ●安心できる場所の数が１つ以上あるこども・若者の割合
- ●いじめの重大事態の発生件数
- ●不登校児童・生徒数
- ●高校中退率
- ●大学進学率
- ●若年層の平均賃金
- ●50歳時点の未婚率
- ●「いずれ結婚するつもり」と考えている未婚者の割合
- ●合計特殊出生率
- ●出生数
- ●夫婦の平均理想／予定こども数
- ●理想の子ども数を持たない理由として「子育てや教育にお金がかかりすぎるから」を挙げる夫婦の割合
- ●男性の育児休業取得率
- ●6歳未満のこどもをもつ男性の家事関連時間
- ●ひとり親世帯の貧困率　等

17) https://www.cfa.go.jp/policies/kodomo-taikou/

(3) 幼児期までのこどもの育ちに係る基本的なビジョン

①幼児期までのこどもの育ちに係る基本的なビジョンの策定経緯

　こども家庭庁には新たな役割として、これまで各省庁の所掌事務の隙間で抜け落ちていた事務に焦点を当て、全てのこどもに対して支援の網をかけていくことが求められている。

　「幼児期までのこどもの育ちに係る基本的なビジョン（はじめの100か月の育ちビジョン）」（以下「育ちのビジョン」という。）は、その一つの取組である。

　この背景には、虐待による死亡事例が0～2歳児において多く発生しており、また、未就園児などにおいては、異なる年齢のこどもや大人、社会文化・自然などに触れる機会が家庭環境に左右される中で、誰一人取り残さず、全てのこどもの幼児期までの育ちを保障する必要があるとの課題認識がある。

　これまでは幼稚園や保育所等のどの施設にも通っていないこども（未就園児）については、各省庁の所掌事務の隙間となっていたが、小学校就学前の全てのこどもの育ちの保障に関して、幼稚園、保育所、認定こども園、家庭、地域を含めた取組の方針を新たに策定し、総合的に施策を推進する、これが育ちのビジョンの目的である。

　このため、育ちのビジョンでは、当初、「就学前のこどもの育ちの保障」とされていたが、幼稚園・保育所等から小学校に進学した後の1～2年間の連続性が重要ではないかとの指摘があり（我が国では9つまでの「つ」教育が重要との伝統もあるようだ）、妊娠期から幼児期までを、人生の最も重要な「はじめの100か月」と位置付け、全てのこどもの育ちを支え、生涯にわたるウェルビーイングの向上を図るための基本的な考え方を示している。

こども家庭庁では、この育ちのビジョンの策定のため、こども家庭庁創設以前のこども家庭庁設立準備室の時代から、有識者懇談会において論点整理を進めてきたところであり、更に、こども家庭庁創設後には、こども審議会の下に設置した幼児期までのこどもの育ち部会において丁寧に議論を重ね、2023年12月22日に成案を得ている。

②幼児期までのこどもの育ちに係る基本的なビジョンのポイント
育ちのビジョンのポイントは、以下の通りである。

〈育ちのビジョンの全体像〉
育ちのビジョンは、こどもが小学校に入るまでの重要な時期に、ひとりひとりが健やかに育つことができるよう、こどもの育ちに関わる全ての人に大切にしてほしい考え方をまとめたものである。全ての人に育ちのビジョンに共感してもらうことで、社会の考え方を変えていくきっかけをつくるとともに、国や自治体がどのような政策に取り組んでいくべきかを示す「羅針盤」の役割を果たすことを意図して取りまとめられている。
育ちのビジョンでは、これまでにはない初めての試みとして、
・幼児期までのこどもの育ちについて、幼稚園、保育所、認定こども園、家庭、地域を含めて、こどもの育ちに関わる全ての人に共有したいビジョンを示していること
・子育て当事者の立場からの知見、脳科学・発達心理学・公衆衛生学・小児科学等の科学的知見、幼児教育や保育における実践や理論を背景とする専門的知見等を踏まえた科学的知見を示していること
・こどもの誕生前から幼児期までの育ちに社会の様々な人がどのような立ち位置でこどもを支える当事者となり得るのかについてわかりやすく図式化した「こどもまんなかチャート」を示していること
といった特徴がある。

〈育ちのビジョンを策定する目的と意義〉

　育ちのビジョンでは、全てのこどもの生涯にわたるウェルビーイング（身体的・精神的・社会的〈バイオサイコソーシャル〉な観点での包括的な幸福）の向上が重要であることを示している。

　そして、「こどもの誕生前から幼児期まで」の重要性について、

・乳幼児期は、脳発達の「感受性期[18]」と言われ、脳発達において環境の影響を受けやすい限定された時期の一つであるなど、生涯にわたるウェルビーイング向上にとって、特に重要な時期であること

・生涯の健康や特定の病気へのかかりやすさは、胎児期や生後早期の環境の影響を強く受けて決定されるという考え方もあるなど、「こどもの誕生前」も含め、育ちを支える基盤的時期として捉える必要があること

・「育ち」の側面と両輪をなす「学び」の側面[19]からも、米国における研究で、質の高い幼児教育は長期にわたって影響を与えるとされているなど、幼児期までの重要性は世界的にも確認されていること

・取組によって特に着目する月齢や年齢に違いはあるが、「誕生前から幼児期まで」のこどもを重視した支援は、諸外国や国際機関でも推進されているなど世界の潮流[20]でもあること

から、こどもの生涯にわたるウェルビーイングの基礎を培い、人生の確かなスタートを切るために最も重要であるこの時期への社会的投資こそが、次代の社会の在り方を大きく左右する重要なものであることを示している。

　更に、誰一人取り残さないひとしい育ちの保障に向けた課題として、

・児童虐待による死亡事例を例に挙げても、約半数が0～2歳であるなど、基本的な生命に関するこどもの権利が、誰一人取り残さずひとしく保障されているとは言えない現状があること

・0～2歳児の約6割は就園していない状態[21]であり、少子化の進行等に伴いきょうだいの数も減ってきている中、こども同士で育ち合う機会や、保護者以外のおとなと関わる機会、様々な社会文化や

自然等の環境に触れる機会が、家庭の環境によって左右されている現状があり、園や子育て支援、地域社会等とつながることによって、育ちの環境をより一層充実させる機会は、こどもがどこに暮らしていても、家庭の環境に十分配慮しつつ、ひとしく保障されることが必要であること
・多くのこどもが通園する満3歳以上[22] にあっても、施設類型や家庭・地域で過ごす時間の違いによって、ひとしく育ちを保障する上での格差が生じないようにしなければならないこと

を挙げるとともに、こどもから見て切れ目のない保障に向けた課題として、

・年齢や学年の事情で引かれた線が、こどもの育ちの大きな切れ目にならないよう、環境（社会）の不断の改善を図っていく必要があること
・こどもの育ちという視点から見ると、家庭、幼児教育・保育施設、こどもの育ちに関する関係機関、地域等のこどもの育ちを支える場を含めた環境（社会）は全てつながっており、それぞれの「点」での支えが横につながった「面」のネットワークで育ちを支える環境（社会）を構築していく必要があること

を挙げている。

その上で、育ちのビジョンを、全ての人で共有したい理念と基本的な考え方の「羅針盤」と位置付け、全ての人の関心及び理解を増進するなど社会全体の認識共有を図るとともに、全ての人の具体的な取組の推進につなげていくこととしている。

注
18) 生きる環境に適応的に働く脳へと成熟することに向けて、特に環境の影響を受けやすい時期を指すが、その一つがおおむね7〜8歳の時期であるとされている。
19) 文科省が主導している「幼保小の架け橋プログラム」等の下で、幼稚園・保育所・認定こども園（以下「幼児教育・保育施設」という。）の施設類型を超えて、家庭や地域における学びも含め、0歳から18歳まで切れ目ない学びの連続性を踏まえつつ、「遊びを通した学び」の考え方を重視する幼児教育の充実を図っている。

20) ユニセフ（国連児童基金）は、途上国はもとより先進国においても、幼児期までの期間が重要であるとの考え方をとっており、なかでも胎内にいる時から2歳の誕生日までの「最初の1000日」に着目している。これに基づき、栄養やケア、教育やこどもの保護を含めて多面的にこどもやその養育者を支援するプログラムのほか、法律や政策への働きかけ等を行っている。また、おおむね8歳までを発達において重要な「Early childhood」と位置付け、発達支援に取り組んでいる。

21) 0〜2歳児は可能な限り家庭で育てたいと考える保護者がいるなど、就園していないこどもとその家庭の子育て状況は様々であり、就園していないこと自体を問題視するような情報発信や対応とならないように留意が必要。

22) 「未就園児等の把握、支援のためのアウトリーチの在り方に関する調査研究」（2023年3月）によれば、3歳以上の未就園の背景要因には、我が国の場合、低所得、多子、外国籍など社会経済的に不利な家庭のこどもや、健康・発達の課題を抱えたこどもが未就園になりやすい傾向があることが明らかになっていることにも留意。

〈幼児期までのこどもの育ちの5つのビジョン〉

育ちのビジョンでは、5つのビジョンとして、

ⅰ）こどもの権利と尊厳を守る

ⅱ）「安心と挑戦の循環」を通してこどものウェルビーイングを高める

ⅲ）「こどもの誕生前」から切れ目なく育ちを支える

ⅳ）保護者・養育者[23]のウェルビーイングと成長の支援・応援をする

ⅴ）こどもの育ちを支える環境や社会の厚みを増す

といったビジョンが示されている。

　第一のビジョン「こどもの権利と尊厳を守る」は、こども基本法の基本理念等が、児童の権利に関する条約のいわゆる4原則、「差別の禁止」、「生命、生存及び発達に対する権利」、「児童の意見の尊重」、「児童の最善の利益」を勘案して定められていることを踏まえ、「こどもの誕生前から幼児期まで」のこどもの育ちの質は、権利主体としての乳幼児の権利を守る観点に立ち返り、こども基本法にのっとり、こどもの権利に基づき、保障し向上させていく必要があるという基本的な考え方を示すものである。

　第二のビジョン「「安心と挑戦の循環」を通してこどものウェルビーイングを高める」は、

・乳幼児期の安定した「アタッチメント（愛着）」が、こどもに自分自身や周囲の人、社会への安心感をもたらすこと

・その安心感の下で、こどもは豊かな「遊びと体験」等を通して外の世界への挑戦を重ね、世界を広げていくことができること

から、このような「安心（アタッチメント）と挑戦（豊かな「遊びと体験」）の循環」をつくっていくことが重要であるという基本的な考え方を示すものである。

　ここで「アタッチメント」と「遊び」の重要性について補足したい。

　まず、「アタッチメント」について、「愛着」という言葉は、保護者・養育者とこどもの関係のみを指す印象を持つことがあるが、例えば「『愛着』の対象は母親、血縁関係にある者でなければならない」、「3歳児神話（こどもは3歳までは、常時家庭において母親の手で育てないと、こどものその後の成長に悪影響を及ぼすという言説）」等の過去の社会通説は科学的な根拠はないとされている。科学的には、保護者・養育者はこどもが「アタッチメント」を形成する対象として極めて重要であるものの、保育者など、こどもと密に接する特定の身近なおとなも愛着対象になることができることがわかっているのである。こどもの育ちについては、様々な言説が世の中にあふれているが、科学的知見に基づいた正しい知識を共有していく必要がある。

　こどもの育ちに必要な「アタッチメント」は、こどもが怖くて不安な時などに身近なおとな（愛着対象）がその気持ちを受け止め、こどもの心身に寄り添うことで安心感を与えられる経験の繰り返しを通じて獲得される安心の土台である。また、「アタッチメント」は、こどもが自分や社会への基本的な信頼感を得るために欠くことのできないものであり、こどもの自他の心への理解や共感、健やかな脳や身体を発達させていくものである。安定した「アタッチメント」は、自分や他者への信頼感の形成を通じて、いわゆる非認知能力の育ちにも影響を与える重要な要素であり、生きる力につながっていくとされている。このように、幼児期までのこどもの育ちにとって、「アタッチメント」の形成は極めて重要

なものとなっている。

　次に「遊び」について、科学的に、「遊び」には、こどもの様々な育ちを促す重要な機能があり、こどもが遊びに没頭し、身体の諸感覚を使い、自らの遊びを充実、発展させていくことは、言語や数量等の感覚などの認知的スキルと、創造性や好奇心、自尊心、想像力や思いやり、やり抜く力、相手や現実の状況と折り合いをつける力などの社会情動的スキルの双方を育むことに加え、多様な動きを身に付け、健康を維持することにつながり、ひいては、生涯にわたるウェルビーイングにつながるものであることがわかっている[24]。こどもに「遊び」を保障することは、こどもの育ちにとって極めて重要なものとなっているのである。

　なお、私自身、議員仲間と「外遊びの勉強会」を開催するなど、こどもの「遊び」について極めて高い関心を持って取り組んでいる。家でゲームや動画を見ている時間が増えている中でますます外遊びの時間は減少しているが、外遊びがなくなると、視力が悪化する、日光を浴びないため身体の成長に影響を及ぼす、友達と遊ばないことによってコミュニケーション能力を磨く機会が失われる、といったリスクが高まる。外遊びは極めて重要なこどもの営みであり、外遊びの機会の確保にもしっかり取り組んでいく必要がある。そのための3つの間（時間、空間、仲間）を確保すべく、政府、自治体、地域が意図的に努力しなければならない。

　第三のビジョン「「こどもの誕生前」から切れ目なく育ちを支える」は、こどもの育ちの大きな「切れ目」にならないように、こどもの発達の過程や連続性を踏まえ、「妊娠期」、「乳児期」、「おおむね1歳から3歳未満」、「おおむね3歳以上から幼児期の終わり」の時期ごとの基本的な考え方を示しており、特にこどもが生まれる前から家族が準備できるように支援することや小学生の時から乳幼児と関わる機会を確保することが大切だとしている。

　第四のビジョン「保護者・養育者のウェルビーイングと成長の支援・応援をする」では、

図表11　それぞれのこどもから見た「こどもまんなかチャート」

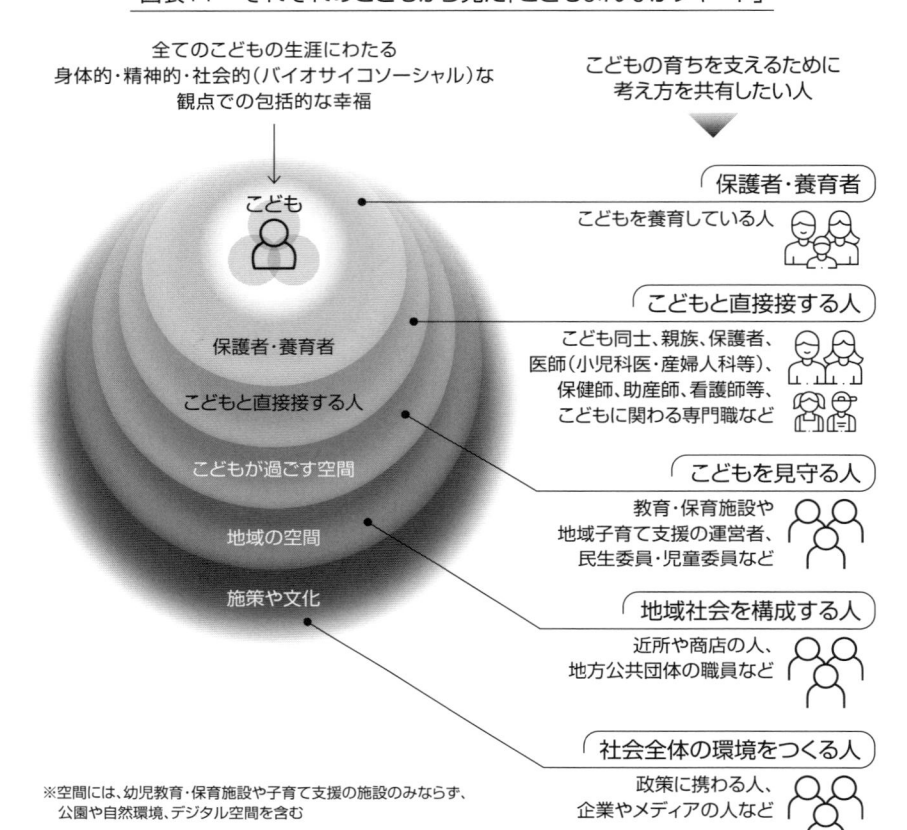

全てのこどもの生涯にわたる
身体的・精神的・社会的（バイオサイコソーシャル）な
観点での包括的な幸福

こどもの育ちを支えるために
考え方を共有したい人

こども

保護者・養育者

こどもと直接接する人

こどもが過ごす空間

地域の空間

施策や文化

保護者・養育者
こどもを養育している人

こどもと直接接する人
こども同士、親族、保護者、
医師（小児科医・産婦人科等）、
保健師、助産師、看護師等、
こどもに関わる専門職など

こどもを見守る人
教育・保育施設や
地域子育て支援の運営者、
民生委員・児童委員など

地域社会を構成する人
近所や商店の人、
地方公共団体の職員など

社会全体の環境をつくる人
政策に携わる人、
企業やメディアの人など

※空間には、幼児教育・保育施設や子育て支援の施設のみならず、
公園や自然環境、デジタル空間を含む

・保護者や養育者が幸せな状態（ウェルビーイング）であり、親とし
て成長できるよう、支援・応援は不可欠であること
・全ての保護者やこどもが必要な支援につながるよう、接点づくり
などの工夫が欠かせないこと
・保護者や養育者自身も、「こどもと共に育っていく」という視点が
大切であること
といった基本的な考え方を示している。
　第五のビジョン「こどもの育ちを支える環境や社会の厚みを増す」で

は、これからは、保護者・養育者だけでなく、地域社会の全体でこども を育てる時代であり、全ての人や環境を活かし、オールジャパンでこど もの育ちを支えることが必要といった基本的な考え方を示している。そ して、「こどもまんなかチャート」を作成することによって、「保護者・ 養育者」、「こどもと直接接する人」、「こどもが過ごす空間」、「地域の空 間」、「施策や文化」といった層ごとに、社会の様々な立場の人がどのよ うな立ち位置でこどもを支える当事者となり得るのかについてわかりや すく図式化するとともに、社会全体の全ての人の役割と、その役割を支 えるために特に国に求められることを整理している。

注

23) 保育者など、保護者・養育者の養育役割の一部を補う立場で、日常的に乳幼児を育 てる立場にある人への支援・応援も、育ちの要素として重要である。

24) 文科省中央教育審議会の幼児教育と小学校教育の架け橋特別委員会が 2023 年 2 月 に取りまとめた「学びや生活の基盤をつくる幼児教育と小学校教育の接続について ～幼保小の協働による架け橋期の教育の充実～」においても、0 歳から 18 歳まで の学びが連続している中で、こどもは遊びを通して学ぶという幼児教育の特性につ いての認識を社会と共有し、幼児期において遊びを通して育まれてきた資質・能力 （認知能力・非認知能力）が、小学校以降の学習に円滑に接続するよう教育活動に 取り組む重要性について示されている。

〈施策の推進〉

　育ちのビジョンで掲げる基本的な理念や考え方を全ての人が共有し、 社会全体で幼児期までのこどもの育ちを支えていくためには、その内容 についての認知度向上や、これに基づく具体的な取組の推進が必要であ る。

　このため、こども家庭庁では、

・保護者・養育者等を対象とした、こどもの育ちに関する基礎知識や 具体的な行動のヒントになる動画コンテンツ等の作成

・地域においてこどもの育ちに関する活動をコーディネートする人材 の養成[25]

・科学的知見に基づいて、こどもの育ちの質を向上させるための調査

研究[26]

に取り組むとともに、「こども大綱」等に位置付けられる関連施策に総合的に取り組むこととしている。

　私が育ちのビジョンの策定に関わる中で痛感したのは、こどもに関する社会通説には科学的根拠のないものが多く、多くの方が誤った認識のもとにこどもと接している実態があるということである。後ほど「(8)こども政策DXとEBPM」で詳しく解説するが、科学的根拠に基づいて、こどもとの関係を見つめ直していく必要がある。

　本ビジョンが浸透されれば、こども達がおかれた状況を問わず、健やかに育まれる社会に我が国も近づくことになる。そのためには、家族、養育者、こどもに接する職業に就いている人や周囲のおとな達など、こども達と接する時間、密度、関係性が異なる様々なおとな達に本ビジョンの内容がそれぞれ伝わるような工夫が求められる。

【参考図書等】
・遠藤利彦（2017）『赤ちゃんの発達とアタッチメント：乳児保育で大切にしたいこと』
　ひとなる書房
・明和政子（2019）『ヒトの発達の謎を解く―胎児期から人類の未来まで』筑摩書房

注
25）地域において、これまで乳幼児の育ちへの関わりが少なかった小・中・高校生や高齢者等が、「はじめの100か月の育ちビジョン」を踏まえ、子育てサークルやイベント等の場で、乳幼児や保護者と積極的に関わる機会を調整するコーディネーターを養成。
26）これまで大学や民間企業等で蓄積されてきた、幼児期までのこどもの育ちに係る科学的知見の収集・整理・分析等を行い、例えば遊びが非認知能力の成長にどのように資するか等を包括的に調査研究。

(4) こどもの居場所づくりに関する指針

①こどもの居場所づくりに関する指針の策定経緯

こども家庭庁には新たな役割として、これまで年齢や制度の縦割りに

よって実施が困難であった成長過程にある者を対象とした包括的な政策に取り組むことが求められている。

こどもの居場所も、以前は学校や幼稚園は文科省、保育園は厚労省、こども園は内閣府、公園は国交省、こども食堂やプレーパークにいたっては、明確な所管省庁は存在しないという状況だった。「おとなの事情」でこどもの居場所のあり方が分かれるのではなく、どこであってもこどものいる場所は同じ考えのもとで守らなければならないものだ。その意味でも、政府内で省庁横断でこどもに関する政策を司るこども家庭庁の出番である。「こどもの居場所づくりに関する指針」（以下「居場所の指針」という。）はその一つの取組であり、放課後等におけるこどもの居場所づくりについて、各省がそれぞれの所掌にて照らして行っているこどもの居場所と関連する事務について必要な調整を行い、新たに指針を策定し、施策を推進するものである。

この背景には、地域コミュニティの変化（地域のつながりの希薄化、少子化の進展により、地域の中でこどもが育つことが困難になっている）、複雑かつ複合化した喫緊の課題（児童虐待の相談対応件数や不登校、自殺者数の増加など、こどもを取り巻く環境の厳しさが増している）、価値観の多様化（価値観の多様化やそれを受け入れる文化の広がりに伴い、居場所への多様なニーズが生まれている）といった課題認識がある。

このような中、これまでの枠組みでは十分に拾い切れていなかったニーズに対応するため、様々な地域で、地域のニーズや特性を踏まえた多種多様な居場所づくりの実践が行われており、居場所の指針では、こうした各地域での居場所づくりを推進する観点から、国として、こどもの居場所づくりについての基本的な考え方を示している。

こども家庭庁では、この居場所の指針の策定のため、こども家庭庁創設以前のこども家庭庁設立準備室の時代から、調査研究を進めてきたところであり、更に、こども家庭庁創設後には、こども審議会の下に設置したこどもの居場所部会において丁寧に議論を重ね、2023年12月22日に成案を得ている。

②こどもの居場所づくりに関する指針のポイント

居場所の指針のポイントは、以下の通りである。

〈居場所の指針の全体像〉

居場所の指針は、各地域でのこどもの居場所づくりを推進する観点から、国として、

i）こどもの居場所づくりに関する基本的事項（こどもの居場所とは何か、こどもの居場所づくりとは何か）

ii）こどもの居場所づくりを進めるに当たっての四つの基本的な視点（ふやす、つなぐ、みがく、ふりかえる）

などのこどもの居場所づくりについての基本的な考え方を示している。

こどもの居場所づくりに直接携わる者はもとより、地方自治体、学校、地域住民など広くこどもの居場所に関係する者と指針の内容を共有し、こどもの居場所づくりを進める上で指針を十分に踏まえた取組が行われるようにすることが意図されている。

〈こどもの居場所とは何か〉

居場所の指針では、こどもの居場所について、

・こども・若者が過ごす場所・時間・人との関係性全てが、こども・若者にとっての居場所になり得ること。物理的な「場」だけでなく、遊びや体験活動、オンライン空間といった多様な形態をとり得るものであること

・その場や対象を居場所と感じるかどうかは、こども・若者本人が決めることであり、そこに行くかどうか、どう過ごすか、その場をどのようにしていきたいかなど、こども・若者が自ら決め、行動する姿勢など、こども・若者の主体性を大切にすることが求められること

・居場所の特徴として、多くのこどもにとって、学校が居場所になっていること、個人的なもので変わりやすく、地域性や目的、人との

関係性などに影響を受けるものであること

といった性質を持つものであることを示している。

　こどもの居場所になるかどうかは、一義的には、こども・若者本人が
そこを居場所と感じるかどうかによっており、その意味で、居場所とは
主観的側面を含んだ概念となっている。

　こどもの居場所には、学校、保育所、認定こども園、幼稚園、放課
後児童クラブ、放課後こども教室、児童館、公民館、塾や習い事、SNS、
オンラインゲームのコミュニティ、ショッピングモールなど様々な場が
あり、リアルとオンラインの区別や居場所づくりの目的の有無も関係が
ない。

〈こどもの居場所づくりとは何か〉

　居場所の指針では、こどもの居場所づくりについて、

・居場所とは、こども・若者本人が決めるものである一方で、居場所
　づくりは第三者が中心となって行うものであるため、両者には隔た
　りが生じ得るものであること

・こうした隔たりを乗り越えるため、こども・若者の視点に立ち、こ
　ども・若者の声を聴きながら居場所づくりを進めることが必要であ
　ること

・目的や対象者へのアプローチ方法などは多様であるが、重要なこと
　は、様々なニーズや特性を持つこども・若者が、身近な地域におい
　て、各々のライフステージに応じた居場所を切れ目なく持つことが
　できること

といった基本的な考え方を示している。

　居場所づくりを目的としていないが、結果としてこどもの居場所とな
っている場が存在する実態を踏まえると、教育、福祉、医療などこど
も・若者と関わる幅広いおとなが、目の前のこども・若者の居場所を担
い得るという自覚を持つことが重要である。

　また、こどもの居場所づくりを行う上では、対象者へのアプローチと

して、ユニバーサル／ポピュレーションアプローチ（主としてこども・若者同士や幅広い地域住民間の交流、つながりを提供）と、ターゲット／ハイリスクアプローチ（主として個別のニーズに対応したきめ細かな（場合によっては緊急の）支援の提供）の２種類が考えられるが、これら２つの機能が１つの居場所の中で混然一体となって提供されている場合もあるため、それぞれの地域において、潜在化しているものも含めたニーズを把握し、こども・若者の特性を配慮した多様な居場所づくりに取り組む必要がある。

〈こどもの居場所づくりを進めるに当たっての４つの基本的な視点〉
　居場所の指針では、こどもの居場所づくりを進めるに当たっての４つの基本的な視点として、
　　ⅰ）「ふやす」〜多様なこどもの居場所がつくられる〜
　　ⅱ）「つなぐ」〜こどもが居場所につながる〜
　　ⅲ　「みがく」〜こどもにとって、より良い居場所となる〜
　　ⅳ）「ふりかえる」〜こどもの居場所づくりを検証する〜
といった視点が重要であることを示している。なお、これらの視点は、順序や優先順位があるものではなく、相互に関連し、また循環的に作用するものである。
　第一の視点「「ふやす」〜多様なこどもの居場所がつくられる〜」については、こども・若者を対象としたアンケート調査やヒアリングを踏まえると、居場所がほしいものの、居場所がないと感じているこども・若者の存在が明らかになっていることから、身近な地域で、こども・若者のニーズを踏まえた多様な居場所が確保されるようにしていく必要があることを指摘している。その上で、
　・地域の既に居場所になっている資源やこども・若者が居場所を持てているか等の実態を把握すること
　・学校や児童館、公民館など既存の地域資源を柔軟に活用して居場所づくりを進めること

・新たに居場所づくりを始めたい人を、多面的にサポートすること
・持続可能な居場所づくりが進められるよう、ソフトとハードの両面で支えること
・災害時においてこども・若者が居場所を持てるよう配慮すること
といった視点が重要であることを示している。

　第二の視点「「つなぐ」〜こどもが居場所につながる〜」については、こどもの居場所になり得る場や対象がいくら整備されたとしても、こども・若者が現実にアクセスでき、利用できなければ、本人にとっての居場所とはならないことから、こども・若者がその場を知り、見つけ、安全・安心に利用できるかについて工夫することが重要であることを指摘している。その上で、

・居場所に関する情報をまとめ、可視化し、こども・若者自身が見つけられ、選びやすくすること
・こども・若者の興味に即した居場所づくりにするなど、こども・若者が利用しやすい工夫を施すこと
・自分で居場所を見つけにくいこども・若者も、幅広い手段を講じ、居場所につながるようにすること
といった視点が重要であることを示している。

　第三の視点「「みがく」〜こどもにとって、より良い居場所となる〜」については、こども・若者を取り巻く環境が厳しさを増しており、環境変化のスピードも速くなっている中、こども・若者にとっての居場所であり続けるためには、不断の取組が必要であることを指摘している。その上で、

・こども・若者の心身の安全が確保され、安心して過ごせる居場所づくりを進めること
・こども・若者が居場所づくりに参画し、こども・若者とともに居場所づくりを進めること
・どのように過ごし、誰と過ごすかを意識した居場所づくりを進めること

・居場所同士や関係機関が対話し、連携・協働した地域全体の居場所づくりを進めること
・環境の変化によるこども・若者のニーズに対応した居場所づくりを進めること

といった視点が重要であることを示している。

第四の視点「「ふりかえる」〜こどもの居場所づくりを検証する〜」では、居場所づくりの検証の必要性を指摘した上で、その指標の在り方については、現在、効果的な指標は定まっておらず、今後の検討が必要であることを示している。

〈施策の推進〉

居場所の指針で掲げる基本的な考え方を関係者が共有し、こどもの居場所づくりを推進していくためには、その内容についての認知度向上や、これに基づく具体的な取組の推進が必要である。

このため、こども家庭庁では、

ⅰ）指針の理解を促進するための周知・広報

ⅱ）地方自治体に対するこどもの居場所に係るニーズの実態把握や広報啓発活動に必要な費用の補助

ⅲ）こどもの居場所づくり支援に係るモデル事業

ⅳ）こどもの居場所づくりのコーディネーターの配置等への支援

に取り組むこととしている。

ここで具体的な事例を一つ紹介したい。こども食堂は全国に 9,132 箇所[27] にのぼり、もはやこどもに欠かせない居場所となっている。私が視察した足立区のキッズドアは地域のこどもへの食事の提供と併せて、学習支援に力を入れていた。ウクライナ危機に端を発した物価高が私の大臣在任中に社会問題化していた。そこで、2022 年の補正予算でこども食堂への更なる財政支援を決定した。

こども食堂の支援の話をするとネット上では「こども食堂が不要なように貧困家庭をなくすのが政府の役割」との批判を受ける。しかし、こ

ども食堂は家庭不和や学校での孤立などにより居場所のないこども達にとっての拠り所にもなっている。こうした様々な家庭事情等で、食育や学業に支障が生じ、その後のこども達の可能性を狭めない重要な役割がこども食堂にはある。また、こども食堂に通うことがスティグマにならないよう、家庭や学校に課題を抱えていないこども達も受け入れているこども食堂が大半である。したがって、こどもの貧困が大きく改善したとしても、こども食堂が役割を終えることはない。

　私が居場所の指針の策定に関わる中で実感したのは、これまでの施策を「こども視点」で考え直していく必要があるということである。保育所、幼稚園、児童館、放課後児童クラブなど、こどもの居場所には様々な空間があるが、これまではおとながこどもに居てもらう場所を決めてそこにこどもを連れていく、というおとな視点が中心であったように思う。しかしながら、今回、「こども視点」でこれを捉え直してみると、実際のこどもの居場所はインターネット空間も含めて多種多様な場があり、そこを居場所と感じるかどうかはこどもの主観によって決まってくるという姿が見えてくる。あらゆる施策において、「こどもまんなか」の観点に立って、「こども視点」の施策に組み換えていくことが求められている。

【参考図書等】
・内閣官房こども家庭庁設立準備室（2023）「こどもの居場所づくりに関する調査研究報告書」[28]

注
27）2023年度のこども食堂全国箇所数調査（認定NPO法人全国こども食堂支援センター・むすびえ）
28）https://www.cfa.go.jp/assets/contents/node/basic_page/field_ref_resources/db46916f-2963-4114-917d-8677e2761a90/837d3c6e/20230323_ibasho_houkoku.pdf

（5）こどもの意見反映プロセス

こども基本法第11条では、国及び地方自治体に対して、こども施策については、こどもや子育て当事者等の意見を反映させるための必要な措置を講じる義務を課している。

第1章で詳しく解説したが、こどもの意識調査の国際比較では、「自分自身に満足している（自己肯定感がある）」と回答した人の割合は45.1％にとどまっている（最も高いアメリカは87.0％）。また、「自分は役に立たないと強く感じる（自己有用感がない）」と回答した人の割合は51.7％に上っている（最も低いドイツは31.8％）。こども達の自己肯定感、自己有用感を高めるためにも、こどもの意見表明の機会や社会的活動への参画の機会を確保することは極めて重要である。

このような中、こども家庭庁では、あらゆるこども政策について、当事者としてのこどもの意見を反映するため、

- ・小学生から20代までのこども・若者から、こども政策に対する意見を聞き、それを政策に反映する「こども若者★いけんぷらす」事業の実施
- ・こども家庭審議会への若者の委員登用
- ・こども・若者の意見反映のためのファシリテーターの養成・派遣
- ・地方自治体の好事例の横展開

などに取り組んでいる。

ここでは、こども家庭庁のこどもの意見反映のための中核事業である「こども若者★いけんぷらす」事業について詳しく解説する。

「こども若者★いけんぷらす」の目的は、

- ・こども・若者が、政策に対して意見を伝えて、政策を決めるプロセスに主体的に参画する機会・場を得ること
- ・政府が、こども・若者の意見を広く聴いて、制度や政策に反映し、制度や政策をより良くすること

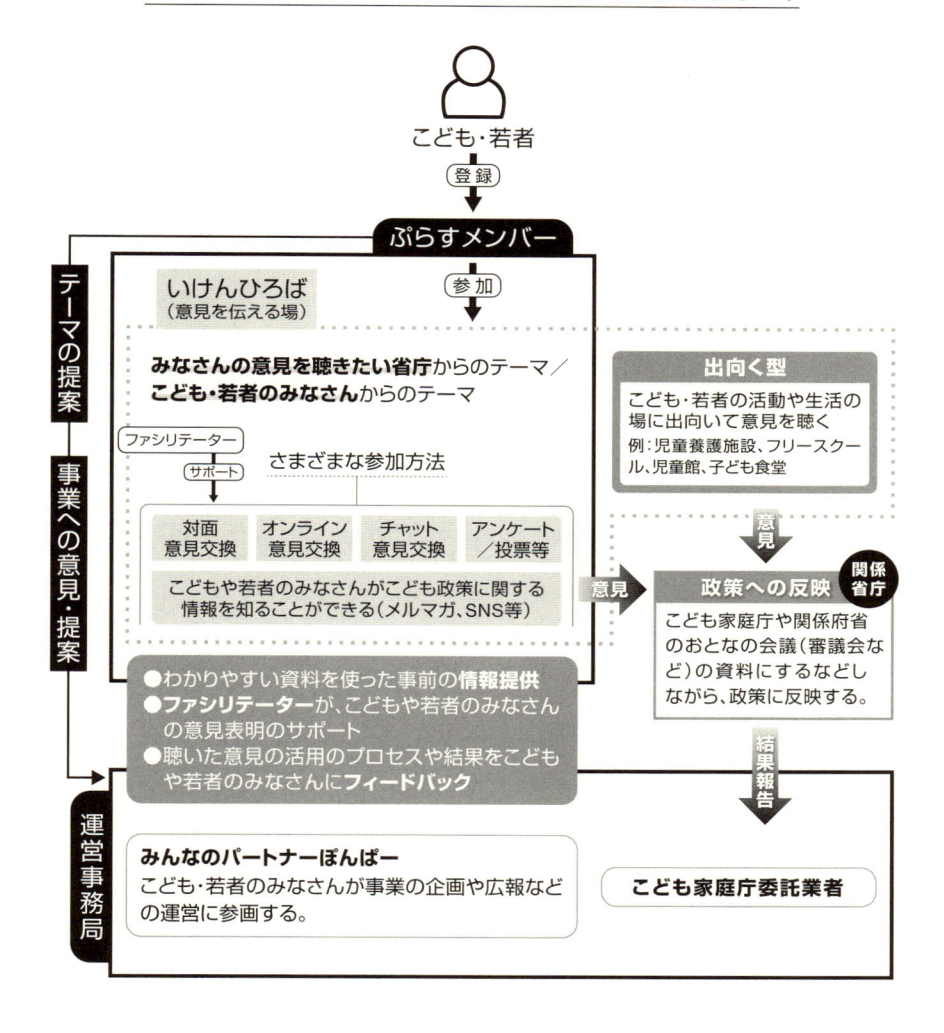

・社会全体にこの取組を広く発信することで、こども・若者の意見を
　聴くことの大切さについての理解を広げること
にある。
　議論するテーマやプロセスについても政府が一方的に決めるのではな

く、こどもや若者で構成される運営委員会（みんなのパートナーぽんぱー）と共に進めていくことになる。なお、「みんなのパートナーぽんぱー」の名称は、運営チームのメンバーのこどもや若者が自ら議論し命名したもので、「みんなのパートナー」は事業に参加するこども達の代表ではなく対等な関係であること、参加するこども達に寄り添う存在であることを示す言葉、「ぽんぱー」はポンプのように意見をくみ上げていく役割をイメージさせる言葉であり、これらを組み合わせている。

意見を伝える方法については、対面（リアル／オンライン）、Webアンケート、チャットなどの様々な方法で意見を伝えることができるようにしている。

2024年1月現在約20のテーマについて、こども・若者から意見をいただいており、いただいた意見は、こども家庭庁や各省庁の審議会等の資料にするなど、担当する職員が必ず読んで、政策づくりや実行に活かすこととしており、意見をどう反映したか、反映しなかった場合はどうしてかをこども・若者にフィードバックするようにしている。

No.	テーマ
1	あなたが思う「居場所」は？
2	若者と食の今後について考える！
3	新しくなった児童福祉法
4	小学校に入るまでを振り返って楽しかったこと、もっとおとなにしてほしかったこと
5	農林水産省に行ってみよう！
6	いじめや不登校など学校に関する悩み事
7	生きづらさや、自殺したいという気持ちになったことがある人に必要な支援について
8	こども家庭庁予算について
9	こども向けホームページについて
10	こども・若者への食育の推進について
11	海遊びのこと
12	「こども大綱」「こどもまんなか社会」をいっしょに考えよう
13	中学校の休日の運動部活動の地域クラブ活動への移行について考える！
14	いま、そして、これからの環境問題や社会について思うこと
15	こども基本法クイズ動画をよりよくしよう！
16	地方（特に雇用等）について思うこと

17	闇（ヤミ）金融（怖〜い金貸し）を知ろう！
18	居心地のいい場所とは？〜子育てを社会全体で支える雰囲気づくりについて思うこと〜
19	インターネット上の犯罪にあわないように気を付けていること
20	人権相談ってどんなもの？？
21	いけんぷらすをもっと多くの人に知ってもらいたい！！
22	痴漢撲滅に向けた広報について
23	お金について学ぶ教材を一緒に作ろう！

　なお、こども・若者が意見を伝えやすい雰囲気をつくるためには、ファシリテーターの役割が極めて重要である。こども家庭庁では、経験豊富なファシリテーターとともにこの事業を進めており、職員のスキル向上のための研修も行っている。

　具体的なイメージを持ってもらうため、こども大綱の取りまとめにあたって、どのようにこども・若者の意見を反映したか詳しく紹介したい。

　こども大綱の取りまとめに当たっては、小学校年代から20代のこども・若者、子育て当事者をはじめ、約4,000件の意見をいただいている。内訳としては、「こども若者★いけんぷらす」（1,360件）、「パブリックコメント」（1,730件）、「公聴会」（185件）、「こども若者いけんの会（こども若者を対象とした公聴会）」（154件）、「こども・若者団体ヒアリング」（79件）、「経済界・労働界ヒアリング」（28件）、「国と地方の協議の場」（24件）、「各団体の意見書」（255件）となっている。

　いただいた意見については、似ている意見をまとめた上で分類し、「ⅰ）大綱に反映する意見」、「ⅱ）修文に結びつかなかったが参考にさせていただいた意見」、「ⅲ）原案に既に含まれている意見」、「ⅳ）原案への賛成の考えを述べた意見」、「ⅴ）資料の見せ方などについての意見」に分けて、それぞれ紹介している。更に、「ⅰ）大綱に反映する意見」については「原案のどこがどう変わったか」を、「ⅱ）修文に結びつかなかったが参考にさせていただいた意見」については「修文に結びつかなかった理由・考え方」を、「ⅲ）原案に既に含まれている意見」については「どこに書いてあるか」を説明している。

図表13　みなさんからの意見への対応
（①答申に反映する意見、②すでに含まれている意見、③修文に結びつかなかった意見）

2. 基本的な方針について

①答申に反映する意見	②中間整理に書いてある意見	③修文に結びつかなかった理由・考え方

みなさんの意見（主なもの）	ポイント	答申（意見が反映されたもの）
ひきこもり支援について ●「子供・若者育成支援推進大綱」に位置付けられている「ひきこもり支援」についても記載してほしい。（都道府県）	ひきこもり支援について書いてほしい	●基本的な方針4（P.10）の困難や課題として、「ひきこもり」を追記するなどしました。
地域のニーズについて ●地域ごとの多様なニーズに対して、行政だけでは対応できないのではないか。（経済界・労働界）	企業などの参画について書いてほしい	●基本的な方針6（P.12）の「こどもや若者に関わる様々な関係者」に、「企業」を追記しました。
政策形成への若者の参画 ●こどもや若者の意見を聴くだけでなく、政策形成などへの影響力を持てるようにしてほしい。（こども・若者団体） ●なぜこども参加を進めるのかという理由のところが弱いかなと感じていて、「影響力」が極めて重要なキーワード。「影響力」というキーワードは絶対に入れたほうがいいか。（こども・若者団体）	こどもや若者と、ともに政策などを進めていくことを書いてほしい 「影響力」をキーワードとして入れるべき	●基本的な方針2（P.8）の「ともに考えていく」を、「ともに進めていく」に変更するとともに、「社会に参画することができるように」し、又「社会への影響力を発揮することにつながり、おとなは、」と追記しました。
子育てに関する表現について ●子育ては有意義な人生経験の場なので、「自らのキャリアを犠牲にする」といった表現でなく、前向きな表現にしてほしい。（全国知事会）	子育てについて前向きな表現で書いてほしい	●基本的な方針5（P.12）に「むしろ子育て経験を仕事等に活かすなど自己実現を図りつつ」と追記しました。
用語の注釈について ●SRHR（セクシュアル・リプロダクティブ・ヘルス/ライツ）について注釈を書いてほしい。（一般）	SRHRの定義を注釈に書いてほしい	●P.45の注釈に記載しました。

3. ライフステージ縦断の事項について

みなさんの意見（主なもの）	ポイント	答申（意見が反映されたもの）
虐待防止対策について ●「虐待は誰にでも起こりうるが」と書くと虐待を擁護しているように見える。（こども・若者） ●虐待により「親子」が傷つくまえに、という部分も違和感がある。（こども・若者）	虐待は決して許されるものではないことを明確にほしい 「親子」が傷つく前にという表現をかえてほしい	●P.18「虐待は決して許されるものではないが、あらゆる子育て当事者が無縁ではない」と修文しました。 ●予防の段階のセンシティブなニーズにどのように対応していくかという観点から、P.18の記載を修正し、充実させました。

みなさんの意見（主なもの）	ポイント	書いてある場所
虐待防止対策について ●虐待からは絶対に守るというような内容があってもいいと思った。（こども・若者） ●虐待は加害者と距離をおいてからが大変。自立への支援が重要。（こども・若者） ●虐待をうけた場合には、物理的な支援だけでなく、こころのケアが重要。（（こども・若者） ●こども本人の意見を聴き、こどもの最善の利益を考えて一時保護の判断をしてほしい。（一般）	虐待は許されない旨を書いてほしい 虐待を受けたこどもの自立の支援について書いてほしい 虐待をうけた場合のこころのケアについて書いてほしい 一時保護時にこどもの最善の利益を考えることを書いてほしい	●虐待予防と虐待を受けたこどものケアにしっかり取り組んでいきます。（P.18、19） ●社会的養護経験者等の方について、一人一人段階を経て自立していけるよう、支援に取り組むことにしています。（P.19） ●トラウマ等を含めた心のケアができる、高い専門性を持った人材を増やしていきます。（P.19） ●児童相談所等による意見聴取を適切に行い、こどもが意見表明しやすい環境整備などにも取り組みます。（P.19）
社会的養護について ●家庭でじゅうぶんな養育をうけられない環境にあるこどもの居場所づくりのため、自治体において児童養育支援拠点事業が積極的に導入、安定して運営されるような支援してほしい。（その他団体） ●離島などの地方では、社会的養護に関する情報が届かず、また助けをもとめる相手や支援機関がない。（こども・若者団体） ●児童養護施設等の職員の人材確保・定着に必要な取組をしてほしい。（その他団体） ●家庭内に葛藤を抱える若者が家をはなれ、その日から住まいにこまるといった相談が、コロナ禍に頻発した。若者への住まいの保障と相談体制を具体化してほしい。（その他団体）	児童育成支援拠点事業への支援についても書いてほしい 地域にかかわらず、社会的養護を必要とするすべてのこどもが対象になることを書いてほしい 児童養護施設の人材確保・定着に向けた取組を書いてほしい 家庭内に葛藤を抱える若者の住まいについて書いてほしい	●子育てに困難を抱える家庭やこどものSOSをできる限り早期に把握し、支援につなげていくため、こどもや親子の居場所支援の推進として、しっかりと支援することにしています。（P.18） ●社会的養護を含むこども施策については、地域の実情を踏まえつつ、推進することにしています。（P.12） ●児童養護施設等における人材確保に努めることとしており、人材の定着も含めて取り組んでいきます。（P.19） ●家庭から孤立した若者や、社会的養護の経験はないが同様に様々な困難に直面している若者が、そのニーズに合わせて必要な支援を受けられるよう取り組むことにしています。（P.19、20）

みなさんの意見（主なもの）	ポイント	修文に結びつかなかった理由・考え方
虐待防止対策について ●どのような状況であれば虐待として支援の対象となるのか明確化してほしい。（こども・若者）	支援の対象となる虐待の定義について書いてほしい	●児童虐待の定義や具体例について、児童虐待の防止に関する法律や、「子ども虐待対応の手引き」にくわしく書かれており、支援の対象はそちらで明確にされています。

具体的な事例として、こども大綱において、基本的な方針や虐待防止対策に関する意見をどのように反映しているか見てみよう。

　図表 13 では、答申（こども大綱）に反映した意見が黒枠、中間整理（原案）に既に含まれている意見が破線枠、修文に結びつかなかったが参考にさせていただいた意見が点線枠で囲われている。

　例えば、原案では、基本的な方針の一つとして、「こどもや若者、子育て当事者の視点を尊重し、その意見を聴き、対話しながら、ともに考えていく」とあった。これに対し、こども・若者から、こどもや若者の意見を聴くだけではなく、政策形成などへの影響を持てるようにしてほしいとの意見が寄せられた。これを受け、基本的な方針を、「ともに考えていく」から「ともに進めていく」に変えることになった。つまり、政府の基本的な方針そのものを、こども・若者の意見を真摯に踏まえて、改善したことになる。これは単なる表現の修正にとどまるものではなく、今までの政府では考えられない画期的なことである。

　また、「虐待は誰にでも起こりうるが」という言葉が原案にはあったのだが、「虐待を擁護しているように見える」との意見を踏まえ、「虐待は決して許されるものではない」という言葉を追加している。ややもすると保護者目線であった表現が、まさにこどもまんなかに改善されたと言える。

　このほか、修文に結びつかなかった意見として、「どのような状況であれば虐待として支援の対象となるのか明確化してほしい」との意見があった。この意見については、こども大綱として様々な内容を盛り込む必要がある中で、個別具体的な内容に関する記載を充実させることには限界があったため、児童虐待防止法や子ども虐待対応の手引に記載があることを説明している。反映できなかった意見であっても、その一つ一つの意見を受け止め、その意見に対しての考え方を丁寧に説明しているのである[29]。

　こどもや若者の意見を十分に聴くことは、こども達の自己有用感・自己肯定感の改善が期待されるだけでなく、こども・若者政策が当事者の

ニーズを満たす実効性の向上にもつながっていく。こどもをこども扱いしない。これが、こども家庭庁がこれからチャレンジする新しい政策スタイルである。

　最後にこども家庭審議会への若者委員の登用についても紹介する。こども家庭審議会は、こども政策に関する重要事項を審議する有識者会議であるが、この委員の選任に当たって、筆者が担当大臣として強く意識したのは、若者の委員を積極的に登用することであった。こども政策を議論する審議会において、こどもに年齢的に近い若者の意見を直接反映することは極めて重要である。このため、委員25名中、大学生から30代の若者、子育て当事者の方々7名に参画いただくこととした。20代以外の各委員からも、「隣の方から若いエネルギーをいただき、前のほうからも若いエネルギーをいただいて、とてもすてきだなと思う」等の肯定的な意見を多くいただき、こども政策を担う審議会として良いスタートが切れたのではないかと思っている。

　「こども若者★いけんぷらす」事業のようなこども・若者の意見を反映する仕組みの導入や有識者会議等への若者の委員登用は、政府だけではなく、地方自治体においてもぜひ取り組んでいただきたいと考えている。政府と地方自治体が一緒になって社会に広く発信していくことで、こどもや若者、周りの大人に、こどもや若者の意見を聴くことの大切さを知ってもらうようにすることが重要である。

　こども家庭庁の認知度は、民間企業が妊娠・子育て中の方を対象に行ったアンケート調査で約56％となっており、まだまだこれからだ[30]。どうすれば同庁の存在をとりわけこども達に知ってもらえるのか。農水省を知らない農家、厚労省を知らない医師が（おそらく）いないのと同様に、何よりもこども達にこども家庭庁が自分達の組織だと感じてもらうのが重要だと思う。私が大臣在任中、先述のこども若者★いけんぷらすに加え、こども達を当事者にしたイベント（例えばこども記者会見など）を実施した。そのこども記者会見も、こどもをこども扱いするのではなく、プロの記者への大臣会見と同じく政策を説明し質問を受けた。

こうした取組をこども家庭庁が率先して行うことを通じて、こどもの視点を政策に活かすことができるし、こども達も「こどもだまし」、「アリバイ作り」と感じることなく、ともにこども家庭庁と歩んでくれるようになるのではないか。

【参考図書等】
・こども家庭庁「こども若者★いけんぷらす公式 Instagram」[31]
・こども家庭庁「こども若者★いけんぷらす解説動画」[32]

注
29) 詳細は「こども大綱（説明資料）」参照
　　https://www.cfa.go.jp/assets/contents/node/basic_page/field_ref_resources/
　　f3e5eca9-5081-4bc9-8d64-e7a61d8903d0/2aaecb18/20231222_policies_kodomo-
　　taikou_22.pdf
30) たまひよ×サンキュ！　合同企画「子育て世代はどう思う？　こども家庭庁にあなたの声を届けように関するアンケート」
　　https://st.benesse.ne.jp/ikuji/content/?id=184760
31) https://www.instagram.com/ikenplus_kodomo.katei/
32) https://www.cfa.go.jp/policies/iken-plus

（6）こどもの性暴力防止と日本版 DBS

①こどもの性暴力防止対策

　性犯罪・性暴力は、個人の尊厳を著しく踏みにじる行為である。とりわけ、こどもや若者に対する性犯罪・性暴力は、被害に遭った当事者の心身に長期にわたり有害な影響を及ぼす極めて悪質な行為であって、断じて許すことはできない。

　政府としては、こども家庭庁の創設の前から、「性犯罪・性暴力対策の更なる強化の方針」や「子供の性被害防止プラン 2022」等に基づいて、各般の対策に取り組んできたところであったが、依然として、弱い立場に置かれたこどもや若者が性犯罪・性暴力の被害に遭う事案が後を絶たず、また、被害に遭っても、それを性被害であると認識できないことや、声をあげにくく適切な支援を受けることが難しいことなどの課題

被害者の年齢層別割合（2022年）

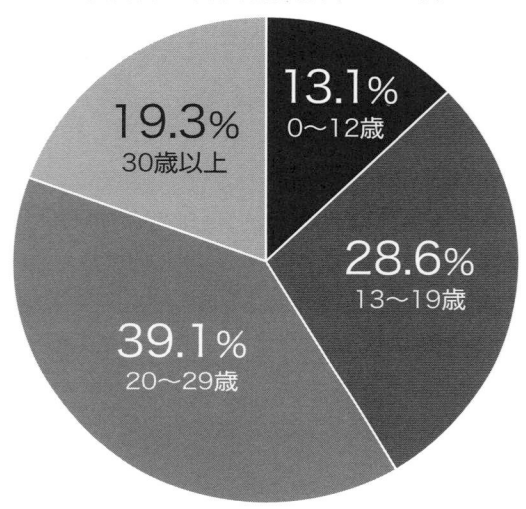

資料：「犯罪統計資料」より、内閣府男女共同参画局作成

も指摘され続けていた。

　実際に若年層（16 〜 24歳）のうち、4人に1人以上（26.4％）が何らかの性暴力被害に遭っている。また、若年層の12.4％（女性15.0％、男性5.1％）は、身体接触を伴う被害に、若年層の4.1％（女性4.7％、男性2.1％）は、性交を伴う被害に遭っている。強制性交等罪の認知件数（1,655件）のうち、被害者の20代以下が8割以上、10代以下に限っても4割以上を占めており、こども・若者が被害者となる強制性交等罪の認知件数は0〜12歳では、2018年に比べ1.4倍以上となっている。加えて、被害に遭っても、半数以上はどこ（だれ）にも相談できていない。私自身、こども政策担当大臣として、こどもの頃に様々な形で性被害を受けた当事者との面会を重ねてきたが、そこでは、そもそもこどもの頃に性被害に遭った場合はそれが性被害であること自体を認識できないこと、また、認識できたとしても周囲の大人達に被害を申告しづらい

こと、片やこどもの頃の性被害は成長して大人になってからも長くそのトラウマに苦しむこと、といった深刻な実態を知ることができた。こどもの性被害はどこででも起こり得る危険性があり、どのような状況に置かれたこどもや若者であっても、性被害を受けることのない社会を実現しなければならない。

こども家庭庁では、こうした状況に鑑み、性犯罪・性暴力対策強化のための関係府省会議及びこどもの性的搾取に係る対策に関する関係府省連絡会議の合同会議を開催し、2023年7月に「こども・若者の性被害防止のための緊急対策パッケージ」を取りまとめた。その際には、岸田総理より、私（こども政策担当大臣）の下で関係府省会議を開催し、対策取りまとめの指示があった。これも、こども家庭庁が政府内で司令塔機能を発揮し、省庁の縦割りを打破していく流れの一環と言える。

同パッケージでは、「ⅰ）加害を防止する」、「ⅱ）相談・被害申告をしやすくする」、「ⅲ）被害者支援を強化する」という3つの視点に立って対策を強化しており、具体的には、

- こども・若者の未熟さ・立場の弱さを利用した性加害が繰り返されていることに対応するため、改正刑法等の趣旨・内容[33]の国民への周知・厳正な対処、加害者の被害者に対する強い影響力を利用した事犯（親族関係、雇用関係、師弟関係等）などについて、全国で取り締まりの強化をすること
- こどもが長く過ごす場での性被害の未然防止・早期発見に対応するため、後述する日本版DBS導入に向けた法案の検討を加速させるとともに、保育所等における虐待防止のための保育士等への通報義務の追加を検討すること
- こどもは、被害にあっても性被害と認識できず、どう対応すればよいかわからないといった課題に対応するため、学校で性被害防止等を教える「生命の安全教育」を全国展開するとともに、小学生・未就学児等を対象に プライベートゾーン等の啓発キャンペーン活動を実施すること

弱い立場に置かれたこども・若者が性被害に遭う事案が後を絶たない現状

これまでの対策の着実な実行に加え、
本パッケージの対策を速やかに実行する

解決すべき課題		今般実施する強化策
こども・若者の未熟さ・立場の弱さを利用した性加害が繰り返されている	1 加害を防ぐ	○改正刑法等の趣旨・内容を広く国民に周知、厳正な対処 ○加害者の被害者に対する強い影響力を利用した事犯（親族関係、雇用関係、師弟関係等）などについて、**全国で取締りを強化** ○刑法改正等に伴い「**匿名通報事業**」の対象を変更・拡大し、一層の周知を図る
こどもが長く過ごす場での性被害の未然防止・早期発見が必要		○**日本版DBS導入**に向け、**早期の法案提出を目指し、検討を加速** ○**保育所等における虐待防止**のため、通報義務に関し児童福祉法改正を検討
こどもは、被害にあっても性被害と認識できず、どう対応すればよいか分からない 保護者も、こどもの被害に気付くことや適切な対応が難しい	2 相談しやすく	○学校で性被害防止等を教える「**生命（いのち）の安全教育**」を全国展開 ○小学生・未就学児等を対象に**プライベートゾーン等の啓発キャンペーン活動を実施** ○保護者として身に付けることが望ましい知識（性被害のサイン、「記憶の汚染」を避ける、相談先）等について啓発資料等を直ちに作成し、学校、保育所、地域子育て支援拠点事業所、母子保健等の**子育て支援の場等を通じて保護者に啓発**
男性への相談支援の知見が十分に蓄積されておらず、相談もしにくい	3 支援の強化	○9月中を目途に「**男性・男児のための性暴力被害者ホットライン**」を初めて開設
文化芸術分野で活動する際、契約関係の明確化や安心・安全な環境が必要		○こどもや若者を含め、安心して活動を継続できるよう、**文化芸術分野における相談窓口を設置**（弁護士が契約やハラスメントを含むトラブル等に対し助言や関係機関の紹介等を行う）

緊急啓発期間	① 加害の抑止（改正刑法等の趣旨・内容等の周知徹底） ② 相談窓口の周知 ③ 第三者が被害に気付いたときの適切な対応

被害実態等の的確な把握と実証的な政策立案

すべてのこども・若者が安心して過ごすことができる社会を実現

・男性への相談支援の知見が十分に蓄積されておらず、相談もしにくいといった課題に対応するため、「男性・男児のための性暴力被害者ホットライン」を新設すること

・文化芸術分野で活動する際の契約関係の明確化や安心・安全な環境づくりに対応するため、文化芸術分野における相談窓口を設置（弁護士が契約やハラスメントを含むトラブル等に対し助言や関係機関の紹介等を行う）すること

といった対策を盛り込んでいる。

　更に、同年 10 月には、このパッケージについて、更に保育所等児童福祉施設、幼稚園・特別支援学校における性犯罪防止対策に係る設備（パーテーション等の設置によるこどものプライバシー保護、保護者からの確認依頼等に応えるためのカメラによる記録等）支援や地方自治体の性犯罪・性暴力被害者ワンストップ支援センターのこども・若者・男性への支援体制強化などの施策を追加し、取組を加速化させることとしている。

注
33）いわゆる性交同意年齢の引き上げ（13 歳→ 16 歳）、わいせつの目的で若年者を懐柔する行為に係る罪の新設、性的な姿態を撮影する行為等に係る罪の新設等の改正が行われている。

②日本版 DBS

　こどもの性被害防止対策として大きな動きがあるのがいわゆる「日本版 DBS（Disclosure and Barring Service）」の導入に向けた動きである。

　日本版 DBS とは、「教育・保育施設等やこどもが活動する場（放課後児童クラブ、学習塾、スポーツクラブ、部活動など）等において働く際に、性犯罪歴等についての証明を求める仕組み」のことであり、イギリス等においてこのような仕組みが導入されている。

　この日本版 DBS については、こども達の安全、命といったものをしっかりと守ってほしいという国民からの要請がある一方、職業選択の自

由、プライバシーの観点を踏まえてどこまでの規制が許容されるかといった憲法上の課題や、こどもに関わる事業を包括的に管理する業法がない中でどのように制度の運用を行うかといった実務上の課題など様々な難しい論点がある。

このような中、こども家庭庁では、こども家庭庁設立準備室時代から、日本版 DBS の検討チームを設置し、法制度やシステムの在り方等について検討を重ね、2023 年 6 月には「こども関連業務従事者の性犯罪歴等確認の仕組みに関する有識者会議」において、憲法、民法、刑事法等の法律やこどもの性被害に関する学識経験者、関係団体、地方自治体等の各界の第一人者に議論いただき、同年 9 月に「こども関連業務従事者の性犯罪歴等確認の仕組みに関する有識者会議報告書」を取りまとめている。

同報告書のポイントは、
- こどもに対する性犯罪・性暴力は、こどもの心身に生涯にわたって回復し難い有害な影響を及ぼすものであり、加害行為が一度発生すると、継続する可能性が高いことから、未然にこれを防止するための特別な仕組みを設ける必要があること
- こどもに対する教育、保育等を提供する事業は、その事業や業務の性質上、性犯罪歴等確認の仕組みを導入する必要性が高いこと
- 職業選択の自由、営業の自由、プライバシーの観点から、性犯罪歴等確認の仕組みは、必要かつ合理的な範囲でなければならないこと
- このような観点から、学校や保育所等の設置者に対しては、性犯罪歴等確認の仕組みや、その結果に基づく安全確保のための措置を直接義務付けるべきであること
- 学習塾等、学校や保育所等以外の事業者についても、できる限り広く対象に含めるため、認定制度を設け、認定を受けたものについては、学校等と同じ措置を義務付けること
- 適切な体制整備や実効性が伴わない仕組みとなることにより、情報管理等について問題が生ずれば、制度全体の信頼を損なうおそれが

あるため、具体の制度設計に当たっては、円滑かつ確実な実施が可

　　能となることに十分に留意すべきであること

などについて、方向性を示したことである。

　特に先述した法技術的な課題や実務上の課題を解決するため、「学習塾等、学校や保育所等以外の事業者についても、できる限り広く対象に含めるため、認定制度を設け、認定を受けたものについては、学校等と同じ措置を義務付け」といった仕組みを導入し、学習塾等の制度への参画を強力に働きかけることで実質的に義務化と同じ状況をつくることとしているのが特徴と言える。

　こども家庭庁ではこの報告書に基づき法案化の作業を進めたが、私が大臣の時には与党内の議論が熟しておらず、当初目指した 2023 年の臨時国会での提出を断念せざるを得なかった。その後、同年 11 月に私は自民党の「こども・若者」輝く未来創造本部の事務局長に就任したので、今度は与党内での検討を進めるべく同本部で（法案審議では稀なことだが）9 回にわたって会議を開催し、（性被害当事者を含む）関係者のヒアリングを行いつつ、政府に更なる検討の具体化を求めた。

　与党内の意見を反映して、日本版 DBS の射程は報告書より拡大することとなった。確認対象とする性犯罪歴の対象期間は刑法 34 条の 2 が定める刑の消滅期間（罰金刑は 5 年間、拘禁刑は 10 年間）より大幅に伸長した（罰金刑は 10 年間、拘禁刑は 20 年間）。法律だけでなく、盗撮や痴漢などの条例も対象となり、また、一定のベビーシッターのマッチング事業者や障がい児に対する障がい福祉サービス事業者も対象事業者に含まれ得ることとなった。

　この間、与党内では最後まで法案の射程の更なる拡大を求める意見もあった。なかでも、確認対象とする性犯罪歴の対象期間を教育職員性暴力等防止法 [34) の児童生徒への性暴力により教員免許状が失効した者のデータベースの記録期間 40 年に合わせるべきといった意見や半永久とすべきといった意見が寄せられた。

　こどもの安全に万全を期すとの思いは私も含め議員全てが共有してい

図表16　学校設置者等及び民間教育保育等事業者による
児童対象性暴力等の防止等のための措置に関する法律案の概要

児童対象性暴力等が児童等の権利を著しく侵害し、児童等の心身に生涯にわたって回復し難い重大な影響を与えるものであることに鑑み、児童等に対して教育、保育等の役務を提供する事業を行う立場にある学校設置者等及び認定を受けた民間教育保育等事業者が教員等及び教育保育等従事者による児童対象性暴力等の防止等の措置を講じることを義務付けるなどする。

法案の概要

1. 学校設置者等及び民間教育保育等事業者の責務等
学校設置者等（学校、児童福祉施設等）及び民間教育保育等事業者（学習塾等）について、その教員等及び教育保育等従事者による児童対象性暴力等の防止に努めるとともに、被害児童等を適切に保護する責務を有することを規定

2. 学校設置者等が講ずべき措置
学校設置者等が講ずべき措置として以下のものを規定
- ●教員等に研修を受講させること、児童等との面談・児童等が相談を行いやすくするための措置
- ●教員等としてその業務を行わせる者について、4に掲げる仕組みにより特定性犯罪前科の有無を確認
- →これらを踏まえ、児童対象性暴力等が行われるおそれがある場合の防止措置（教育、保育等に従事させないこと等）を実施
- ●児童対象性暴力等の発生が疑われる場合の調査、被害児童等の保護・支援

3. 民間教育保育等事業者の認定及び認定事業者が講ずべき措置
- ●内閣総理大臣は、2に掲げる学校設置者等が講ずべき措置と同等のものを実施する体制が確保されている事業者について、認定・公表
- ●認定事業者には2に掲げるものと同等の措置実施を義務付け
- ●認定事業者は、認定の表示可能
- ●認定事業者に対する内閣総理大臣の監督権限の規定を創設

4. 犯罪事実確認の仕組み等
- ●2及び3の対象事業者が内閣総理大臣に対して申請従事者の犯罪事実を確認する仕組みを創設する。当該仕組みにおいては、対象となる従事者本人も関与する仕組みとする。
- ●内閣総理大臣は、対象事業者から申請があった場合、以下の期間における特定性犯罪（痴漢や盗撮等の条例違反を含む）前科の有無について記載した犯罪事実確認書を対象事業者に交付する。ただし、前科がある場合は、あらかじめ従事者本人に通知。本人は通知内容の訂正請求が可能
  - ア　拘禁刑（服役）：刑の執行終了等から20年
  - イ　拘禁刑（執行猶予判決を受け、猶予期間満了）：裁判確定日から10年
  - ウ　罰金：刑の執行終了等から10年
- ●犯罪事実確認書等の適正な管理（情報の厳正な管理・一定期間経過後の廃棄等）

5. その他
- ●この法律案に定める義務に違反した場合には児童福祉法等に規定する報告徴収等の対象となること等を規定【学校教育法、児童福祉法、就学前のこどもに関する教育、保育等の総合的な提供の推進に関する法律】
- ●施行後3年後の見直し・検討規定を設ける

施行期日

施行期日：公布の日から起算して2年6月を超えない範囲において政令で定める日

た。他方で、あらゆる法律は憲法の規定に服する。この法案も（いかに性犯罪者といえども）職業選択の自由（憲法 22 条）に抵触してはならない。本法律のように国民の生活及び健康に対する危険を防止等するための人権制約については、立法事実に基づいて、①規制の必要性・合理性があり、②同じ目的を達成できる、よりゆるやかな手段がない、と裁判所が判断した場合に合憲とされる基準により検討すべきである（最高裁昭和 50 年 4 月 30 日判決）。

このように職業選択の自由を一定程度制約する前提となる性犯罪歴の確認対象期間は「厳格な合理性の基準」により判断するとともに、それが実証データ等に客観的な根拠に基づくことを要することから、データに基づき「集団としての再犯の蓋然性の高さ」を示す、すなわち、再犯者が急激に減少する前の期間として、罰金刑は 10 年間、拘禁刑は 20 年間とした。確認対象期間の延長については、更なる客観データの蓄積を待たねばならない。

このほかにも、対象事業・業務の範囲の拡大（個人事業主、医療機関・従事者等も対象とすべき）、対象となる性犯罪の年数・範囲の拡大（確認対象期間をより長期の年数とすべき、不起訴処分・行政処分・外国での犯罪歴についても対象とすべき）などの更なる改善を求める意見について、それぞれ法律案に検討規定として盛り込むとともに、見直し期間を 5 年から 3 年に短縮することで、通称「こども性暴力防止法案」が与党で了承され、その後、2024 年通常国会に提出、成立にいたった。

なぜ「こども性暴力防止法」との名称になったのか。日本版 DBS は性犯罪歴をもつ者が再犯を起こすことを防ぐには効果があるが、どんなに確認対象期間を伸ばしても全体の 9 割を占める初犯を防ぐことにはならない。今回の法律では初犯対策も法律に明記した。すなわち、学校設置者等及び民間教育保育等事業者は、教員等に研修をさせることや児童等が相談しやすくするための措置、児童対象性暴力等の発生が疑われる場合の調査と被害児童等の防止や支援が義務付けられるとともに、児童対象性暴力等が行われるおそれがある場合の防止措置も義務付けられた。

この「こども性暴力防止法」は上記の措置を所管法律がある小中学校、幼稚園や保育所だけでなく、認定とはいえ、塾やスポーツクラブ等も対象としている点で画期的な法律といえる。その分、現職者も対象とするため特に初期は、膨大な数の照会と回答が発生する。個人のプライバシー権に十分配慮しつつ、速やかな対応ができるよう、体制面での充実が求められる。

【参考図書等】
・こども家庭庁（2023）「こども関連業務従事者の性犯罪歴等確認の仕組みに関する有識者会議報告書」[35]

注
34）教育職員等による児童生徒性暴力等の防止等に関する法律（令和三年法律第五十七号）のこと。教育職員等による児童生徒性暴力等の防止等に関する施策を推進することを目的としたもので、児童生徒への性暴力により教員免許状が失効した者のデータベースの整備などが定められている。
35）https://www.cfa.go.jp/councils/kodomokanren-jujisha/houkokusho/

（7）こどもの自殺対策

　我が国の自殺者数は、近年、全体としては低下傾向にあるものの、小中高生の自殺者数は増えており、2022年度の小中高生の自殺者数が514人と過去最多となり、2023年度も513人と高水準が続いている。

　こども家庭庁ではこのような事態を受け止め、（先述したこどもの性被害防止対策と同じく）こどもの自殺対策の司令塔としての機能を果たすため、こども家庭庁の発足と併せて「自殺対策室」を設置し、2023年4月から「こどもの自殺対策に関する関係省庁連絡会議」を開催、同年6月に「こどもの自殺対策緊急強化プラン」を取りまとめている。

　こどもの自殺対策緊急強化プランのポイントは、
　・「自殺リスクの早期発見」の観点から、1人1台端末の活用等により、自殺リスクの把握や適切な支援につなげるため、有償・無償で利用できるシステムやその活用方法、マニュアル等を整理・作成し、全

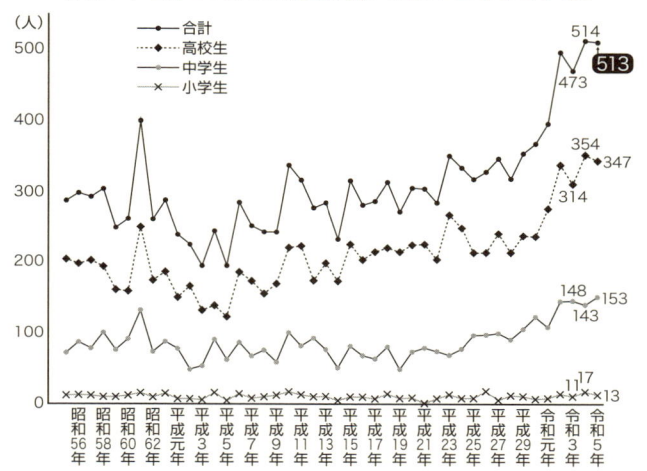

図表17 【令和5年(確定値)】小中高生の自殺者数年次推移

令和6年3月29日現在

小中高生の自殺者数は、近年増加傾向が続き、
令和5年では513人と、過去最多の水準となっている。

資料:警察庁自殺統計原票データより厚生労働省自殺対策推進室作成

　国の教育委員会等に周知し、全国の学校での実施を目指すとともに、科学的根拠に基づいた対応や支援を可能とするための調査研究を実施し成果を普及すること

・「自殺予防への的確な対応」の観点から、多職種の専門家で構成される「若者の自殺危機対応チーム」を都道府県等に設置し、市町村等では対応が困難な場合に、助言等を行うモデル事業の拡充を図るとともに、より効果的な取り組みとなるよう、運営に関するガイドラインの策定も含め、実施自治体に対し、指定調査研究等法人「いのち支える自殺対策推進センター」が必要な支援を行い、その上で、「若者の自殺危機対応チーム」の全国への設置を目指すこと

・「こどもの自殺の要因分析」の観点から、警察や消防、学校や教育委員会、地方自治体等が保有するこどもの自殺に関する統計や関連資料を集約し、多角的な分析を行うための調査研究を立ち上げること

図表18　こどもの自殺対策緊急強化プラン（概要）

こどもの自殺対策に関する関係省庁連絡会議　令和5年6月2日

○近年、小中高生の自殺者数は増加しており、令和4年の小中高生の自殺者数は514人と過去最多となった。

○関係省庁連絡会議を開催。有識者・当事者の方々からのヒアリングも踏まえ、こどもの自殺対策の強化に関する施策をとりまとめた。

○このとりまとめに基づき、自殺に関する情報の集約・分析、全国展開を目指した1人1台端末の活用による自殺リスクの把握や都道府県等の「若者自殺危機対応チーム」の設置の推進など、総合的な取組を進めていく。

○今後、更にそれぞれの事項についてより具体化を図った上で、こども大綱に盛り込めるよう検討を進める。

こどもの自殺の要因分析

●警察や消防、学校や教育委員会、地方自治体等が保有する自殺統計及びその関連資料を集約し、多角的な分析を行うための調査研究の実施（自殺統計原票、救急搬送に関するデータ、CDRによる検証結果、学校の設置者等の協力を得て詳細調査の結果も活用）

●学校等における児童生徒等の自殺又は自殺の疑いのある事案についての基本調査・詳細調査の実施。国における調査状況の把握・公表等

自殺予防に資する教育や普及啓発等

●すべての児童生徒が「SOSの出し方に関する教育」を年1回受けられるよう周知するとともに、こどものSOSをどのように受け止めるのかについて、教員や保護者が学ぶ機会を設定

●「心の健康」に関して、発達段階に応じて系統性をもって指導。「心の健康」に関する啓発資料の作成・周知等

自殺リスクの早期発見

●1人1台端末の活用等による自殺リスクの把握のための、システムの活用方法等を周知し、全国の学校での実施を目指す。科学的根拠に基づいた対応や支援のための調査研究

●自殺リスク含む支援が必要なこどもや家庭を早期に把握・支援するため、個人情報の適正な取扱いを確保しながら、教育・保健・福祉などの情報・データを分野を超えた連携に取り組む

●公立小学校、中学校等でのスクールカウンセラーやスクールソーシャルワーカー等の配置促進等

電話・SNS等を活用した相談体制の整備

●「孤独ダイヤル」（#9999）の試行事業の実施

●LINEやウェブチャット・孤立相談等のSNSを活用した相談体制の強化等

自殺予防のための対応

●多職種の専門家で構成される「若者の自殺危機対応チーム」を都道府県等に設置し、自殺未遂歴や自傷行為の経験等がある若者など市町村では対応が困難な場合に、助言等を行うモデル事業の拡充。その上で、危機対応チームの全国展開を目指す

●不登校児童生徒への教育機会の確保のための関係機関の連携体制の整備や、不登校特例校の設置促進・充実等

遺されたこどもへの支援

●地域における遺児等の支援活動の運営の支援等

こどもの自殺対策に関する関係省庁の連携及び体制強化等

●こども家庭庁の自殺対策室の体制強化、関係省庁と連携した啓発活動

●「こども若者★いけんぷらす」によるこどもの意見の公聴、制度や政策への反映（支援につながりやすい周知の方法も含む）

●関係閣僚によるゲートキーパー研修の受講及び全国の首長に向けた受講呼びかけメッセージの作成等

・このほか、LINE やウェブチャット・孤立相談等の SNS を活用した相談体制の強化、地域における遺児等の支援活動の運営の支援等を推進すること

である。

このうち「1 人 1 台端末の活用」と「若者の自殺危機対応チーム」について紹介したい。

〈1 人 1 台端末の活用〉

いじめや不登校、児童生徒の自殺が増加する中、児童生徒の心や体調の変化を把握し、児童生徒が発する SOS を早期に発見して対処していくことが重要である。これまでは、教職員によるスクリーニング、児童生徒からの訴えなどを通じて児童生徒の SOS を把握していたが、既にいじめや不登校、自傷、自殺といった具体的な問題として表面化してしまっているケースも多い。児童生徒の心身の状況を把握し、メンタルヘルスの悪化や小さな SOS、学級の変容などを教職員が察知でき、また、児童生徒が SOS を発信しやすい仕組みを構築することで、早期発見早期対応を可能とし、問題が表面化する前から積極的に支援につなげていくことで未然防止を図る必要がある。

このような中、近年、エビデンスに基づく具体的なリスク予測が可能となるアプリ等の開発が進んでおり、このアプリ等を活用することで児童生徒の言動や教職員の目ではわからない小さな SOS を把握し、早期支援につなげることができるようになる。そこで、全ての学校において、1 人 1 台端末等を活用した「心の健康観察」を実施し、児童生徒のメンタルヘルスの悪化や SOS を早期に把握し、スクールカウンセラーやスクールソーシャルワーカー、養護教諭等とも把握した情報を共有しつつ、チームで支援を実施する体制構築を目指すこととしている。

〈若者の自殺危機対応チーム〉

多職種の専門家で構成される「若者の自殺危機対応チーム」の先進事

例として、長野県の「子どもの自殺危機対応チーム」の事例がある。

　長野県では、地域の支援者が困難ケースに直面した時、専門家の助言や直接支援を受けられるよう、多職種の専門家で構成する「子どもの自殺危機対応チーム」を 2019 年 10 月に設置している。

　弁護士、精神科医、公認心理師・臨床心理士、精神保健福祉士、自殺対策に取り組む NPO、ネット専門家といった多職種の専門家がチームメンバーとなり、「自殺未遂歴がある」、「自傷行為の経験がある」、「自殺をほのめかす言動があり、自殺の可能性が否定できない」、「家族を自殺で亡くしている」といった事情のある未成年者のうち、地域の関係機関による連携支援を行っているが対応困難なケースで、チームによる支援を必要とする者を対象に支援を行っている。

　チームの基本スタンスは、

　ⅰ）地域の関係機関による支援を優先（地域の関係機関による連携支援が行き詰まっているなどの困難ケースを支援対象とする）

　ⅱ）専門的かつ短期・集中的な支援（課題解決の糸口を見出すため、専門性の高い支援を短期・集中的に実施。その後は地域の関係機関の支援状況をフォローアップ（自殺のリスクを抱える者には、地域による中長期的な見守り支援が必要）

　ⅲ）緊急事案は地域の関係機関で対応（自殺の危機が目前に迫っている場合は、措置入院など地域の関係機関が対応）

といったものである。

　コアチーム（全県調整）、地区チーム（県内 4 地区において実働支援）に分かれており、まずコアチームに情報を集約し、支援が必要な場合は地区チームに支援を依頼するという流れになっている。

　私もこどもの自殺対策緊急強化プランを取りまとめるに当たって、長野県を訪問し、対応チームのメンバーから話を伺ったが、地域の現場では、こどもの自殺対策に対応できる専門家がまだまだ不十分な状況にあり、また、こどもの自殺の要因は様々である中、多職種の専門家の知見が必須であることを実感した。一方、長野県では、実際にチームの創設

により、こどもの自殺対策は大きく進んだが未だ十分と言える状況ではなく、日々、様々な課題に向き合いながら一歩ずつ前進しているというのが実態であった。

多くの都道府県のこどもの自殺対策では、自殺リスクのあるこどもの支援について、学校などの地域の関係機関が個別に対応している状況にある。長野県の「子どもの自殺危機対応チーム」と同様の取組を全国に拡げていくなど、国・地方ともに、こどもの自殺対策に向けた体制の強化が求められている。こどもの自殺対策緊急強化プランを受けて、厚生労働省の地域自殺対策強化交付金において、都道府県等による「こども・若者の自殺危機対応チーム」の設立支援が大きく強化された。結果として、プラン策定1年後には、4府県市でチーム体制が構築され、2024年度にはチーム設置の予算も大幅に拡充して全国展開に向けた取組が進んでいる。政治が動けば、物事が大きく進むことを実感している。

このプランを取りまとめるに当たって、こども政策担当大臣として、こどもの自殺対策に取り組む有識者、生きづらさに直面し、傷ついたことのある若者等から直接意見を伺ったが、いずれの方の話からもこどもを取り巻く厳しい現状がひしひしと伝わり、私自身も身が引き裂かれるような思いをもった。また、家族が自殺され、こどもが遺されることもあるが、こうした遺されたこどもへの支援の重要性も痛感した。このようなこども・若者・関係者の思いを受け止めながら、こども家庭庁では、このプランに従い、こどもが自ら命を絶つようなことのない社会に向けて、関係省庁とワンチームとなって対策の強化に取り組んでいくこととしている。

【参考図書等】
・厚生労働省（2023）『令和5年版自殺対策白書』日経印刷
・本橋豊（2007）『自殺対策ハンドブックQ＆A』ぎょうせい

(8) こども政策 DX と EBPM

①こども政策 DX

こども政策 DX とは、こども政策の分野におけるデジタル化を推進する取組のことである。私がこども政策担当大臣として、子育て当事者と意見交換をしていく中では、「何を、どのタイミングで、どこで手続きすればよいかわからない」、「手続きで役所に行かなければいけないのが大変」、「何度も同じ内容を紙に書かないといけないことがある」などの意見をいただいていた。他方で、高齢者も対象となる政策領域ではスマートフォンの利用を前提とした施策を進めるには課題があるが、子育て当事者のほとんどはスマートフォンを利用しており、こども政策はデジタル化を進めやすい政策領域という認識があった。そこで、こども家庭庁において、「DX で「こどもまんなか」プロジェクト」を立ち上げ、こども政策 DX を強力に推進することとした。

〈将来的なイメージ〉
「DX で「こどもまんなか」プロジェクト」では、将来的なイメージとして、
- ・子育てに必要な行政手続き、予防接種、健診などの情報、子育てセミナーの開催案内がプッシュ型で届き、申請がオンラインで完結すること
- ・保育サービス等を利用する場合も、居住地の保育サービス等の種類・事業所情報がいつでも簡単に検索でき、申請がオンラインで完結すること
- ・妊娠・出産の不安、子育てに悩んでも、正確な情報が子育てアプリを通じていつでも入手できたり、不安や悩みをいつでも SNS で相談できたりすること
- ・「出産・子育て応援交付金[36]」について、子育て関連の品物・サービスが電子カタログに掲載され、申請はオンラインで完結すること。

更に、子育ての役に立つ情報や商品の活用方法などをプッシュ型で
届けること
を目指している。

注
36）市町村が創意工夫を凝らしながら、妊娠届出時より妊婦や特に0歳から2歳の低年
　齢期の子育て家庭に寄り添い、出産・育児等の見通しを立てるための面談や継続的
　な情報発信等を行うことを通じて必要な支援につなぐ伴走型相談支援の充実を図る
　とともに、妊娠届出や出生届出を行った妊婦等に対し、出産育児関連用品の購入費
　助成や子育て支援サービスの利用負担軽減を図る経済的支援（計10万円相当）を
　一体として実施する事業。

〈個別プロジェクト〉
「DX で「こどもまんなか」プロジェクト」では、個別のプロジェク
トとして、
　ⅰ）妊娠・出産等の手続きのデジタル化
　ⅱ）出産・子育て応援交付金の伴走型相談支援、出産・子育て応援ギ
　　　フトのデジタル活用
　ⅲ）ライフステージを通した子育て支援情報等の見える化
　ⅳ）保育現場での DX の推進
に取り組んでいる。
　「ⅰ）妊娠・出産等の手続きのデジタル化」については、妊娠・出産
に係る手続きに関するアンケートの結果、特に意見が多かったものに優
先的に取り組むこととしており、具体的には、妊娠・出産に係る手続
き（妊娠届、出生届）に関しては郵送やオンライン申請を推進し市役所
等に行かなくても手続きが完結できるようにし、出産前後の健診事務等
（妊婦健診、予防接種、乳幼児健診）に関しては民間アプリ等を活用し
紙の書類の削減とプロセスの効率化を推進することとしている。
　「ⅱ）出産・子育て応援交付金の伴走型相談支援、出産・子育て応援
ギフトのデジタル活用」については、まず伴走型相談支援、出産・子育
て応援ギフトのそれぞれにおいて、デジタル技術の積極的な活用を組み

図表19　「DXで「こどもまんなか」プロジェクト」の将来的に目指していくイメージ

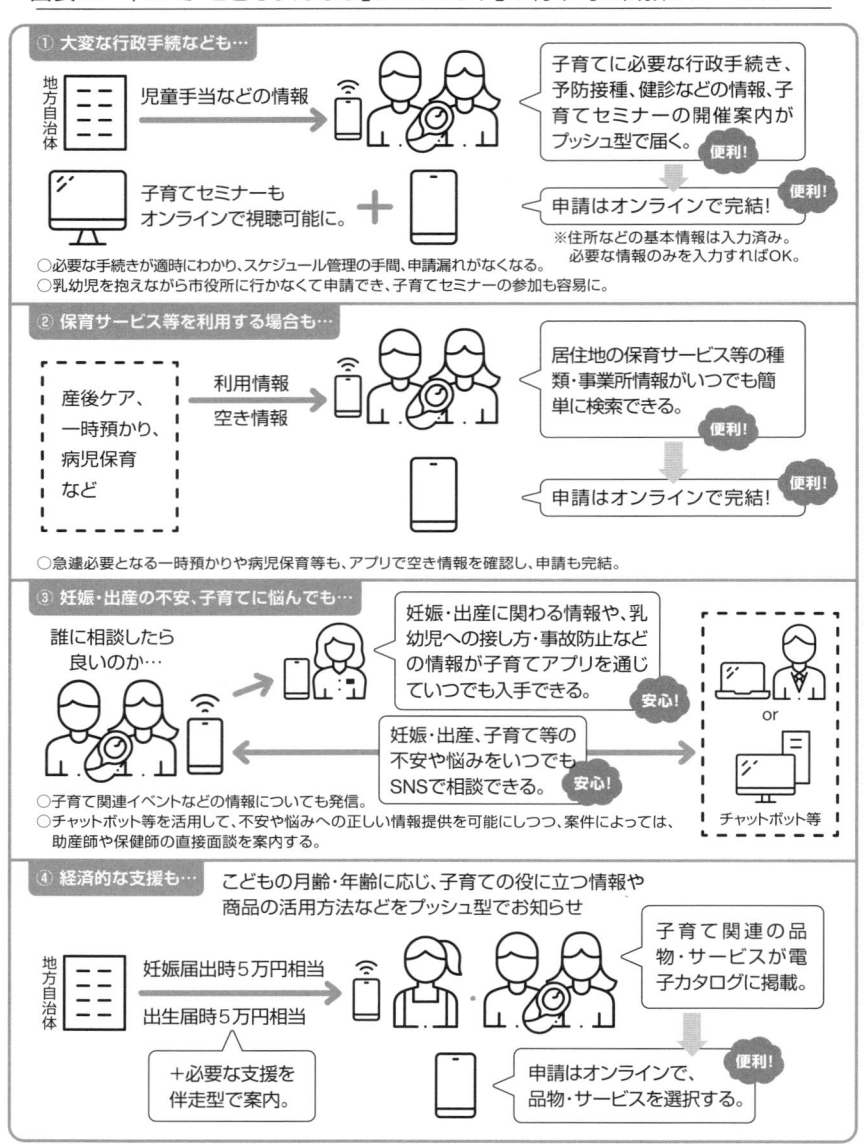

注1：子育て関連イベントなどの情報についても発信。
注2：チャットボット等を活用して、不安や悩みへの正しい情報提供を可能にしつつ、案件によっては、助産師や保健師の直接面談を案内する。

合わせた様々な創意工夫の取組を全ての地方自治体に横展開するための事例集を作成し、公表・周知を行っている。その上で、今後、伴走型相談支援による面談等の相談記録や、出産・子育て応援ギフトの支給記録に係る自治体間での情報連携について、マイナンバーを用いた自治体間の情報連携システムの構築等を検討することとしている。

「ⅲ）ライフステージを通した子育て支援情報等の見える化」については、民間事業者と連携し、「時機にかなった支援メニューをタイムリーに情報提供することで、見逃すことなく利活用していただく」、「経済的な不安感に対し、支援メニューをライフステージを通して総覧的に見える化することで安心感を持ってもらう」、「行政のみならず民間の子育て支援サービス情報も同時に提供することで、官民連携した子育て支援を展開する」という基本的な考え方の下、ライフステージを通した子育て支援情報等をわかりやすく提供するためのアプリ等の開発を進めている。

「ⅳ）保育現場でのDXの推進」については、デジタル技術を保育現場に活用することで、保育現場の業務負担を軽減し、こどもに向き合う時間を増やし、保育の質の向上を図るため、第1段階として、保育の周辺業務や補助業務（保育に関する計画・記録、園児の登園・降園の管理、保護者との連絡）に係るICT等を活用した業務システムの導入支援事業を拡充し、第2段階として、保育現場の補助金や指導監査等の各種業務の標準化を進め、施設と自治体との間で補助金や指導監査を含めた各種種業務がデジタルで完結する環境を構築することを目指すこととしている。この方針に沿って、2024年度当初予算では、

・ICT等を活用した業務システム導入費用の一部補助に係る補助対象について、新たに、実費徴収や延長保育の利用料徴収おける キャッシュレス決済の導入を追加するとともに、自治体（都道府県・市区町村）において、自治体・ICT関連事業者・保育事業者等で構成される協議会を設置し、業務システム導入補助以外の取組を行っている場合の補助率の嵩上げ

図表20　保育現場でのDXの推進について

○当面は、【フェイズ1】としてICT化推進等事業を拡充し、保育業務にICTを導入する施設を増やす。
○その上で、【フェイズ2】として保育現場でのDXの推進を位置付けて、自治体・ICT関連事業者・保育事業者等の関係者と、こうした将来像を共有しつつ、連携して検討を進めていく。
○こうした取組により、デジタル技術を保育現場に活用することで、保育現場の業務負担を軽減し、こどもに向き合う時間を増やし、保育の質の向上を図る。

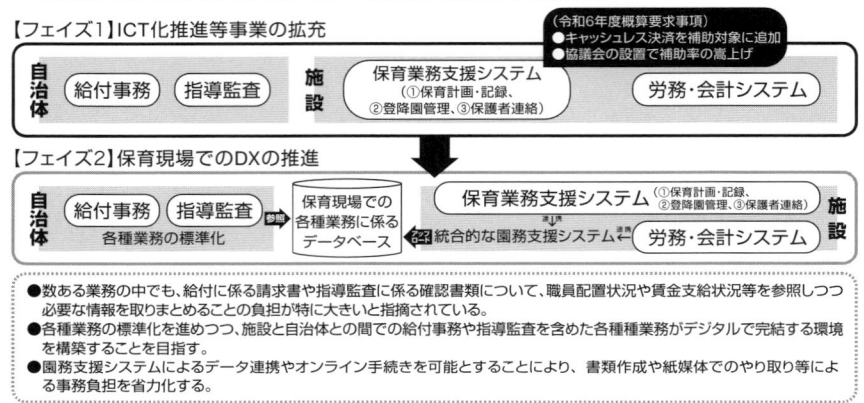

●数ある業務の中でも、給付に係る請求書や指導監査に係る確認書類について、職員配置状況や賃金支給状況等を参照しつつ必要な情報を取りまとめることの負担が特に大きいと指摘されている。
●各種業務の標準化を進めつつ、施設と自治体との間での給付事務や指導監査を含めた各種業務がデジタルで完結する環境を構築することを目指す。
●園務支援システムによるデータ連携やオンライン手続きを可能とすることにより、書類作成や紙媒体でのやり取り等による事務負担を省力化する。

　・病児保育施設の利用予約やキャンセル等のICT化を行うためのシステムの導入費用の補助について、自治体の管内の病児保育施設の70%以上に予約システムを導入する場合の補助率の嵩上げ
を行っている。

　私がこども政策DXに関わっていく中で特に意識していたのは、フロントヤード（国民がユーザーになる分野）のDXに先行して取り組むということである。DXには、バックヤード（保育所と行政との間の手続など事業者等がユーザーになる分野）のDXもあるが、バックヤードのDXばかりに取り組んでも国民からはその効果は見えない。効果が見えなければ国民の理解は得られず、政策の推進力を失ってしまう。DXは一朝一夕には実現できない。こども政策DXを持続的に推進するためには、フロントヤードのDXをどこまで国民に実感が得られるように進めていくかが肝なのである。

図表21　こども家庭庁職員へのアンケート調査（結果概要）

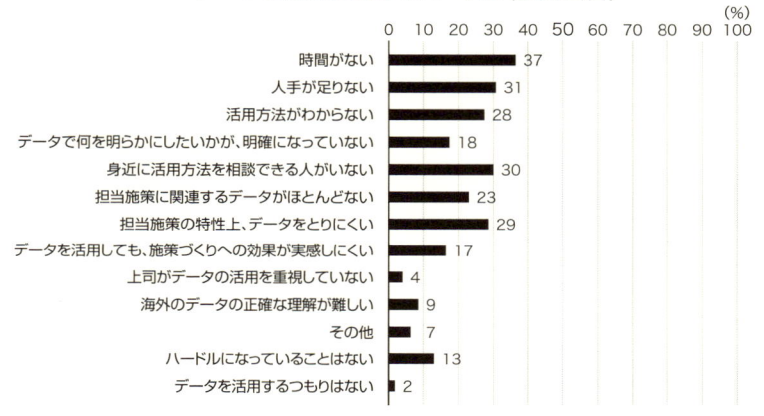

データの活用におけるハードル（複数回答）

(%)

時間がない	37
人手が足りない	31
活用方法がわからない	28
データで何を明らかにしたいかが、明確になっていない	18
身近に活用方法を相談できる人がいない	30
担当施策に関連するデータがほとんどない	23
担当施策の特性上、データをとりにくい	29
データを活用しても、施策づくりへの効果が実感しにくい	17
上司がデータの活用を重視していない	4
海外のデータの正確な理解が難しい	9
その他	7
ハードルになっていることはない	13
データを活用するつもりはない	2

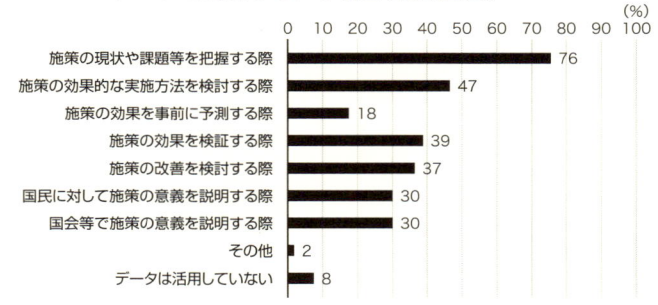

データを活用している場面（複数回答）

(%)

施策の現状や課題等を把握する際	76
施策の効果的な実施方法を検討する際	47
施策の効果を事前に予測する際	18
施策の効果を検証する際	39
施策の改善を検討する際	37
国民に対して施策の意義を説明する際	30
国会等で施策の意義を説明する際	30
その他	2
データは活用していない	8

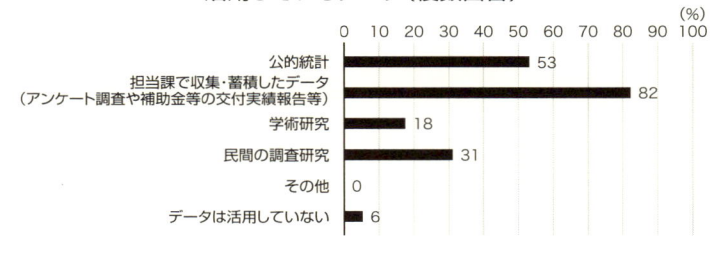

活用しているデータ（複数回答）

(%)

公的統計	53
担当課で収集・蓄積したデータ（アンケート調査や補助金等の交付実績報告等）	82
学術研究	18
民間の調査研究	31
その他	0
データは活用していない	6

他方で、「保育現場での推進」は保育人材の確保の観点からも重要な施策である。政府は、保育士の処遇改善、配置改善、新規資格取得支援や潜在保育士の復職支援を行っているが、保育士の業務負担や離職の原因の一つになっているのが「行政に対応するための書類作業の多さ」である。自治体の給付事務や監査事務の合理化や DX などのバックヤード改革も喫緊の課題であると言える。保育 DX は、2023 年 10 月に設置されたデジタル行財政改革会議でも大きなテーマとなっており、デジタル行財政改革の先導的プロジェクトとして、「保活に係る一連の手続きのオンライン・ワンストップ化の実現」、「保育業務（給付・監査）のオンライン・ワンスオンリー化の実現」に取り組むこととされている。

② EBPM

　EBPM は「Evidence Based Policy Making」の略称であり、「データ・統計を活用したエビデンス（証拠・根拠）に基づく政策立案」と訳すことができる。従来型の「勘（K）」、「経験（K）」、「思い込み（O）」に基づく政策形成を続けていては施策の効果は期待できない。エピソードベースからエビデンスベースの政策形成に転換していく必要があるのである。

　私は我が国の行政分野における科学的知見の活用とそのもとになる統計データの整備という問題意識のもとに、2016 年に同僚議員らの協力を得て EBPM 検討プロジェクトチームを立ち上げ、当時の河野太郎行革担当大臣に提言を提出した。この提言をきっかけとして、我が国のEBPM の取組が始まり、現在は、政府においても EBPM の推進体制が構築され、具体的な取組が進められている。

　このような中、こども家庭庁では、こどもの意識に関するデータ、こどもや家庭を取り巻く状況に関するデータ、こどもや家庭を支援する機関や団体のデータ、各種統計など、様々なデータや統計を活用するとともに、こどもからの意見聴取などの定性的な事実も活用し、エビデンスに基づき多面的に政策を立案し、評価し、改善していくこととしている。

そして、そのための司令塔として EBPM 推進室を設置し、更に、有識者からなる EBPM 研究会において助言・指導を仰いでいる。

EBPM は単にデータを活用すればよいというわけではない。実際にその政策の効果を定量的に把握し、改善をする枠組みを作るためには、政策の企画・立案の初期段階から、調査・検証の方法を含めて入念に制度設計をしていく必要がある。一方、EBPM を実施するための人員や予算にも限界がある。

まずは実際にこども家庭庁の現状を見てみよう。こども家庭庁の職員を対象としたアンケート（回答数 90 人）では、「データの活用を重視しているか」との質問に対して、「重視している（34％）」、「やや重視している（49％）」、「あまり重視していない（16％）」、「全く重視していない（1％）」という結果となっており、80％超がデータの活用について重視しているものの、重視していない者も一定数存在している。「データの活用におけるハードル」の質問に対しては、「時間がない（37％）」、「人手が足りない（31％）」、「身近に活用方法を相談できる人がいない（30％）」といった回答が多く、人員の量とスキルの課題が浮かび上がっている。また、「データを活用している場面」の質問に対しては、「施策の効果を検証する際（39％）」、「施策の改善を検討する際（37％）」、「国民に対して施策の意義を説明する際（30％）」は少なく、施策の効果検証やその結果に基づく施策の改善にデータを活用できていない。「活用しているデータ」の質問に対しては、「担当課で収集・蓄積したデータ（アンケート調査や補助金等の交付実績報告等）（82％）」、「公的統計（53％）」が多く、「学術研究（18％）」は少ない。行政機関のデータをオープンにして学術研究に活かしていくことや、学術研究を施策の企画立案・効果検証・施策の改善に活かしていくことができていない。私が国の行政機関や様々な地方自治体の実態を見た範囲では、このような現状は、こども家庭庁特有のものではなく、多かれ少なかれ、他の国の行政機関や地方自治体も同じような状況である。

このような中、各部局の政策形成支援や人材育成が重要であることか

図表22　EBPMの推進のための仕組み、体制、人材育成の在り方について

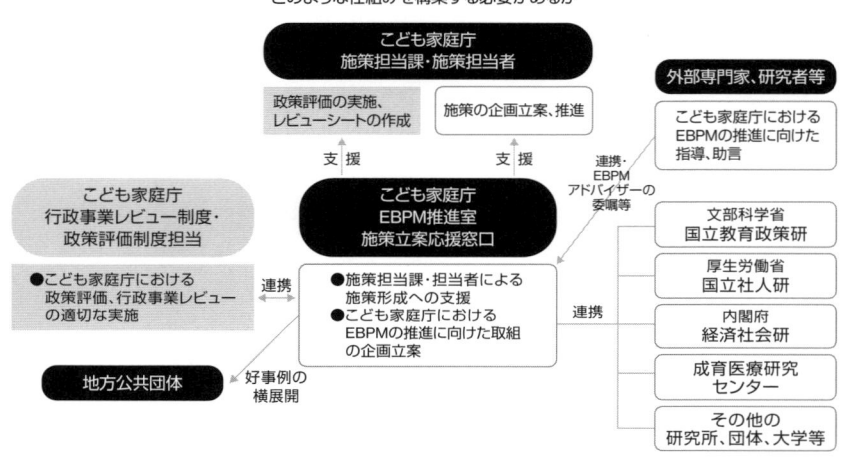

EBPMの推進のための仕組みについて

こども家庭庁においてEBPMを推進するためには、
どのような仕組みを構築する必要があるか

こども家庭庁
施策担当課・施策担当者

政策評価の実施、
レビューシートの作成

施策の企画立案、推進

外部専門家、研究者等

こども家庭庁における
EBPMの推進に向けた
指導、助言

支　援　　　　　支　援　　　連携・
EBPM
アドバイザーの
委嘱等

こども家庭庁
行政事業レビュー制度・
政策評価制度担当

こども家庭庁
EBPM推進室
施策立案応援窓口

文部科学省
国立教育政策研

●こども家庭庁における
政策評価、行政事業レビュー
の適切な実施

連携

●施策担当課・担当者による
施策形成への支援
●こども家庭庁における
EBPMの推進に向けた取組
の企画立案

厚生労働省
国立社人研

内閣府
経済社会研

連携

地方公共団体

好事例の
横展開

成育医療研究
センター

その他の
研究所、団体、大学等

実施自治体・産婦の利用率

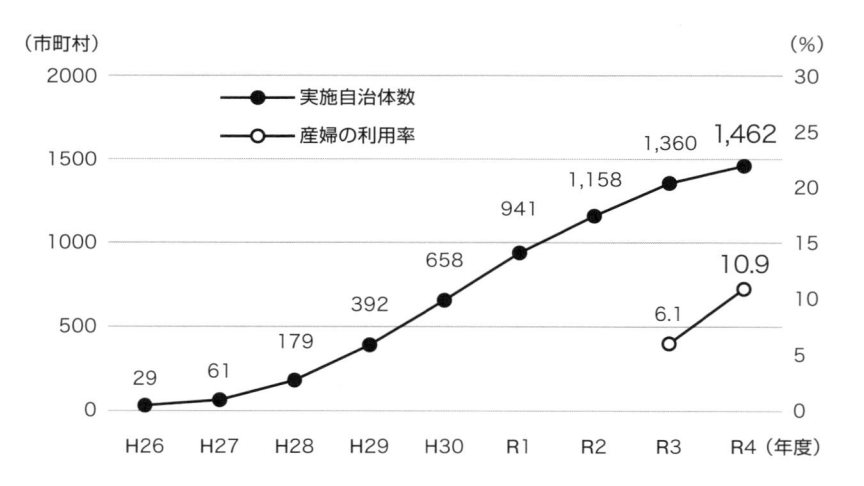

（市町村）　　　　　　　　　　　　　　　　　　　　　　　　　　　　　（%）

- ● 実施自治体数
- ○ 産婦の利用率

年度	H26	H27	H28	H29	H30	R1	R2	R3	R4
実施自治体数	29	61	179	392	658	941	1,158	1,360	1,462
産婦の利用率								6.1	10.9

注1：実施自治体数は令和4年度変更交付決定ベース
注2：産婦の利用率の算出方法
　　　宿泊型・デイサービス型・アウトリーチ型の各利用実人数の合計／分娩件数

ら、EBPM 推進室の施策立案応援窓口において、データの利活用に関して施策担当者が抱える課題や悩み（アンケート項目や調査設計の検討、データの見方や分析、既存のエビデンス収集、ロジックモデル検討、専門家のマッチング）等に対し、伴走して支援を行い、施策担当者の施策形成を応援するとともに、施策立案に役立つ EBPM についての事例紹介、研修や勉強会を実施している。

また、これと併せて、EBPM の重点事業を設定し、具体的な施策について、データを活用した効果的・効率的な施策の実施・改善をモデル的に行うこととしており、2023 年度は、こども未来戦略方針において、「こども誰でも通園制度（仮称）」の創設が決定されたことを踏まえ、「未就園児預かり事業」の EBPM に取り組んでいる。

こども家庭庁では、今後、更に、

- EBPM 推進室による各部局の行政事業レビュー[37]の作成支援を通した「EBPM を当たり前に（自然に・負担感なく）できる仕組み」の構築
- 国立教育政策研究所、国立社会保障・人口問題研究所、経済社会総合研究所、国立成育医療研究センター等との連携体制の構築
- 外部の専門家、研究者等の積極的な採用・登用

に取り組み、こども家庭庁全体の EBPM の取組のレベルを引き上げていくこととしている。

私がこども政策の EBPM に関わっていく中で特に意識していたのは、いたずらに数を追い求めるのではなく「本当の EBPM」に取り組むモデルケースをつくることである。EBPM を単にデータを使って政策をつくることと誤解している人がたまにいるが、「本当の EBPM」は政策の企画立案の段階から科学的な効果検証の方法とセットで制度設計を行い、エビデンスの質の高い効果検証[38]ができるようにする必要があるため、相当程度の人員や調査コストがかかる。そのような意味で言えば、こども家庭庁がモデルケースとして取り組む「未就園児預かり事業」の EBPM は、効果検証の内容やエビデンスの質には改善の余地があり、

「本当の EBPM」を目指す過程の第一歩に過ぎない。EBPM に近道はない。一歩一歩、「本当の EBPM」に近づいていく、その姿勢が重要である。

　最後に一つ事例を紹介したい。大阪府箕面市では、こどもの貧困の連鎖を断ち切るとともに、乳幼児期から小中学校、高校まで切れ目なくひとりひとりのこどもの支援を早期かつ効果的に行うため、各部局が把握しているこどもの多様な情報を一元的に収集分析して、定期的に見守り判定を行う「子ども成長見守りシステム」を開発・運用している。私もこども政策担当大臣を務めている際に視察をしたが、「重点支援」の対象と判定された児童生徒の 25％が学校では「見守りの対象ですらなかった」ことが判明したり、就学援助が受けられる経済状況にありながら受給していない世帯に対してアウトリーチ型で支援ができるようになったり、様々な効果が現れている。データの可能性を示す一つの事例と言えよう。

　EBPM について更に理解を深めたい読者は拙著『EBPM とは何か』（2020 年、中央公論事業出版）を参照いただきたい。

注
37）各府省庁自らが、自律的に、原則全ての事業について、EBPM（エビデンス〈根拠〉に基づく政策立案）の手法等を用いて、事業の進捗や効果について成果目標に照らした点検を行い、事業の改善、見直しにつなげるとともに、予算が最終的にどこに渡り、何に使われたかといった実態を把握し、外部の視点も活用しながら、過程を公開しつつ事業の内容や効果の点検を行い、その結果を予算の概算要求や執行等に反映させ、また行政事業レビューシートを予算編成過程で積極的に活用することで、事業の効果的、効率的な実施を通じ、無駄のない、質の高い行政を実現するもの。
38）エビデンスの質は、信頼性の高いデータに基づくものか否かによって判断される。一般的に信頼性の高いデータを作ろうとするほど調査コストは高くなる。

第4章　こども政策の現状と今後の方向性

第3章では、こども家庭庁が司令塔機能を果たして取り組む新政策について解説したが、こども政策は多岐にわたっており、従来から取り組んできた基本政策を充実・強化していくことも、こども家庭庁の大きな役割である。本章では、このような観点から、こども家庭庁が取り組む基本政策について解説する。

（1）母子保健

①母子保健の現状

非常に残念なことに妊産婦の死因の第一位は自殺と言われている。産前・産後のストレスやノイローゼは、核家族化などの社会環境の変化やコロナ禍も相まって深刻さを増している。

こども家庭庁では、母子保健法や成育基本法などに基づき、妊婦健診・産婦健診や乳幼児健診、産後ケア事業などを通じて、地域における妊娠期から子育て期にわたる切れ目のない支援を推進している。

妊婦や胎児の健康状態を定期的に確認する妊婦健診については、基本的には地方自治体の財政負担によって支援が行われているが、妊婦に対する健康診査の望ましい検査項目や内容等について定め、実施に必要な回数や項目についての地方自治体への支援を行っている。

また、乳幼児健診等について、地方自治体が行う乳幼児健診、新生児聴覚検査[39]、新生児マススクリーニング検査[40]への支援を行っている。

更に、産後ケア事業については、出産後の心身の負担を軽減するため、病院、診療所、助産所、保健センター等において、ショートステイ、デイサービス、居宅訪問などの様々な形態で助産師や保健師等による心身

のケアや育児のサポート等が行えるよう支援をしている。

　このほか、地域のつながりの希薄化などから、地域において妊産婦の方やその家族を支える力が弱くなっていることを踏まえ、2017 年から、妊娠期から子育て期にわたるまでの様々なニーズに対して総合的相談支援を提供する子育て世代包括支援センターを法定化し、保健師などの専門職が全ての妊産婦の状況を継続的に把握し、必要に応じて支援プランを作成するとともに、関係機関と連携することにより、妊産婦の方などに対し切れ目のない支援を提供する体制の構築に向けた取組を進めている。

　また、妊娠・出産に係る経済的負担を軽減するため、これまで出産育児一時金（42 万円）を給付してきたが、更に 2022 年度からは不妊治療の保険適用を開始している。

注
39）聴覚障がいの早期発見・早期療育を図るための検査。
40）新生児の先天性代謝異常等の病気の早期発見・早期療育を図るための検査。

②母子保健の今後の方向性

　母子保健については、今後、サポート体制の強化と経済的負担の軽減に向けた取組を充実していく方針である。ここではその具体的な取組をいくつか紹介しよう。

〈乳幼児健診等〉

　乳幼児健診等の推進については、1 か月児（多くの先天性疾患が顕在化する時期であるとともに養育者が不安を感じやすい時期）、5 歳児（社会性が高まり、発達障がいが認知されやすい時期）の健康診査について、自治体の実施率を向上させるため、新たに国庫補助事業を創設することとしている。また、新生児マススクリーニング検査について、対象疾患の追加に向けた検証事業をモデル的に実施することとしている。更に、新生児聴覚検査について、自治体実施率の向上に向けた取組を推進して

いくこととしている。

　乳幼児健診については、諸外国に比べて、数の少なさも指摘されており（6歳までにアメリカでは16回、フィンランドでは15回[41]）、まずは1か月児や5歳児の実施率向上を目指すべきだが、全体として、こどもの健康と成長を見守ることのできる健診の充実のあり方については検討を進めていくべきである。

注
41）日本では地方自治体によって実施状況は様々だが、国としては6歳までに6回分の財政措置をしている。

〈産後ケア事業〉
　産後ケア事業は、宿泊型（病院、助産所等の空きベッドの活用等により、宿泊による休養の機会の提供等を実施）、デイサービス型（個別・集団で支援を行える施設において、日中、来所した利用者に対し実施）、アウトリーチ型（実施担当者が利用者の自宅に赴き実施）がある。
　2019年に成立した改正母子保健法において、産後ケア事業の実施を市町村の努力義務にし、2024年度末までの全国展開を目指すこととしている。
　このような中、2023年度当初予算では、これまで「産後に心身の不調又は育児不安等がある者」、「その他、特に支援が必要と認められる者」を対象としていたものについて、「産後ケアを必要とする者」に見直し、産後ケア事業が「支援を必要とする全ての方が利用できる」事業であることを明確化するとともに、利用者負担の軽減措置について、これまでの非課税世帯を対象とする軽減措置（5,000円／回）に加え、非課税世帯以外の全ての利用者を対象とする利用者負担の軽減措置（2,500円／回〈上限5回〉）を導入するなどの充実を図っている。
　更に、2024年度当初予算において、産後うつリスクの高い方など支援の必要性の高い産婦などを受け入れる施設に対する補助金の加算の仕組みを創設するとともに、産後ケア事業を子ども・子育て支援法の地域

子ども・子育て支援事業として位置付け[42]、支援を必要とする全ての方が利用できるようにするための提供体制の確保に向けた取組を進めていくこととしている。

　私がこども政策担当大臣を務めている際に、母子愛育会総合母子保健センター愛育クリニックの視察を行い、産後ケア事業のあり方について現場の方々と意見交換を行った。意見交換では、産後ケア事業のための人材育成や社会の理解を深めることの必要性などについての意見をいただいた。

　特に産後ケアを受けることが母親のわがままではないとの周囲の理解を深めていく必要性があるとの指摘が印象的だった。我が国ではまだまだ母親の心身のケアの必要性についての認識と理解が乏しく、多くの母親は産後ケアを受けたくても周囲の目が気になって受けることができない状況にある。産後ケア事業の受け皿を拡大するだけでなく、ケアを受けやすい環境をつくっていくことが重要である。

注
42)「子ども・子育て支援法等の一部を改正する法律案」が2024年通常国会に提出され、成立している。

〈伴走型相談支援〉
　2022年に成立した改正児童福祉法において、これまで別々に位置付けていた「子育て世代包括支援センター」と「子ども家庭総合支援拠点」を、全ての妊産婦、子育て世帯、こどもへ一体的に相談支援を行う機能を有する機関（こども家庭センター）に一元化し、2024年4月から、こども家庭センターの設置を市町村の努力義務としている。

　また、2022年12月の令和4年度第二次補正予算において新たに「出産・子育て応援交付金」を創設し、地方自治体の創意工夫により、出産育児関連用品の購入費助成や子育て支援サービスの利用負担軽減を図る経済的支援（10万円）と妊娠期から出産・子育てまで一貫して身近で相談に応じ、様々なニーズに即した必要な支援につなぐ伴走型の相談支

図表23　出産・子育て応援交付金の制度化について

令和4年度第二次補正予算で創設された「出産・子育て応援交付金」について、
- ●経済的支援（10万円）は、**子ども・子育て支援法の新たな個人給付**（妊婦のための支援給付（仮称）（5万円＋妊娠したこどもの人数×5万円の給付金の支給））を**創設**する。
- ●「伴走型相談支援」は、**児童福祉法の新たな相談支援事業を創設**する。

その上で、市町村は、妊婦のための支援給付（仮称）と伴走型相談支援等の支援を**効果的に組み合わせて行う**ことを子ども・子育て支援法に規定。

制度化後のイメージ

妊娠時から出産・子育てまで一貫した伴走型相談支援と妊婦のための支援給付（仮称）の一体的実施

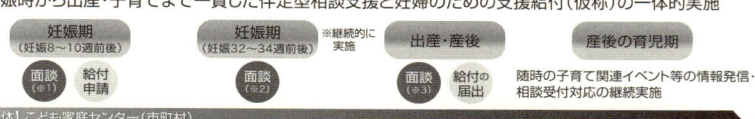

妊娠期 （妊娠8～10週前後）		妊娠期 （妊娠32～34週前後）	※継続的に実施	出産・産後		産後の育児期
面談 （※1）	給付 申請	面談 （※2）		面談 （※3）	給付の 届出	随時の子育て関連イベント等の情報発信・相談受付対応の継続実施

【実施主体】こども家庭センター（市町村）
（NPO等の民間法人が実施する地域子育て支援拠点等への委託可）

伴走型相談支援

（※1）子育てガイドを一緒に確認。
　　　出産までの見通しを寄り添って立てる等
（※2）夫の育児取得の推奨、両親学級等の紹介。
　　　産後サービス利用を一緒に検討・提案等

身近で相談に応じ、必要な支援メニューにつなぐ

（※3）子育てサークルや父親交流会など、悩みを共有できる仲間作りの場の紹介。産後ケア等サービス、育休給付や保育園入園手続きの紹介等

- ●妊娠届出時（5万円給付）　　　　●出生届出時（妊娠したこどもの人数×5万円給付）
- ●ニーズに応じた支援（両親学級、地域子育て支援拠点、産前・産後ケア、一時預かり等）

※給付金の支払方法については、紛争の未然防止や事務の確実かつ効率的な実施の観点から、現金など支給金額を外形的に担保できる方法とすることを検討。
この場合においても、**給付金を確実に妊娠・出産・こども・子育て支援に充てていただけるよう、市町村において、希望者が支給された給付金を妊娠・出産育児関連用品の購入・レンタル費用助成、サービス等の利用負担軽減のクーポン等で受け取れるようにすることは可能**。国としても、**好事例の周知や事務費の支援などにより引き続き後押し。**

援の充実を一体的に実施する事業を開始している。

　この背景には、2019年10月からの幼児教育・保育の無償化によって、3～5歳のこどもについては全てのこども、0～2歳のこどもについては住民税非課税世帯のこどもの保育料等が無償化された一方、妊娠・出産期から2歳までの支援が他の年代と比較して相対的に手薄になっているとの指摘がなされていたことや、核家族化が進み、地域のつながりも希薄となる中で、孤立感や不安感を抱く子育て家庭も多く、安心して出産・子育てができる環境の整備が求められていたことがある。

　出産・子育て応援交付金については、その後、経済的支援を「子ども・子育て支援法に基づく新たな個人給付（妊婦のための支援給付〈仮称〉〈5万円＋妊娠したこどもの人数×5万円の給付金の支給〉）」として、伴走型相談支援を「児童福祉法に基づく新たな相談支援事業」として制度化している[43]。「予算に基づく事業」の場合、事業の実施の是非は毎

年度の予算編成次第となってしまうが、「法律に基づく事業」とすることで事業の継続性を担保することができるようになる。

　こども政策担当大臣を務めていた際に岸田総理と「渋谷区子育てネウボラ」を訪問した。この施設は、育児支援・相談事業等に加え、児童虐待の予防、母子保健事業などにも取り組んでおり、子育て家庭の支援拠点となっている。現場の方々からは、「こどもが保育所等に所属している子育て家庭は保育士等に相談しやすいが、未就園児は相談する相手がなかなかいない。ネウボラの職員はこのような家庭にも気軽に相談できる相手になる」、「コロナ禍では外部と接触が少なくなり保護者が行き詰まってしまうことが多くあるので、ネウボラの職員が家庭訪問して話を聞いたり、安心して遊びに行けるところを案内した」といった意見を伺った。この交付金を活用して、子育て家庭への相談体制をしっかりと全国レベルで構築していく必要がある。

注
43)「子ども・子育て支援法等の一部を改正する法律案」が 2024 年通常国会に提出され、成立している。

〈未就園児の把握・支援のためのアウトリーチ〉
　3 〜 5 歳は幼稚園・保育所・認定こども園等の利用料が無償化されているにもかかわらず、一定数未就園児が存在しており、2019 年度の推計結果では、3 歳で 3.5%、4 歳で 0.2%、5 歳で 1.9%のこどもが未就園児の可能性がある。先行研究では、低所得、多子、外国籍など社会経済的に不利な家庭のこどもや、健康・発達の課題を抱えたこどもが未就園になりやすい傾向にあることが明らかになっている。

　こども家庭庁では、このような未就園児の把握・支援のため、新たに3 歳以上の未就園児の数や養育状況の把握に取り組むとともに、支援につながりにくい家庭等に対するアウトリーチ型子育てサービスや申請手続きの伴走支援や、外国にルーツのある家庭に向けた地域の日本語教室等との連携、行政窓口における多言語・やさしい日本語での対応を強化

することとしている。

〈出産・育児一時金〉

　出産・育児一時金は段階的に引き上げられてきたが、2023年度当初予算において、出産に係る経済的負担の更なる軽減のため、大幅な引上げ（42万円→50万円）を行っている。

　この出産育児一時金の大幅な引上げに当たっては、「医療機関が自由に診療料を決められるため、費用を同等額引き上げてしまうと施策の効果がなくなってしまう」、「出産費用は年々上昇しており地域差も大きい」、「医療機関毎の費用とサービス内容を比較して妊婦が自ら選択で環境を整備する必要がある」といった意見が出た。

　確かに、出産費用の平均額をみても、最低額の鳥取県は35.9万円、最高額の東京都は56.2万円とかなりばらつきがあり、地域によっては多額の自己負担が生じてしまう。また、出産育児一時金が引き上げられても出産費用も値上がりするため結局自己負担は変わらないとの実態が存在する。まずは分娩費用そのものと、例えば、妊婦ヨガやお祝い膳などのそれ以外の費用の見える化などを実施し、妊婦が自身に必要なサービスを適切に選択することで出産費用が高額とならないよう、2024年度から出産費用の見える化を実施する。

　更に今後は、2026年度を目処に出産費用の保険適用を含めた出産に関する支援の更なる強化について検討する。出産費用の保険適用については、妊婦自身の自由な選択により様々なサービスが利用されている実態等を踏まえると、全国一律の診療報酬で評価することについてどう考えるかといった課題もある。

　保険適用が実現しても、他の医療行為と同じく3割の自己負担を求めてしまえば、かえって出産育児一時金と比べて負担が増える家庭が生じかねない。したがって、3割負担も何らかの形で支援することになるだろうが、その際に、全額支援する純粋な出産費用と、自己負担を求め得る選択的なサービスはしっかり分けていかねばならない。また、保険適

用により、全ての病院が同一の出産費用となると、高度医療機能を有する大学病院等に妊婦が殺到し、こうした病院がハイリスクの妊婦に対応できなくなる危険性もある。このため、これまで出産費用で事実上行われてきた産婦人科医療の機能分化も考えねばならない。

　出産費用の保険適用については、これらの点について丁寧に検討していく必要がある。

　このほか、不妊治療については2023年度より保険適用されることとなったが、保険適用の対象となる術式等の範囲の見直しについて、更に課題を整理・検討することとしている。

〈CDR（Child Death Review：予防のためのこどもの死亡検証）〉
　CDR（Child Death Review：予防のためのこどもの死亡検証）とは、医療機関や行政をはじめとする複数の機関・専門家が連携して、亡くなったこどもの事例を検証し、予防策を提言する取組である。その目的は、予防策を導き出すことで、未来の防ぎうるこどもの死亡を少しでも減らすことにある。

　CDRには「情報収集」、「検証」、「提言」の3つのプロセスがある。まず、こどもが死亡にいたる原因を様々な観点から把握するため、関係機関から、死因や医学的背景、死亡にいたる経緯等を含めた情報を収集する。次に集めた情報をもとに医療機関、警察、消防、行政機関などの関係者・専門家が連携し、個別の事例の背景を深く理解する「個別検証」と、複数の事例の共通する傾向を話し合い、予防策を検討する「概観検証」を行う。最後に検証の結果をもとに、地域全体でこどもの安全を守るための予防策を取りまとめ、行政に対して提言を行う。

　こども家庭庁では、このCDRの取組を推進するため、モデル事業を行っており、モデル事業で得られた水難事故、乳幼児突然死症候群等の予防策について、自治体情報共有会議で共有するとともに、2022年度から、こどもの事故等の予防策を取りまとめた特設サイトをスタートさせている。

また、CDR については、CDR を全国的に制度化し、個人情報をより柔軟に取得できるようにできないか、といった議論がある。これについては、自治体や関係者間において、CDR の意義・目的に関する認識が異なること（例：CDR の必要性についての認識の差、死因究明と予防策の検討のどちらを重視するかについての認識の差等）や、CDR を実施するために必要な情報と個人情報保護法や刑事訴訟法等との関係等を整理していく必要がある。このため、現在、モデル事業によって、CDR の必要性への認識の向上、同意取得や予防策の好事例の横展開を図るとともに、こども家庭科学研究の研究班に新たに法学者を加え、個人情報保護法や刑事訴訟法に関する整理等を実施することとしている。

　いずれにせよ、私が大臣の時に話を伺った「こどもを突然の事故で失った家族の悲しみ」は計り知れないものがある。遺族の「こどもを失った本当の原因を知りたい」、「その上でほかにこのような悲惨な思いをする人を生まないよう再発防止にきちんとつなげてほしい」との気持ちにこども家庭庁はしっかり応えていくべきである。

【参考図書等】
・公益財団法人母子衛生研究会（2021）『わが国の母子保健―令和 3 年―』公益財団法人母子衛生研究会

(2) こども・子育て支援

①こども・子育て支援の現状

　2012 年に、社会保障と税の一体改革の一環として、消費税率の引上げによる財源の一部を活用して子ども・子育て支援新制度（以下「新制度」という。）を創設する、子ども・子育て関連三法（「子ども・子育て支援法」、「就学前の子どもに関する教育、保育等の総合的な提供の推進に関する法律の一部を改正する法律」、「子ども・子育て支援法及び就学前の子どもに関する教育、保育等の総合的な提供の推進に関する法律の一部を改正する法律の施行に伴う関係法律の整備等に関する法律」）が

図表24　子ども・子育て支援の「量的拡充」と「質の向上」項目（所要額）

○消費税率の引上げにより確保する0.7兆円の範囲で実施する事項と0.3兆円超の追加の恒久財源が確保された場合に、1兆円超の範囲で実施する事項の案として整理したもの。
○「0.7兆円の範囲で実施する事項」として整理された「質の向上」の事項については、平成27年度から全て実施。

	量的拡充	質の向上 (注)
所 要 額	0.4兆円程度	0.3兆円程度～0.6兆円超程度
主な内容	●認定こども園、幼稚園、保育園、地域型保育の量的拡充（待機児童解消加速化プランの推進等）	◎3歳児の職員配置を改善(20:1→15:1) △1歳児の職員配置を改善(6:1→5:1) △4・5歳児の職員配置を改善(30:1→25:1) ○私立幼稚園・保育園等・認定こども園の職員給与の改善(3%～5%) ◎小規模保育の体制強化 ◎減価償却費、賃借料等への対応 など
	●地域子ども・子育て支援事業の量的拡充（地域子育て支援拠点、一時預かり、放課後児童クラブ等）	○放課後児童クラブの充実 ○一時預かり事業の充実 ○利用者支援事業の推進 など
	●社会的養護の量的拡充	◎児童養護施設等の職員配置を改善(5.5:1→4:1等) ○児童養護施設等での家庭的な養育環境の推進 ○民間児童養護施設等の職員給与の改善(3%～5%) など

注：「質の向上」の事項のうち、◎は0.7兆円の範囲ですべて実施する事項。○は一部を実施する事項、△はその他の事項。

量的拡充・質の向上	0.7兆円程度～1兆円超程度

成立し、2015年から施行されている。

　新制度では、幼児期の学校教育・保育、地域のこども・子育て支援を総合的に推進するため、ⅰ）認定こども園、幼稚園、保育所を通じた共通の給付（「施設型給付」）及び小規模保育等への給付（「地域型保育給付」）の創設、ⅱ）認定こども園制度の改善、ⅲ）地域の実情に応じたこども・子育て支援の充実が行われている。

　新制度では、消費税率の引上げによる社会保障の充実の財源のうち、0.7兆円程度をこども・子育て支援に充てており、更に、これを含め1兆円超程度の財源を確保し、新制度に基づく幼児教育・保育・地域の子育て支援の更なる充実を図ることとされた。

　新制度においては、教育・保育施設を利用するこどもの家庭だけでなく、全ての子育て家庭を対象に地域のニーズに応じた多様な子育て支援を充実させることとしている。このことから、

ⅰ）利用者支援事業（子育て家庭や妊産婦が、教育・保育施設や地域子ども・子育て支援事業、保健・医療・福祉等の関係機関を円滑に利用できるよう、身近な場所での相談や情報提供、助言等必要な支援をするとともに、関係機関との連絡調整、連携・協働の体制づくり等を行うもの）

ⅱ）地域子育て支援拠点事業（子育て家庭等の負担感・不安感を軽減するため、子育て親子が気軽に集い、交流することができ、子育てに関する相談・援助を行う場の提供や、地域の子育て関連情報の提供、子育て及び子育て支援に関する講習を行うもの）

ⅲ）一時預かり事業（家庭において保育を受けることが一時的に困難となった乳幼児について、主として昼間に、認定こども園、幼稚園、保育所、地域子育て支援拠点その他の場所において、一時的に預かり、必要な保護を行うもの）

ⅳ）ファミリー・サポート・センター事業（乳幼児や小学生等の児童を有する子育て中の保護者を会員として、児童の預かり等の援助を受けることを希望する者と当該援助を行うことを希望する者との相互援助活動に関する連絡、調整を行うもの）

ⅴ）子育て短期支援事業（保護者の疾病等の理由により家庭において養育を受けることが一時的に困難となった児童について、児童養護施設等や里親等への委託により、必要な保護を行うもの）

等を「地域子ども・子育て支援事業」として子ども・子育て支援法に位置付け、財政支援を強化し、その拡充を図っている。

このほか、子育て世帯の経済的負担の軽減のため、児童手当を給付するとともに、2019 年 10 月の消費税率引上げによる財源を活用することにより、同年 10 月から 3 歳から 5 歳までのこども及び 0 歳から 2 歳までの住民税非課税世帯のこどもについての幼稚園、保育所、認定こども園等の利用料の無償化を行っている。

②こども・子育て支援の今後の方向性

こども・子育て支援については、今後、きめ細かなサポート事業の実施と経済的負担の大幅な軽減に向けた取組を充実していく方針である。ここではその具体的な取組をいくつか紹介しよう。

〈こども・子育て支援新制度〉

新制度については、更に2022年の改正児童福祉法によって、2024年度から新たに

　ⅰ）子育て世帯訪問支援事業（家事・育児等に対して不安を抱えた子育て家庭等を訪問し、家庭が抱える不安や悩みを傾聴するとともに、家事・育児等の支援を行うもの）

　ⅱ）児童育成支援拠点事業（虐待や不登校などにより、家や学校に居場所のない学齢期以降のこどもに居場所の提供や相談等を行うもの）

　ⅲ）親子関係形成支援事業（こどもとの関わり方に悩みや不安を抱える子育て家庭に対して、こどもとの関わり方を学ぶためのペアレントトレーニング等を行うもの）

をこども・子育て支援法の「地域子ども・子育て支援事業」に位置付け、財政支援を強化することで、事業の提供体制の整備を図ることとしている。

　この背景には、家事・育児等に対して不安・負担を抱えながら子育て等を行う家庭が増加しており、こどもの養育だけではなく、保護者（妊産婦を含む）自身が支援を必要とする家庭が増加していること、養育環境上の課題等により家庭や学校に居場所がなく、居場所における支援を望むこどもへの支援や、こどもとの関わり方や子育てに悩みや不安を抱えている保護者への支援のニーズの高まりがある。

〈児童手当〉

児童手当については、異次元の少子化対策として、こども未来戦略に

図表25 児童手当制度の概要

1. 施策の目的

- 家庭等の生活の安定に寄与する。
- 次代の社会を担う児童の健やかな成長に資する。

2. 施策の内容、実施主体等

支給対象	中学校修了までの国内に住所を有する児童（15歳に到達後の最初の年度末まで）※対象児童約1,591万人（令和3年度年報〈令和4年2月末〉）	所得制限（夫婦と児童2人）	所得限度額（年収ベース）　960万円未満※年収1,200万円以上の者は支給対象外（令和4年10月支給分以降）
手当月額	・0～3歳未満 … 一律15,000円 ・3歳～小学校修了まで … 　第1子、第2子:10,000円 　（第3子以降:15,000円） ・中学生 … 一律10,000円 ・所得制限以上 … 　一律 5,000円 　（当分の間の特例給付）	受給資格者	・監護生計要件を満たす父母等 ・児童が施設に入所している場合は施設の設置者等
		実施主体	市区町村（法定受託事務）※公務員は所属庁で実施
		支払期月	毎年2月、6月及び10月（各前月までの分を支払）

おいて大幅に充実することとしているため、詳しく解説したい。

　まず、現行の児童手当の制度のポイントを解説する。現行の児童手当は、原則、年収960万円未満（夫婦と児童2人の世帯の場合）の世帯を支給対象として、中学生年代までの児童を対象に、0～3歳未満は一律15,000円、3歳から小学生年代までは第1子・第2子10,000円、第3子以降15,000円、中学生年代は一律10,000円を月額支給している。ただし、960万円以上1,200万円未満（夫婦と児童2人の世帯の場合）の世帯については特例として、中学生年代までの児童を対象に一律5,000円を月額支給している。

　次に今回の制度拡充を理解する上で重要となる過去の児童手当の制度改正について解説する。児童手当は2009年度までは、年収860万円未満（夫婦と児童2人の世帯の場合）の世帯を支給対象として、小学生年代までの児童を対象に、0～3歳未満は一律10,000円、3歳から小学生年代までは第1子・第2子5,000円、第3子以降10,000円を月額支給し

ていた。このような中、民主党がマニフェストに月額 2.6 万円の子ども手当を支給することを盛り込み、2009 年に鳩山内閣が発足することとなった。民主党政権において、まず 2010 年度に、児童手当が子ども手当に切り替えられ、全ての世帯を支給対象（所得制限なし）として、中学生年代までの児童を対象に一律 13,000 円の月額支給をすることとなった。その後、マニフェストの月額 2.6 万円の取扱いと財源の確保の在り方について議論が行われ、最終的に 2011 年 8 月と 2012 年 3 月に民主党・自民党・公明党の 3 党の間で、原則、年収 960 万円未満（夫婦と児童 2 人の世帯の場合）の世帯を支給対象として、中学生年代までの児童を対象に、0 〜 3 歳未満は一律 15,000 円、3 歳から小学生年代までは第 1 子・第 2 子 10,000 円、第 3 子以降 15,000 円、中学生年代は一律 10,000 円を月額支給とし、特例として、960 万円以上（夫婦と児童 2 人の世帯の場合）の世帯については、中学生年代までの児童を対象に一律 5,000 円を月額支給することが合意された。結果として、0 〜 3 歳未満や第 3 子以降への支給額の引上げと併せて、限られた財源の中で支援を重点化する観点から所得制限が設けられることとなったのである。この合意に基づき、2011 年 10 月、2012 年 4 月に順次制度改正が行われた。更に、その後、2021 年には、子育て支援政策全般の見直しの中で、年収 960 万円以上（夫婦と児童 2 人の世帯の場合）の世帯への月額 5,000 円の特例給付の制度が見直され、1,200 万円以上（夫婦と児童 2 人の世帯の場合）の世帯は支給対象から外れることとなった。ただし、2021 年児童手当法の改正法の附則では、「政府は、…少子化の進展への対処に寄与する観点から、児童手当の支給を受ける者の児童の数等に応じた児童手当の効果的な支給及びその財源の在り方並びに児童手当の支給要件の在り方について検討を加え、その結果に基づき、必要な措置を講ずる」ものとされており、政府が少子化対策のための制度の在り方を検討する方向性が定まった。前置きが長くなってしまったが、今回の児童手当の拡充は、このような経緯を踏まえて検討が進められた。

　ここから、児童手当の拡充のそれぞれのポイントについて見ていこう。

児童手当 (〜21年度)	子ども手当 (22年4月〜23年9月)	子ども手当 (23年10月〜24年3月)	児童手当 (24年度〜)
支給対象となる児童・支給額			
【0〜3歳未満】月額10,000円 【3歳〜小学校修了】 第1子・第2子：月額5,000円 第3子以降：月額10,000円 【中学生】(支給せず)	【0歳〜中学生】 一律：月額13,000円	【0〜3歳未満】月額15,000円 【3歳〜小学校修了】 第1子・第2子：月額10,000円 第3子以降：月額15,000円 【中学生】月額10,000円	1.所得制限内 　【0〜3歳未満】月額15,000円 　【3歳〜小学校修了】 　第1子・第2子：月額10,000円 　第3子以降：月額15,000円 　【中学生】月額10,000円 2.所得制限超 　※当分の間の特例給付(法附則) 　(24年6月分〜) 月額5,000円
所得制限			
所得制限　有り 被用者：年収860万円 (被扶養配偶者、 児童2人世帯) ※扶養親族数により 差がある。	所得制限 無し		所得制限　有り(24年6月分〜) 年収960万円 (被扶養配偶者、児童2人世帯) ※扶養親族数により差がある。 ※令和4年6月分〜 年収1,200万円以上の者は 支給対象外。

注：年少扶養控除及び16歳から18歳までの特定扶養控除(扶養控除の上乗せ部分)の廃止(所得税：23年分〜、住民税：24年度分〜)

　まずは、「所得制限の撤廃」である。児童手当の目的は、法律上、「家庭等における生活の安定」、「次代の社会を担う児童の健やかな成長」とされ、前者の観点から所得制限の妥当性が説明されてきた。異次元の少子化対策の議論においても、児童手当の所得制限の撤廃については、「子育てを社会全体で支えるという強いメッセージとして所得制限の撤廃が必要」、「ユニバーサルな支援を全てのこどもに届ける必要」といった肯定的な意見、「メリハリ、プライオリティーをつけ真に必要な層への重点的な支援講じるべき」といった慎重な意見がそれぞれあったが、政府としては、「次代を担う全てのこどもを支える基礎的な経済支援としての位置付けを明確化する」ため、これを撤廃し、全員を本則給付とすることとした。

　なお、「2010年度に一度所得制限を撤廃したにも関わらず、2012年6月から所得制限を設けた判断が妥当ではなかったのではないか」という質問をいただくことがある。この点については、ⅰ）当時の判断は、児

童手当の0〜3歳未満や第3子以降への支給額の引上げと併せて、限られた財源の中で支援を重点化する観点から民主党・公明党・自民党の3党で合意されたものであり、当時の判断としては妥当であったと認識していること、ii）しかしながら、当時から10年以上経過し、例えば、我が国の家族関係社会支出の現金給付と現物給付の割合は、2013年度の約3：2から2019年度には約2：3と逆転するなど、社会経済情勢等が変化する中で、今回の所得制限の撤廃は、児童手当の次代を担う全てのこどもを支える基礎的な経済支援としての位置付けを明確化するために行うものであること、をお伝えしている。

　次に「支給期間の高校生年代までの延長」である。これまで児童手当は中学生年代までを支給対象としていたが、子育て当事者や有識者からは、「義務教育の時と比較して高校生年代は家計の経済的負担が大きくなることから、高校生年代まで支給期間を延長すべき」、「出生数を増加させるためには多数の全ての子育て世帯の経済的負担の軽減につながる施策が重要」といった意見をいただいていた。これらを踏まえ、支給期間を高校生年代まで延長することとした。

　なお、支給期間を高校生年代まで延長するに当たっては、税の扶養控除との関係をどう整理するかが議論になった。税の扶養控除とは、所得税や住民税を計算する際、税金を計算する場合のベースとなる課税所得額から、こども等の扶養親族がいる場合は一定額を控除して計算することができる仕組みのことである。2010年に児童手当（当時は子ども手当）を小学生年代から中学生年代まで延長した際に、0歳から15歳までのこどもを対象とする年少扶養控除が廃止されている。一方、16歳から18歳までは現在も扶養控除の対象となっており、過去の取扱いを踏まえながら16歳から18歳までの扶養控除の取扱いをどのようにするかが課題となったのである。この論点については、2024年度税制改正のプロセスにおいて様々な議論が行われ、過去の取扱いとのバランスを踏まえつつも、高校生年代は教育費等の支出がかさむ時期であることに考慮し、現行の国税38万円、地方税33万円の控除額について国税25

万円、地方税 12 万円を確保することによって、児童手当の拡充と扶養控除の見直しの影響額を合算して見ても、全ての子育て世帯に対する支援額が拡充されるようにすることを目指すこととされた（16 歳から 18 歳までの扶養控除を廃止した場合、所得階層によっては児童手当の拡充と扶養控除の見直しの影響額を合算してみると支援額が縮小するケースがあったが、この措置によって全ての子育て世帯の支援額が拡大することになる）。更に、今回の扶養控除の見直しによって所得が増加することによって、社会保障制度や教育等の給付の支援を受ける際の所得要件の計算において支援の対象から外れたり、支援額が縮小するようなケースが生じないよう対策を講じることとし、これらについて、2026 年度分以降の所得税と 2027 年度分以降の個人住民税から適用することについて、2025 年度の税制改正において結論を得ることとされた。端的にいうと、どの家庭においてもマイナスの影響が出ないような措置が講じられることとなったのである（所得税の最高税率の対象世帯でもネットで 3.9 万円のプラス、中間層（年収 700 万円程度）では 8.6 万円のプラスと試算されている）。

最後に「第 3 子以降の支給額の拡大（1.5 万円→ 3 万円）」である。こども 3 人以上の世帯数の割合が特に減少していることや、こども 3 人以上の世帯はより経済的支援の必要性が高いと考えられること等を踏まえ、第 3 子以降の支給額を倍増させることとしている。また、これと併せて「多子加算のカウント方法の見直し」が行われることとなった。具体的には、現行制度は「18 歳年度末までの子で親等の経済的負担がある子が 3 人以上いる場合」を対象としているが、これを「22 歳年度末までの子で親等の経済的負担がある子が 3 人以上いる場合」に拡大することとしている。現行制度の場合、子が 3 人いたとしても、第 1 子が 19 歳年度になった段階で多子加算のカウントから外れてしまい、それまで第 3 子として 30,000 円の支給を受けていたものが第 2 子として 10,000 円の支給に変わることとなる。これでは、せっかく第 3 子以降の支給額を 30,000 円に拡大しても対象者が限定されてしまい政策効果が十分に発揮

図表27　児童手当制度の概要

1 事業の目的等　　〈児童手当等交付金〉　令和6年度予算案：1兆5,246億円（1兆2,199億円）
　　　　　　　　　　　　　　　　　　　　　　　　　　　　　※()内は前年度当初予算額

○家庭等における生活の安定に寄与するとともに、次代の社会を担う児童の健やかな成長に資することを目的とする。
○「こども未来戦略」(令和5年12月22日閣議決定)に基づき、①所得制限の撤廃、②高校生年代までの支給期間の延長、③多子加算について第3子以降3万円(※)、とする抜本的拡充を行う。これら、抜本的拡充のための所要の法案を次期通常国会に提出し、令和6年10月分から実施する。その際、支払月を年3回から隔月(偶数月)の年6回とし、拡充後の初回支給を令和6年12月とする。
　※多子加算のカウント方法については、現在の高校生年代までの扱いを見直し、大学生に限らず、22歳年度末までの上の子について、親等の経済的負担がある場合をカウント対象とする。

2 事業の概要・スキーム

	拡充前（令和6年9月分まで）	拡充後（令和6年10月分以降）※法案（検討中）の内容
支給対象	中学校修了までの国内に住所を有する児童 （15歳到達後の最初の年度末まで）	**高校生年代までの国内に住所を有する児童** （18歳到達後の最初の年度末まで）
所得制限	所得限度額：960万円未満（年収ベース、夫婦とこども2人） ※年収1,200万円以上の者は支給対象外	**所得制限なし**
手当月額	・3歳未満　一律：15,000円 ・3歳〜小学校修了まで 　第1子、第2子：10,000円　第3子以降：15,000円 ・中学生　一律：10,000円 ・所得制限以上　一律：5,000円（当分の間の特例給付）	・3歳未満 　第1子、第2子：15,000円　第3子以降：30,000円 ・3歳〜**高校生年代** 　第1子、第2子：10,000円　第3子以降：30,000円
受給 資格者	・監護生計要件を満たす父母等 ・児童が施設に入所している場合は施設の設置者等	同　左
実施主体	市区町村（法定受託事務）　※公務員は所属庁で実施	同　左
支払期月	3回（2月、6月、10月）（各前月までの4か月分を支払）	**6回（偶数月）**（各前月までの2か月分を支払）

図表28　児童手当の拡充と扶養控除見直しによる受益のイメージ

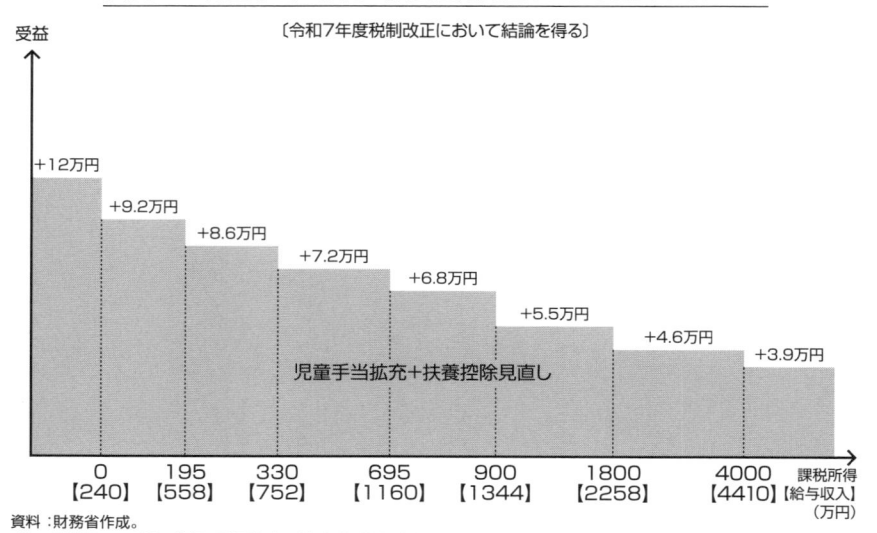

受益

〔令和7年度税制改正において結論を得る〕

+12万円
+9.2万円
+8.6万円
+7.2万円
+6.8万円
+5.5万円
+4.6万円
+3.9万円

児童手当拡充＋扶養控除見直し

| 0 | 195 | 330 | 695 | 900 | 1800 | 4000 | 課税所得 |
| 【240】 | 【558】 | 【752】 | 【1160】 | 【1344】 | 【2258】 | 【4410】 | 【給与収入】
（万円） |

資料：財務省作成。
注　：税制面での受益の金額は所得税・復興特別所得税・個人住民税の税額ベース。給与収入は夫婦片働き・子1人（高校生）の場合。

されないことになってしまう。このため、多子世帯のカウント方法について22歳年度末までに拡大し、政策効果を高めることとしている。

このほか、「児童手当の支払月の拡大」について、現行制度は「年3回（2月、6月、10月）」となっているが、これを「年6回（2月、4月、6月、8月、10月、12月）」に拡大することとしている。これによって、子育て世帯の資金需要にきめ細かに対応することができるようになる。児童手当の拡充は2024年10月から実施することとしているため、拡充後の初回の支給は同年12月となる。

このような児童手当の大幅拡充によって、3人のこどもがいる家庭では総額で最大400万円増の1,100万円の支給となり、子育て家庭の大幅な経済的負担の軽減が実現することとなる。

【参考図書等】
・荘村明彦（2013）『五訂　児童手当法の解説』中央法規出版
・荘村明彦（2022）『七訂　児童手当事務マニュアル』中央法規出版

（3）幼児教育・保育等

①幼児教育・保育等の現状

〈幼児教育・保育〉

幼児教育・保育については、「待機児童問題への対応としての受け皿の拡大」と「幼児教育・保育サービスの質の向上」の2つの課題を中心に取り組んできている。アベノミクスが経済状況を好転させた結果、求人が増え、女性の就業率も上昇した。他方で、女性就業者の増加が保育ニーズの急増につながり、「保育園落ちた、日本死ね」とのネットの書き込みが国会で取り上げられるほどに社会問題化した。待機児童の解消が政権の喫緊課題となり、消費税10％引き上げ時の財源活用等により保育の受け皿整備、保育士の処遇改善、幼児教育・保育の無償化などの政策を順次実現してきている。

2017年4月の時点では、保育の受け皿数283.6万人分、待機児童数

26,081 人であったが、保育の受け皿拡大の取組を推進することによって、2023 年 4 月の時点では、保育の受け皿数 322.8 万人分（＋ 39.2 万人）、待機児童数 2,680 人（▲ 23,401 人）となっている。

この間、「子育て安心プラン（2018 年度〜 2020 年度)」、「新子育て安心プラン（2021 年度〜 2024 年度)」に基づき、

・保育ニーズが増加している地域への支援については、保育所の整備費等の補助率嵩上げ
・マッチングの促進が必要な地域への支援については、巡回バス等による送迎に対する支援の拡充
・保育士の確保については、保育補助者の活躍促進、短時間勤務の保育士の活躍促進

等に取り組むとともに、政府として、個別の自治体に対して待機児童の状況をヒアリングし、対応方針等について助言等を重ねてきたことが、待機児童数の減少につながっている。

特に保育の受け皿拡大と合わせて重要な課題である保育人材の確保については、処遇改善や新規の資格取得、就業継続、離職者の再就職といった支援に総合的に取り組んでいる。このうち、民間の保育士等の処遇改善については、2022 年 2 月から「コロナ克服・新時代開拓のための経済対策」（2021 年 11 月 19 日閣議決定）に基づき、収入を 3％程度（月額 9,000 円）引き上げるための措置などの取組により、2013 年度から 2022 年度までの 10 年間で合計約 18％（月額約 57,000 円）の改善を実現している。また、2017 年度からは、努力が評価され、未来に希望が持てるよう、技能・経験に応じたキャリアアップの仕組みを構築し、リーダー的役割を果たしている中堅職員に対して月額最大 40,000 円の処遇改善を実施している。

このほか、保育士の配置基準の改善にも取り組んでいる。保育所等の運営費に当たっては、適正な運営が確保できるよう、国と地方自治体の補助金が交付されており、この補助金の算定ルールを公定価格と呼んでいる。この公定価格の算定では、標準的な運営費の範囲で補助金を交付

図表29　新子育て安心プランの概要　令和2年12月21日公表

○**令和3年度から令和6年度末までの4年間で約14万人分の保育の受け皿を整備する。**
- ●第2期市町村子ども・子育て支援事業計画の積み上げを踏まえ、保育の受け皿を整備。
- ●できるだけ早く待機児童の解消を目指すとともに、女性(25〜44歳)の就業率の上昇に対応。
  　（参考）平成31年：77.7%、現行の子育て安心プランは80%に対応、
  　　　　　令和7年の政府目標：82%（第2期まち・ひと・しごと創生総合戦略）

平成25年度	平成30年度	令和3年度	令和6年度末
待機児童解消加速化プラン （目標：5年間で約50万人）	子育て安心プラン （目標：3年間で約32万人）	**新子育て安心プラン** （目標：4年間で約14万人）	

○**新子育て安心プランにおける支援のポイント**

①地域の特性に応じた支援

○保育ニーズが増加している地域への支援
　（例）●新子育て安心プランに参加する自治体への整備費等の補助率の嵩上げ

○マッチングの促進が必要な地域への支援
　（例）●保育コンシェルジュによる相談支援の拡充（待機児童数が50人未満である市区町村でも
　　　　　新子育て安心プランに参画すれば利用可能とする）
　　　　●巡回バス等による送迎に対する支援の拡充
　　　　　（送迎バスの台数や保育士の配置に応じたきめ細かな支援を行う）

○人口減少地域の保育の在り方の検討

②魅力向上を通じた保育士の確保

　（例）●保育補助者の活躍促進（「勤務時間30時間以下」との補助要件を撤廃）
　　　　●短時間勤務の保育士の活躍促進（待機児童が存在する市町村において各クラスで常勤保育士
　　　　　1名必須との規制をなくし、それに代えて2名の短時間保育士で可とする）
　　　　●保育士・保育所支援センターの機能強化
　　　　　（現職保育士の就業継続に向けた相談を補助対象に追加）

③地域のあらゆる子育て資源の活用

　（例）●幼稚園の空きスペースを活用した預かり保育（施設改修等の補助を新設）や小規模保育
　　　　　（待機児童が存在する市区町村において利用定員の上限〈19人〉を弾力化
　　　　　〈3人増し→6人増しまで可とする〉）の推進
　　　　●ベビーシッターの利用料助成の非課税化【令和3年度税制改正で対応】
　　　　●企業主導型ベビーシッターの利用補助の拡充（1日1枚→1日2枚）
　　　　●育児休業等取得に積極的に取り組む中小企業への助成事業の創設

するため、保育士等の職員の実際の配置数に応じた算定ではなく、児童数に応じて必要となる職員の想定配置数に応じた算定を行っている。しかしながら、各保育所等では保育士の負担軽減や保育の質の向上などの観点から、独自に公定価格の想定配置数以上に職員を配置している場合も多く、公定価格上の配置と実際の配置の差が長年の課題となっていた。この点については、政府も重要な課題と認識しており、2012 年の社会保障と税の一体改革等の際に「子ども・子育てに必要な財源 1 兆円」を整理し、消費税財源を活用して実現する施策として位置付けた 0.7 兆円の施策メニューにおいて、3 歳児に対する職員の配置改善（20：1 → 15：1）を盛り込み、2015 年度からこれを実現している。なお、この時、消費税財源以外の財源を確保して実現を目指す施策として位置付けた 0.3 兆円の施策メニューにおいて、1 歳児に対する職員の配置改善（6：1 → 5：1）、4・5 歳児に対する職員の配置改善（30：1 → 25：1）が盛り込まれ、これをどのように実現するかが課題となっていた。

〈放課後児童クラブ〉

共働き家庭など留守家庭における小学生の児童に対しては、学校の余裕教室等を活用し、放課後に適切な遊びと生活の場を与えて、その健全な育成を図ることを目的とする放課後児童クラブを実施している。

2023 年 5 月 1 日時点で、登録児童数は約 145.7 万人になっている一方で、利用できなかった児童（待機児童）数は約 1.6 万人となっている。2018 年 9 月 14 日には、文科省と厚労省が共同で、「小 1 の壁 [44]」を打破するとともに、次代を担う人材を育成するため、「新・放課後子ども総合プラン」を策定している。「新・放課後子ども総合プラン」では、2023 年度末までに計約 30 万人分の受け皿を整備するため、

・待機児童が発生している場合の施設整備費の嵩上げ
・放課後児童支援員等の処遇改善
・学校敷地内で放課後子供教室 [45] と一体的に実施する場合の補助基準額の引上げ

・定員に余裕のある放課後児童クラブへの送迎支援事業を行う場合に
　必要な経費への支援

等の措置を講じている。

注
44）保育所の時はこどもを保育所に預けることで共働き・共育てができていたが、小学
　　校に入学したとたん、放課後児童クラブ等のこどもの預け先が不足することによっ
　　て、共働き・共育ての継続が難しくなる問題のこと。
45）こどもたちが放課後を安全・安心に過ごし、多様な体験・活動ができるよう、地域
　　住民等の参画を得て、放課後等に全ての児童を対象として、学習や体験・交流活動
　　などを行う事業のこと。教育を主たる目的としており、児童福祉法に基づき共働き
　　家庭の児童（小学校おおむね1〜3年生）を対象として、放課後等に適切な遊びや
　　生活の場を提供する放課後児童クラブとは制度の位置付けが異なる。

②幼児教育・保育等の今後の方向性

　幼児教育・保育について、「待機児童問題への対応としての受け皿
の拡大」については、保育所の待機児童問題は解消されつつあるもの
の、専業主婦（夫）家庭等も含めた未就園児のいる全ての家庭に対して、
こどもが通うことができ、こどもの育ちを支援する新たな制度として、
「こども誰でも通園制度（仮称）」を創設することとしており、このこど
も誰でも通園制度の受け皿の整備が新たな課題となっている。また、受
け皿の拡大が一定程度進捗する中、「幼児教育・保育サービスの質の向
上」に強化が一層求められている。放課後児童クラブについては、依然
として待機児童が多数発生しており、引き続き、受け皿の拡大が大きな
課題となっている。ここではそのような課題に向けた具体的な取組をい
くつか紹介しよう。

〈保育の待機児童対策〉

　先に述べたように、2023年4月の時点では、保育の受け皿数は322.8
万人分（＋39.2万人）に拡大し、待機児童数は2,680人（▲23,401人）
まで減少している。

　保育の受け皿の拡大や就学前人口の減少などの要因により待機児童数

図表30　令和５年４月の待機児童数調査のポイント

①待機児童の状況

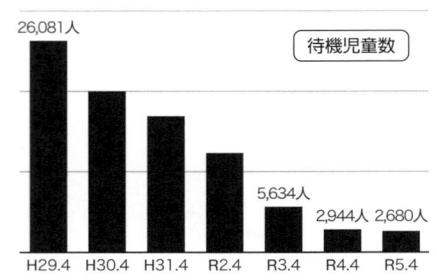

②待機児童数について

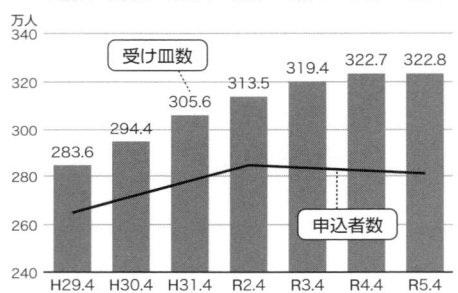

が減少した地域がある一方で、特定の地域で申し込みが集中するなど保育重要の偏りがあることや保育士を確保できなかったことによる利用定員の減少などにより待機児童が増加した地域や数年にわたり待機児童が生じている地域もある。

　保育ニーズは減少しているものの、女性就業率が上昇傾向にあることや共働き世帯割合が増加していること、2024年10月に被用者保険（年金・医療）の適用拡大が中小企業に段階適用されることにより労働者が労働時間を延長するなどの行動変容が見込まれること、新型コロナウイルス感染症流行からの利用控えの解消が見込まれることなど、保育ニーズの動向には引き続き注視していく必要がある。

　このような中、こども家庭庁では、待機児童がいる自治体への今後の対応として、

　・待機児童数を大きく減らしているが、いまだ多くの待機児童がいる

自治体に対しては、引き続き、受け皿の確保が進むように支援していく
・待機児童が多く、かつ一定数で留まっている自治体については、各々の待機児童の解消にいたらない事情に合わせて、丁寧にヒアリング等を行い、自治体と連携しながら待機児童の解消に取り組む
・待機児童が解消された自治体においても、一時的に保育ニーズが高まり、待機児童が急増する事例も見受けられることから、注視していく
・今後は、保育所・保育士の子育て支援のノウハウを活かし、地域で子育て支援を実施するなど保育所等の多機能化を進める

という方針に沿って施策を推進することとしている。

〈保育士等の処遇改善〉

　保育士等の有効求人倍率は高い水準となっており、その要因の一つとして、保育士等の給与水準が業務内容と比較して不十分との指摘がなされている。このため、先述の通り、これまで累計18％の処遇改善を実現し、更に、技能・経験に応じた月額最大 40,000 円の処遇改善も 2017 年度から実施しているところである。

　こども家庭庁設置後も引き続き保育士等の処遇改善に取り組んでおり、2023 年度においては、令和 5 年人事院勧告における国家公務員の給与改定を踏まえて、5.2％の引上げを行うことを決定し、2023 年 4 月まで遡って保育士等の処遇改善を行っている。ただし、保育士の給与は未だ全産業平均と比べれば、低い水準にあることから、今後についても、民間給与動向等を踏まえた更なる処遇改善を進める方針である。

　また、これと併せて、保育士の処遇が適切に確保されるようにするためには、費用の使途を可視化することで人件費水準の底上げをしていく必要があることから、事業者が施設ごとの経営情報等を都道府県知事に報告することを求めるとともに、報告された経営情報等の分析結果等の公表を都道府県知事に求めること等について法定化している [46]。

図表31　保育士等の処遇改善の推移

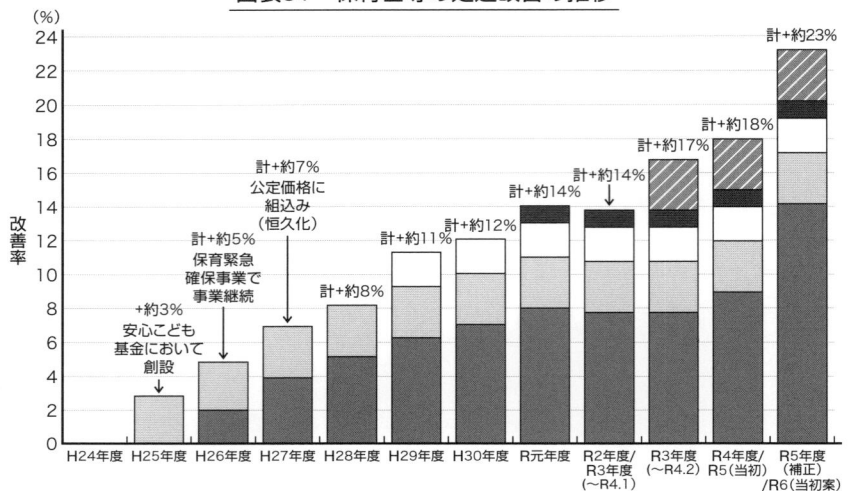

注1：処遇改善等加算（賃金改善要件分）は、平成25、26年度においては「保育士等処遇改善臨時特例事業」により実施。
注2：各年度の月額給与改善額は、予算上の保育士の給与改善額。
注3：上記の改善率は、各年度の予算における改善率を単純に足し上げたものであり、24年度と比較した実際の改善率とは異なる。
注4：「コロナ克服・新時代開拓のための経済対策」による処遇改善は、令和4年2〜9月は「保育士・幼稚園教諭等処遇改善臨時特例事業」により実施。令和4年10月以降は公定価格により実施（恒久化）。

注
46）「子ども・子育て支援法等の一部を改正する法律案」が2024年通常国会に提出され、成立している。

〈保育士の配置基準の改善〉

　保育士の配置改善は、保育士がこどもひとりひとりと向き合う時間を増やすとともに、日々の業務負担を減らし、ひいては保育人材を確保する上で大変重要な施策である。

　2012年の社会保障と税の一体改革等の際に、今後の課題とされていた1歳児に対する職員の配置改善（6：1→5：1）、4・5歳児に対する職員の配置改善（30：1→25：1）については、こども家庭庁の設置に伴い大きく前進させている。

　まず、こども家庭庁が設置された2023年度には大規模な保育所における職員の配置改善の措置を講じるとともに、園児の事故等を防止する

ための支援員の配置の支援を新たに行うこととするなどの充実を行っている。

その上で、2023年12月に策定した「こども未来戦略」では、2024年度から2026年度までに実施する「加速化プラン」において、

・2024年度から、制度発足以来75年間一度も改善されてこなかった4・5歳児について、30対1から25対1への改善を図り、それに対応する加算措置を設ける。また、これと併せて最低基準の改正を行う

・2025年度以降、1歳児について、保育人材の確保等の関連する施策との関係も踏まえつつ、加速化プラン期間中の早期に6対1から5対1への改善を進める

と明記し、具体的な措置を講じることとしている。

1歳児に対する職員の配置基準は昭和42年から、4・5歳児に対する職員の配置基準は昭和23年から変わっていなかったが、今回、改めて抜本的な配置改善が図られることとなる。

なお、配置基準の最低基準の改正については、保育業界からの声も踏まえ、人材確保に困難を抱える保育の現場に混乱が生じないよう、当分の間は、従前の基準により運営することも妨げないとする経過措置を設けることとしている。

また、保育人材の確保には保育士の処遇改善、保育所の配置改善やデジタル化による業務改善も重要だが、規制改革を通じて時代に合った保育を可能とする取組も必須だ。このため、こども家庭庁では、ⅰ）保育士が週4日勤務でも「常勤」として取り扱えるようにする、ⅱ）3歳未満児を対象とする小規模保育事業について、満3歳以上の幼児を受け入れることを市町村がニーズに応じて柔軟に判断できるようにする、ⅲ）前年度の実地検査の結果等を勘案して実地検査が必ずしも必要でないと認められる場合には、実地によらずともリモート等で検査を実施できるようにする、といった制度の見直しを行っている。

〈保育所等における不適切事案への対応〉

　2022 年から 2023 年にかけて、保育所等において、保育士が園児の足をつかんで宙づりにする、両足をつかんで引きずる、下着姿のまま食事をさせるなどの不適切事案が多く明らかになった。このような状況を踏まえ、こども家庭庁では、全国の保育所等の実態調査を行うとともに、調査結果を踏まえた対策のパッケージを 2023 年 5 月に取りまとめている。

　当然、虐待等の不適切事案はあってはならないことである。一方で、保育士の方々からは、日々の保育実践の中で過度に委縮し、安心して保育に当たれないといった不安の声もいただいていた。このようなことを踏まえ、対策のパッケージは、ⅰ）こどもや保護者が不安を抱えることなく安心して保育所等に通う・こどもを預けられるようにすること、ⅱ）保育所等、保育士等の皆様が日々の保育実践において安心して保育を担っていただくこと、を基本的な考え方としている。

　具体的な対策としては、
- ・今まで必ずしも明確ではなかった「不適切な保育」の考え方を明確化するとともに、保育所等、自治体等に求められることを整理したガイドラインを策定
- ・保育所等職員に虐待等を認知した場合の通報義務を課す等の児童福祉法の改正による制度的対応を検討
- ・保育現場の負担軽減に資するよう、指導計画や児童の記録に関する書類等の簡素化など運用上で見直し・工夫が考えられる事項を周知
- ・保育事業者の勤務環境の改善等に関するアドバイスを行う巡回支援事業を活用

を盛り込んでいる。

　保育所等における不適切事案への対応についても、こども、保護者、保育士がそれぞれ安心して保育が行えるよう、しっかりと対応していかなければならない。

〈牧之原市送迎バス事案への対応〉

　私がこども政策担当大臣に就任して間もない 2022 年 9 月 5 日、静岡県牧之原市の幼保連携型認定こども園で、3 歳の女児が園の送迎用バスに取り残されて亡くなるという、大変痛ましい事故が発生した。全てのこどもが健やかに成長できる安全・安心な環境を提供していくことが、こども家庭庁の使命である。こども家庭庁の発足前であったが、そのモデルケースとなるよう、総理から指示を受け、担当大臣として、速やかに関係府省会議を設置し、事案発生後約 1 か月で「こどものバス送迎・安全徹底プラン」を取りまとめた。

　同プランのポイントは、

・誰が運転・乗車するかに関わらず、バスの乗車・降車時に、幼児等の所在の確認が確実に行われるようにするため、府省令等の改正により、幼児等の所在確認と安全装置の装備を義務付けること
・安全装置の装備が義務化されることを踏まえ、置き去り防止を支援する安全装置の仕様に関するガイドラインを策定すること

写真 2　送迎用バスの安全装置の視察

・車側の対策である安全装置の装備との両輪として、送迎用バス運行に当たって園の現場に役に立ち、かつ、わかりやすく、簡潔な、安全管理の徹底に関するマニュアルを策定すること

・「こどもの安心・安全対策支援パッケージ」として、送迎用バスへの安全装置導入支援、登園管理システムの導入支援、こどもの見守りタグ（GPS）の導入支援、安全管理マニュアルの動画配信や研修の実施等を行うこと

である。このプランによって、教育・保育施設の安全管理マニュアルを整備するとともに、ヒューマンエラーを防ぐべく、2023 年 4 月からの幼児等の所在確認と安全装置の装備の義務化（安全装置の装備の義務化については 1 年の経過措置のため、2024 年 4 月から全面的に義務化）に踏み込み、これを実現するため送迎用バスへの安全装置の全額補助という異例の財政支援も併せて行うこととした [47]。

注
47）こうした施策の結果、安全装置の 2024 年 3 月末の装備完了見込みは 100.0％となった（2024 年 4 月時点）。

〈認定こども園〉

認定こども園は、教育・保育を一体的に行う施設で、いわば幼稚園と保育所の両方の良さを併せ持っている施設である。保育所は利用できる者が保育の必要性がある者に限定されているが、認定こども園は 3 ～ 5 歳児であれば誰でも利用できる。また、幼稚園は 0 ～ 2 歳児は預かることができず、利用時間は昼過ぎまでが基本だが、認定こども園は 0 ～ 2 歳児も預かることができ、夕方までの保育に加えて延長保育を行うことができる。

私が大臣として初めて視察したのは、横浜市にある認定こども園「ゆうゆうのもり幼保園」だった。園舎まんなかの空間にはネットがはり巡らされ、その上をこども達が自由に遊ぶことができる。園舎・園庭など施設全体がこども達が楽しく遊べる場所となっていた。障がいをもつこ

どもを受け入れるインクルーシブ保育や子育てする親のネットワークの支援、すなわち"支援を支援する"考え方など、独自の保育・教育を実践していた。こうした保育と幼児教育の垣根なく子育てを支える認定こども園については、より一層支援していく必要を感じる。

このような中、こども家庭庁では、こども家庭庁の創設と併せて、これまで文科省と内閣府がそれぞれ対応していた補助金の事務をこども家庭庁に一元化し、事務の輻輳や縦割りの問題の改善を図っている。

なお、2024年の地方分権一括化法の改正により、保育士と幼稚園教諭双方の資格がなくても片方の資格があれば働ける特例を5年間延長した（管理職は2年延長に短縮）。双方の資格をもつ職員は増えているものの、認定こども園が保育・幼児教育双方の良さを兼ね備えた施設であるならば、この特例は長く続けるべきでない。保育園と幼稚園の一元化、それを加速するこども家庭庁と文科省の一元化も叫ばれているが、認定こども園が更に普及しスタンダードとなれば、こうした問題もおのずと解消されるのではないかとも思う。そのために、認定こども園の意義と効果を不断に検証・議論し続けることもしなければならない。

〈こども誰でも通園制度〉

現行の保育制度は、利用できる者が就労等の保育の必要性がある者に限定されており、この結果、0から2歳児の約6割は未就園児となっている。このような中、未就園児を含め、子育て家庭の多くが「孤立した育児」の中で不安や悩みを抱えており、支援の強化を求める意見がある。

このような声に対応するため、こども家庭庁は、2023年12月に策定した「こども未来戦略」において、全てのこどもの育ちを応援し、こどもの良質な成育環境を整備するとともに、全ての子育て家庭に対して、多様な働き方やライフスタイルに関わらない形での支援を強化するため、現行の幼児教育・保育給付に加え、月一定時間までの利用可能枠の中で、就労要件を問わず時間単位等で柔軟に保育所、認定こども園、地域型保育事業所、幼稚園、地域子育て支援拠点等に通園することができる新た

図表32 「こども誰でも通園制度」の概要

検討の方向性

- ○現行の幼児教育・保育給付とは別に、月一定時間までの利用可能枠の中で、就労要件を問わず時間単位等で柔軟に利用できる新たな給付として「乳児等のための支援給付」(「こども誰でも通園制度」)を創設する。
- ○2025年度に子ども・子育て支援法に基づく地域子ども・子育て支援事業として制度化し、2026年度から子ども・子育て支援法に基づく新たな給付として全国の自治体においてこども誰でも通園制度を実施できるよう、**所要の法案を次期通常国会に提出する。**

制度の意義

- ○こどもが家庭とは異なる経験や家族以外の人と関わる機会
- ○ものや人への興味が広がるとともに、成長発達に資する豊かな経験をもたらす
- ○保育者からこどもの良いところや成長等を伝えられることで、**こどもと保護者の関係性にも良い効果**
- ○孤立感や不安感を抱える保護者の負担感の軽減
- ○育児方法の模範を見ることにより、**親としての成長につながる**
- ○保育者にとっては、その専門性をより地域に広く発揮できる
- ○給付制度とすることで**制度利用のアクセスが向上**
- ○利用状況を自治体が把握でき支援が必要な家庭の把握などにつながる

【本格実施に向けたスケジュール】

令和5年度～	➡ 令和7年度	➡ 令和8年度
○**制度の本格実施を見据えた試行的事業**(注1)	○**法律上制度化し、実施自治体数を拡充**	○**法律に基づく新たな給付制度**
・108自治体に内示(令和6年1月17日現在)	・法律の地域子ども	・全自治体で実施(注2)
・補助基準上一人当たり「月10時間」を上限	・子育て支援事業の一つとして位置づけ	・内閣府令で定める月一定時間までの利用枠

注1：補正予算で前倒しし、今年度中の開始も可能となるよう支援。
注2：令和8年度から内閣府令で定める月一定時間の利用可能枠での実施が難しい自治体においては、3時間以上であって内閣府令で定める月一定時間の利用可能枠の範囲内で利用可能枠を設定することを可能とする経過措置を設ける(令和8・9年度の2年間の経過措置)。

な通園給付（「こども誰でも通園制度〈仮称〉」）を創設することを打ち出した。

本制度の目的は、ⅰ）在宅で子育てをする世帯のこどもにとって、専門職がいる場で、同世代と関わりながら成長できる機会をつくること、ⅱ）保護者にとっても、理由を問わず、誰でも簡単に利用でき、育児負担や孤立感を解消できるための環境をつくること、などである。

今後のスケジュールとしては、2024年度については、150自治体程度において、利用者1人当たり「月10時間」を上限に制度の本格実施を見据えた試行的事業を実施するとともに、2025年度から「子ども・子育て支援法に基づく地域子ども・子育て支援事業」に位置付けることや2026年度から「子ども・子育て支援法に基づく新たな給付制度」を創設することを内容とする法案を2024年通常国会に提出[48]というスケジュールとなっている。

この「月10時間」という利用時間については、「もっと増やしてほし

い」という意見も多数いただいている。それだけ利用者にとってニーズの高いサービスだといえ、私としてもできるだけ増やしていくべきと考えている。一方で全国の自治体においてサービス提供体制を確保するため、保育士等の保育人材を十分に確保していく必要があることにも留意しなければならない。この「月10時間」はあくまで試行的事業の補助基準上の上限を定めたものであり、本格実施に当たっての上限を定めたものではない。本格実施の際の利用時間の在り方については、今後、全国の自治体のサービス提供体制とのバランスを踏まえて検討していくこととなる。

　なお、本制度を導入するに当たっては、保育士等の担い手をこれまで以上に確保していく必要がある。このため、保育士の処遇改善とともに、保育士等の確保のための施策（修学資金の貸付、潜在保育士のマッチングの推進、保育補助者の配置やICT化などによる負担軽減）についても並行して推進していくこととしている。

注
48)「子ども・子育て支援法等の一部を改正する法律案」が2024年通常国会に提出され、成立している。

〈放課後児童クラブ〉
　放課後児童クラブについては、2023年5月1日時点で、登録児童数は約145.7万人になっている一方で、利用できなかった児童（待機児童）数は約1.6万人となっている。

　全てのこどもが放課後を安全・安心に過ごし、多様な体験・活動を行うことができるよう、新・放課後子ども総合プラン（2019年度〜2023年度）による受け皿の拡大に取り組んできたが、こども家庭庁の創設年度である2023年度末までにその達成が困難な状況となっている。なかでも、自治体の教育委員会と放課後児童クラブを所管する福祉部局の連携が十分図られていない現状があり、放課後児童クラブの学校施設の活用が目標を下回る結果となっている。

図表33　放課後児童対策パッケージ(令和5年12月25日)

○「新・放課後子ども総合プラン」最終年度にあたり、受け皿確保(152万人分)や待機児童対策に集中的に取り組んできたが、目標の達成は困難な状況。
○放課後児童対策の一層の強化を図るため、こども家庭庁と文部科学省が連携し、予算・運用等の両面から集中的に取り組むべき対策として、とりまとめた。
○「こども未来戦略」における加速化プラン期間中、早期の受け皿整備の達成に向け、本パッケージは令和5～6年度に取り組む内容をまとめたものである。

1．放課後児童対策の具体的な内容について

放課後児童クラブの実施状況　(R5.5.1)　登録児童 145.7万人　待機児童 1.6万人　(R5.10.1)　登録児童 139.9万人　待機児童 0.8万人

(1)放課後児童クラブの受け皿整備等の推進

放課後児童クラブを開設する場の確保
①放課後児童クラブ施設整備の補助率の嵩上げ【R5補正】
②学校(校舎、敷地)内における放課後児童クラブの整備推進
③学校外における放課後児童クラブの整備推進(補助引き上げ)【R5から実施】
④賃貸物件等を活用した放課後児童クラブの受け皿整備の推進(補助引上げ)【R6拡充】
⑤学校施設や保育所等の積極的な活用

放課後児童クラブを運営する人材の確保
①放課後児童クラブにおける常勤職員配置の改善【R6拡充】
②放課後児童クラブに従事する職員に対する処遇改善
③ICT化の推進による職員の業務負担軽減【R5補正】
④育成支援の周辺業務を行う職員の配置による業務負担軽減

適切な利用調整(マッチング)
①正確な待機児童数把握の推進
②放課後児童クラブ利用調整支援事業や送迎支援の拡充による待機児童と空き定員のマッチングの推進等(補助引上げ)【R6拡充】

その他
①待機児童が多数発生している自治体へ両省庁から助言
②コミュニティ・スクールの仕組みを活用した放課後児童対策の推進
③更なる待機児童対策(夏季休業の支援等)に係る調査・検討

(2)全てのこどもが放課後を安全・安心に過ごすための強化策

放課後児童対策に従事する職員やコーディネートする人材の確保
①放課後児童クラブにおける常勤職員配置の改善(再掲)
②地域学校協働活動推進員の配置促進等による地域学校協働活動の充実

質の向上に資する研修の充実等
①放課後児童対策に関する研修の充実
②性被害防止、不適切な育成支援防止等への取組
③事故防止への取組
④幼児期から学童期に渡っての切れ目のない育ちの支援

多様な居場所づくりの推進
①放課後児童クラブと放課後子供教室の「校内交流型」「連携型」の推進
②こどもの居場所づくりの推進(モデル事業、コーディネーター配置)【R5補正】
③コミュニティ・スクールの仕組みを活用した放課後児童対策の推進(一部再掲)
④特別な配慮を必要とする児童への対応
⑤朝のこどもの居場所づくりの推進(好事例周知等)

2．放課後児童対策の推進体制について

(1)市町村、都道府県における役割・推進体制
①市町村の運営委員会、都道府県の推進委員会の継続実施
②総合教育会議の活用による総合的な放課後児童対策の検討

(2)国における役割・推進体制
①放課後児童対策に関する二省庁会議の継続実施
②放課後児童対策の施策等の周知

3．その他留意事項について

(1)放課後児童対策に係る取組のフォローアップについて
①放課後児童クラブの整備〈152万人の受け皿整備を進め、できる限り早期に待機児童解消へ〉
②放課後児童クラブと放課後子供教室の連携〈同一小学校区内でできる限り早期に全てを連携型へ〉
③学校施設を活用した放課後児童クラブの整備〈新規開設にあたり所管部局が求める場合、できる限り早期に全て学校施設を活用できるように〉

(2)子ども・子育て支援事業計画との連動について
(3)こども・子育て当事者の意見反映について

このため、この目標を早期に達成できるよう、私が大臣当時に、待機児童の解消に熱心に取り組む東京都練馬区の視察、調布市、八王子市との意見交換を行った上で、こども家庭庁・文科省に対し、2023年末までに緊急対策の策定を指示し、その後、2023年度から2024年度までに取り組む施策として、「放課後児童対策パッケージ」（2023年12月25日）を取りまとめた。

　同パッケージでは、これまでの待機児童が発生している自治体に対する施設整備費の補助率嵩上げ等に加えて、

- ・常勤の放課後児童支援員を複数配置する放課後児童クラブに対する補助の拡充（放課後児童クラブを運営する人材の確保）
- ・学校敷地外で地域のこどもと共に過ごし交流する場を一体的に整備する場合の補助基準額や民家・アパート等を使用する際の賃借料補助水準の引上げ（放課後児童クラブを開設する場の確保）
- ・待機児童が100人以上発生している市町村が定員に余裕のある放課後児童クラブへの送迎支援事業を行う場合の補助基準額の引上げ（適切な利用調整〈マッチング〉）
- ・市町村の運営委員会、都道府県の推進委員会の継続実施
- ・保育所の待機児童対策と同様、待機児童が多数発生している自治体や放課後児童対策に課題を抱えている自治体に対し、両省庁からプッシュ型で、当該自治体の福祉部局・教育委員会双方へのきめ細かな支援を実施

等に取り組むこととしている。

【参考図書等】
- ・倉石哲也（2023）『人口減少時代に向けた　保育所・認定こども園・幼稚園の子育て支援』中央法規出版
- ・国立教育政策研究所（2020）『幼児教育・保育の国際比較』明石書店
- ・倉橋惣三（2008）『育ての心（上）（下）』フレーベル館
- ・厚生労働省（2018）『保育所保育指針解説』フレーベル館
- ・内閣府・文部科学省・厚生労働省（2018）『幼保連携型認定こども園教育・保育要領解説』フレーベル館
- ・文部科学省（2018）『幼稚園教育要領解説』フレーベル館

・厚生労働省（2021）『改訂版　放課後児童クラブ運営指針解説書』フレーベル館
・放課後児童支援員認定資格研修教材編集委員会（2024）『放課後児童支援員都道府県認定資格研修教材　第3版』中央法規出版

（4）児童虐待防止対策

①児童虐待防止対策の現状

　児童虐待への対応については、これまで、児童虐待防止法や児童福祉法の累次の改正や、民法などの改正により、制度的な充実が図られてきた。一方で、全国の児童相談所における児童虐待に関する相談対応件数は一貫して増加し、2022年度には児童虐待防止法制定直前の約19倍に当たる21万9,170件となっている。また、こどもの生命が奪われるなど重大な児童虐待事件も後を絶たず、児童虐待の防止は社会全体で取り組むべき喫緊の課題となっている。

　児童虐待には、
- 「身体的虐待」…殴る、蹴る、叩く、投げ落とす、激しく揺さぶる、やけどを負わせる、溺れさせる、首を絞める、縄などにより一室に拘束する等
- 「性的虐待」…こどもへの性的行為、性的行為を見せる、性器を触る又は触らせる、ポルノグラフィの被写体にする等
- 「ネグレクト」…家に閉じ込める、食事を与えない、ひどく不潔にする、自動車の中に放置する、重い病気になっても病院に連れて行かない等
- 「心理的虐待」…言葉による脅し、無視、きょうだい間での著しい差別的扱い、こどもの目の前で家族に対して暴力をふるう（ドメスティックバイオレンス：DV）、きょうだいに虐待行為を行う等

があり、近年は心理的虐待に関する相談対応件数が大幅に増加している。
　児童虐待防止対策に関する近年の動きとしては、まず、児童虐待相談

図表34　児童相談所における虐待相談対応件数とその推移

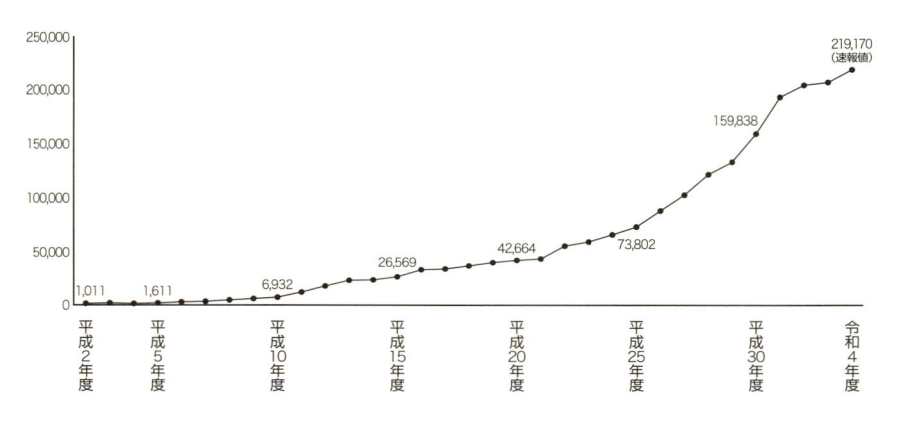

注：平成22年度の件数は、東日本大震災により、福島県を除いて集計した数値。

対応件数の増加や東京都目黒区で発生した児童虐待事案 [49] 等を受けて取りまとめた「児童虐待防止対策の強化に向けた緊急総合対策」（2018年7月決定）、「児童虐待防止対策体制総合強化プラン（新プラン）」（同年12月決定）がある。同対策・プランでは、転居した場合の児童相談所間における引継ぎルールを見直し・徹底すること、2022年度までに、児童福祉司を約2,000人増加させることや市区町村子ども家庭総合支援拠点を全市町村に設置すること等が盛り込まれている。なお、児童福祉司に関する目標については、その後、新プランの計画を前倒しし、2023年度までに5,765人に引き上げている [50]。

　また、2019年6月には、千葉県野田市で発生した事案 [51] 等を踏まえて、体罰禁止の法定化、児童相談所における一時保護等を行う「介入」の担当者と「保護者支援」の担当者の分離、児童相談所における弁護士等の配置促進、DV対策との連携強化を内容とする児童福祉法等の一部改正が行われた。

　このほか、児童虐待を受けたと思われるこどもを見つけた時などに、ためらわずに児童相談所に通告・相談ができるように、2015年7月1

日から、児童相談所全国共通ダイヤルについて、それまでの 10 桁番号から 3 桁番号に見直した「189（いちはやく）」を運用している。更に、児童相談所につながるまでの時間短縮を進めるため、2016 年 4 月に音声ガイダンスを短縮、2018 年 2 月に携帯電話等からの入電についてコールセンター方式を導入、2019 年 12 月に無料化、2023 年 2 月に SNS を活用した全国一元的な相談の本格的な運用を開始、等の取組を推進している。

　2004 年から、毎年 11 月を「児童虐待防止推進月間」と位置付け、月間中、関係府省庁や、地方公共団体、関係団体等と連携した集中的な広報・啓発活動を実施し、児童虐待は社会全体で解決すべき問題であることを周知・啓発している。また、児童虐待防止の啓発を図ることを目的に民間団体（認定 NPO 法人児童虐待防止全国ネットワーク）が中心となって実施している「オレンジリボン運動」を後援している。

　周りの人からの一本の電話で守れる命がそこにある。読者の方々にも、ぜひ児童相談所虐待対応ダイヤル「189（いちはやく）」へのご理解をお願いしたい。

注
49）香川県児童相談所において要保護児童として取り扱われていたケースについて、東京都目黒区への転居に伴い品川区児童相談所に引き継がれた事例。転居後、品川区児童相談所において、児童の安全確認ができないまま、当該児童が救急搬送され、その後、死亡が確認された。
50）その後の新たなプランでは、目標を更に引き上げ、2024 年度までに 6,850 人としている（後述）。
51）野田市児童相談所において児童虐待の疑いがある児童の一時保護を解除した後に、当該児童が自宅浴室での死亡が確認された事例。当該児童は学校アンケートにおいて父親からの虐待を訴えていた。

②児童虐待防止対策の今後の方向性

　児童虐待防止対策については、児童相談所における児童虐待の相談対応件数が依然として増加し、育児に対して困難や不安を抱える子育て世帯がこれまで以上に顕在化してきていることを踏まえ、子育て世帯への

支援の充実やそのための体制強化に取り組んでいく方針である。ここではその具体的な取組をいくつか紹介しよう。

〈児童福祉法の改正等〉
　2022年6月、こどもや家庭への包括的な相談支援等を行う「こども家庭センター[52]」の設置や、訪問による家事支援などこどもや家庭を支える事業の創設を行うこと等を内容とする令和4年改正児童福祉法が成立した。同法律においては、上記のほか、一時保護開始時の司法審査の導入や、こども家庭福祉の現場において相談援助業務等を担う者の専門性向上のための実務経験者向けの認定資格の導入、こどもに対してわいせつ行為を行った保育士の再登録手続の厳格化等に関する必要な改正も盛り込み、2024年4月1日に施行している。
　また、民法における懲戒権に関する規定（民法第822条[53]）が児童虐待を正当化する口実になっているという指摘がなされてきたことを踏まえ、2022年12月に「民法等の一部を改正する法律」が成立し、民法について親権者による懲戒権の規定を削除するとともに、体罰等のこどもの心身の健全な発達に有害な影響を及ぼす言動を禁じる改正がなされた[54]。児童福祉法及び児童虐待防止法についても、民法の新たな規定ぶりに合わせる改正が行われ、体罰等によらない子育ての一層の推進が図られている。

注
52）「こども家庭センター」は、これまで別々に位置付けていた「子育て世代包括支援センター」と「子ども家庭総合支援拠点」を、全ての妊産婦、子育て世帯、こどもへ一体的に相談支援を行う機能を有する機関として一元化したもの。
53）「親権を行う者は、第八百二十条の規定による監護及び教育に必要な範囲内でその子を懲戒することができる。」とされていた。
54）新たに第八百二十一条（子の人格の尊重等）として、「親権を行う者は、前条の規定による監護及び教育をするに当たっては、子の人格を尊重するとともに、その年齢及び発達の程度に配慮しなければならず、かつ、体罰その他の子の心身の健全な発達に有害な影響を及ぼす言動をしてはならない。」との規定が設けられた。

〈児童虐待防止対策に関する関係閣僚会議〉

児童虐待防止対策は政府として喫緊の課題であり、関係府省による連携した対策が必要であることから、総理を長とする関係閣僚会議によって対策を推進している。

この関係閣僚会議において、2022年9月2日に、令和4年改正児童福祉法の円滑な施行を行うとともに、2023年4月に創設するこども家庭庁を司令塔として関係省庁が連携して取組を強化するため、「児童虐待防止対策の更なる推進について」（児童虐待防止対策に関する関係閣僚会議決定）として、特に重点的に実施する取組を決定している。

具体的には、「ⅰ）こどもの権利擁護」、「ⅱ）児童相談所及び市町村の体制強化」、「ⅲ）児童虐待の発生予防・早期発見」、「ⅳ）適切な一時保護の実施」、「ⅴ）社会的養護の充実」、「ⅵ）親子再統合への支援強化」、「ⅶ）関係機関における事案への対応の強化」、「ⅷ）DV対応と児童虐待対応との連携強化」、「ⅸ）障がい児支援の充実」、「ⅹ）関係機関との連携強化」を重点的に推進することとしている。

また、児童相談所の人員体制の更なる強化に向けて、同年12月には、「新たな児童虐待防止対策体制総合強化プラン」を策定し、2024年度までに児童福祉司を1,060人増員し6,850人程度に、2026年度までに児童心理司を950人増員して3,300人程度にすることなどを目標に掲げ、児童相談所を運営する地方自治体への財政措置の充実・強化を行っている。

〈こども未来戦略〉

2023年12月の「こども未来戦略」の策定過程では、同年6月の「こども未来戦略方針」において、「今後「こども大綱」の中で具体化する貧困、虐待防止、障害児・医療的ケア児に関する支援策について、今後の予算編成過程において施策の拡充を検討し、全体として3兆円半ばの充実を図る」こととされ、児童虐待防止対策に関する予算が強化されている。

こども未来戦略では、改正児童福祉法による包括的な相談支援体制の

構築などの体制整備を着実に実施するとともに、こども・若者視点での新たなニーズに応じた支援やアウトリーチ型支援などを強化するという方針の下、具体的には、

○子育てに困難を抱える世帯やヤングケアラー等に対するプッシュ型[55]・アウトリーチ型[56]支援を強化するため、こども家庭センターの全国展開を図るとともに、学校や地域とのつなぎ役の配置などにより、子育てに困難を抱える家庭やこどものSOSをできる限り早期に把握し、必要な支援を届けるための体制整備を推進する。また、子育て世帯への訪問支援などの家庭支援事業を拡充するとともに、宅食などのアウトリーチ支援を充実する

○妊婦健診未受診の妊婦などを必要な支援につなげるため、継続的に訪問支援を行う事業を実施するとともに、生活に困難を抱える特定妊婦等に対する一時的な住まいの提供や、こどもの養育等に関する相談・助言等を行う事業に取り組む

○こども・若者視点からの新たなニーズへの対応として、虐待等で家庭等に居場所が無いこども・若者がそのニーズに合わせて必要な支援を受けられ、宿泊もできる安全な居場所等（こども若者シェルター）を確保する

○また、親からの虐待や貧困等に起因して様々な困難に直面する学生等に対し、食事提供・相談支援等のアウトリーチ型支援を行う

○児童虐待に迅速かつ的確に対応するため、児童相談所の職員の採用・人材育成・定着支援や業務軽減に向けたICT化等を行うとともに、こども家庭ソーシャルワーカー[57]の資格取得を促進する

○こどもの状況等に応じた個別ケアを推進するため、一時保護施設における小規模ユニットケアを推進するとともに、一時保護施設に入所しているこどもの学習環境整備等の支援強化を図る

○こどもの権利擁護の環境整備や親子関係の再構築支援を推進する

といった内容が盛り込まれている。

こども未来戦略を踏まえ、2024年度予算では、

- こども家庭センターの人員体制の強化（統括支援員の配置の推進）
- 子育て世帯訪問支援事業の利用者負担軽減の対象者の拡大や利用回数の拡充
- 産後うつリスクの高い方など支援の必要性の高い妊婦などを受け入れる施設に対する補助金の加算の仕組みの創設
- 虐待等で家庭等に居場所がないこども・若者が必要な支援を受けられ宿泊もできる安全な居場所（こども若者シェルター）への補助事業の創設
- 2024 年度に創設される新たな資格である「こども家庭ソーシャルワーカー」の資格取得を推進するための研修受講費用等や有資格者に対する手当への補助事業の創設
- 一時保護施設等のこどもの権利擁護の取組を支援するこどもの権利擁護環境整備事業について、活動回数に応じた加算の仕組みの導入
- 児童相談所等の虐待等により傷ついた親子関係の再構築の取組を支援する親子再統合支援事業について、指導員の配置への支援等を充実

写真 3　新宿区歌舞伎町のトー横の視察

図表35 「加速化プラン」による施策の充実 【児童虐待防止】

包括的な相談支援体制の構築などの体制整備を着実に実施するとともに、
こども・若者視点での新たなニーズに応じた支援やアウトリーチ支援などを強化する。

課　題	加速化プランでの対応	目指す姿

虐待の未然防止
（プッシュ型・アウトリーチ型支援の強化）

どこに相談したらよいか分からない、相談したいけど躊躇してしまう

○市町村の「こども家庭センター」の全国展開
→母子保健との児童福祉の一体的な相談支援機関（こども家庭センター）で必要な支援につなげる
→こども家庭センターに学校や保育所等との「つなぎ役」を配置

待ちの姿勢から、予防的な関わりを強化し、子育て家庭やこども自身からのSOSを早期に把握・支援を届ける

子育てをする中での困難や、予期せぬ妊娠をした方などに対応する支援策が少ない

○子育てに困難を抱えるこどもや家庭へのアウトリーチ支援
→子育てに困難を抱える家庭を訪問し、宅食などを通じて、支援につなげる
→困難な状況にある妊産婦への包括的な支援（一時的な居住支援、食事の提供、相談・助言等）の実施

支援の方法や種類を増やし、個々の困りごとに直接、手が届く支援を行う

こども・若者視点からの
新たなニーズへの対応

こども・若者が自分の意思で選択できる支援が少ない

○虐待等で家庭等から孤立したこども・若者のための安全な居場所（こども若者シェルター）を確保し、相談支援等を実施
○虐待・貧困等に苦しむ学生等に対して、食事や相談支援を行うアウトリーチ支援の実施

困難を抱えるこども・若者が自ら選択しながら活用できる支援も用意

相談対応件数の増加を踏まえ、迅速・的確な対応が可能となる体制の整備が必要

児童虐待への支援現場の体制強化

○児童相談所の職員体制強化と業務効率化（ICT化等）の推進

児童虐待等への相談支援を確実に行う人材の確保・育成等を行い、こどもと家庭をしっかりと支援

虐待等を受けたこどもの生活環境等の整備

一時保護や施設入所後も、こどもがより家庭的な環境で生活できることが重要

○一時保護施設や児童養護施設等の環境改善
→人員体制の充実やユニットケアの推進、学習支援の強化
○家庭教育環境を確保するための里親委託等を推進
→里親等支援や養子縁組支援の体制強化

こども・若者が個々の状況に応じて健やかに生活できる環境や、自立に向けたサポートを受けられる体制を整備

自立に向けたきめ細かな支援が必要

○支援につながってこなかった虐待経験を持つ若者等への支援
→相互交流や情報提供、相談、助言、一時的な居住支援等の実施

等を盛り込んでいる。

　なお、このうち、「こども若者シェルター」については、私（こども政策担当大臣）が、こども未来戦略方針策定後の 2023 年 7 月 4 日に、青少年の非行や犯罪被害を防ぐための対策強化月間が始まったことを受けて、東京都新宿区歌舞伎町の通称「トー横」を視察した際に、行き場のないこども・若者の安全な居場所の必要性を強く感じたことをきっかけとして、こども家庭庁の職員とともに検討を進めてきたものである。虐待等で家庭等に居場所がないこども・若者が繁華街等に居場所を求め、犯罪の被害に遭うケースが後を絶たない。こどもの安全・安心を守るため、様々な対策を講じていく必要がある。

注
55）子育てに困難を抱える世帯やヤングケアラー等からの支援の申請等を待たずに支援を行うこと。
56）子育てに困難を抱える世帯やヤングケアラー等に支援を届けるため訪問等による支援を行うこと。
57）こども家庭福祉の現場にソーシャルワークの専門性を十分に身に付けた人材を早期に輩出するため、一定の実務経験のある有資格者や現任者が、国の基準を満たす認定機関が認定した研修等を経て取得する認定資格。

〈宗教 2 世・3 世への対応〉
　こども家庭庁では、「旧統一教会」問題に係る被害者等への支援にも取り組んでいる。具体的には、2022 年 12 月、厚労省子ども家庭局（当時）において、児童虐待に該当する事例等を盛り込んだ「宗教の信仰等に関係する児童虐待等への対応に関する Q ＆ A」を作成・公表した。Q&A では、宗教の信仰といったことを理由とするものであっても、例えば、
　ⅰ）身体的暴行を加える
　ⅱ）適切な食事を与えない
　ⅲ）重大な病気になっても適切に医療を受けさせない
　ⅳ）言葉による脅迫、子どもの心・自尊心を傷つけるような言動を繰

り返し行う

といったことは、児童虐待に該当しうるものであることや、個別の事例に関して、児童虐待であるかどうかの判断は、子どもの状況、保護者の状況、生活環境等に照らし、総合的に判断する必要があること、また、その際には、保護者の信仰に関連することのみをもって消極的な対応を取らず、また、こどもの側に立って判断すべきであることを示している。

　更に、こども家庭庁設置後の 2023 年 4 月には、この Q & A の内容をこどもに関わる現場の方々に周知するための動画コンテンツの作成、周知等を行うとともに、同年 10 月から、Q & A の現場における周知状況、宗教を背景とする児童虐待事案の相談受理状況や対応状況を確認し、今後どのような対応ができるのかを検討するための調査研究を行い、宗教を背景とする児童虐待の当事者（宗教 2 世）からの声等を含む調査結果を取りまとめたところである。

　宗教の信仰が背景にあったとしても、児童虐待は決して許されるものではない。今後も、幅広い関係者の児童虐待についての理解を深めていく必要がある。

【参考図書等】
・川崎二三彦（2019）『虐待死 なぜ起きるのか、どう防ぐか』岩波書店
・青山さくら、川松亮（2020）『ジソウのお仕事　50 の物語で考える子ども虐待と児童相談所』フェミックス

(5) 社会的養護等

①社会的養護等の現状

　社会的養護は、保護者の適切な養育を受けられないこどもを、公的責任で社会的に保護養育するとともに、養育に困難を抱える家庭への支援を行うものである。

　児童福祉法第 1 条では、「全て児童は、児童の権利に関する条約の精神にのつとり、適切に養育されること、その生活を保障されること、愛

され、保護されること、その心身の健やかな成長及び発達並びにその自立が図られることその他の福祉を等しく保障される権利を有する」とされており、児童の権利に関する条約第3条では、「児童に関するすべての措置をとるに当たっては、児童の最善の利益が主として考慮されるものとする」とされており、これらが社会的養護の基本理念となっている。

そして、社会的養護の原理として、

　ⅰ）家庭養育と個別化（すべてのこどもは、適切な養育環境で、安心して自分をゆだねられる養育者によって養育されるべき。「あたりまえの生活」を保障していくことが重要）

　ⅱ）発達の保障と自立支援（未来の人生を作り出す基礎となるよう、こども期の健全な心身の発達の保障を目指す。愛着関係や基本的な信頼関係の形成が重要。自立した社会生活に必要な基礎的な力を形成していく）

　ⅲ）回復をめざした支援（虐待や分離体験などによる悪影響からの癒しや回復をめざした専門的ケアや心理的ケアが必要。安心感を持てる場所で、大切にされる体験を積み重ね、信頼関係や自己肯定感〈自尊心〉を取り戻す）

　ⅳ）家族との連携・協働（親と共に、親を支えながら、あるいは親に代わって、こどもの発達や養育を保障していく取組）

　ⅴ）継続的支援と連携アプローチ（アフターケアまでの継続した支援と、できる限り特定の養育者による一貫性のある養育。様々な社会的養護の担い手の連携により、トータルなプロセスを確保する）

　ⅵ）ライフサイクルを見通した支援（入所や委託を終えた後も長くかかわりを持ち続ける。虐待や貧困の世代間連鎖を断ち切っていけるような支援）

の原理の下に施策体系が構築されている。

施策の基本方針については、

・家庭養育優先原則に基づき、まずは市区町村による家庭支援事業等を活用した予防的支援により家庭維持のために最大限の努力を行う

とともに、家庭での養育が困難又は適当でない場合は、養育者の家庭にこどもを迎え入れて養育を行う里親やファミリーホーム（家庭養護）を優先するとともに、児童養護施設、乳児院等の施設についても、できる限り小規模かつ地域分散化された家庭的な養育環境の形態（家庭的養護）に変えていくこと
・大規模な施設での養育を中心とした形態から、ひとりひとりのこどもをきめ細かく育み、親子を総合的に支援していけるよう、ハード・ソフト共に変革していくこと
・施設は、社会的養護の地域の拠点として、家庭に戻ったこどもへの継続的なフォロー、里親支援、自立支援やアフターケア、地域の子育て家庭への支援など、高機能化及び多機能化・機能転換を図ること
・ソーシャルワークとケアワークを適切に組み合わせ、家庭を総合的に支援する仕組みづくりが必要であること

といった方針に基づいて、各種の施策が推進されている。

社会的養護の受け皿は様々な類型に分かれており、具体的には、

・「里親」（家庭における養育を里親に委託するもの）
・「ファミリーホーム」（養育者の住居において複数の児童の家庭養護を行うもの）
・「児童養護施設」（保護者のない児童、虐待されている児童その他環境上養護を要する児童を養育する施設）
・「児童心理治療施設」（家庭環境、学校における交友関係その他の環境上の理由により社会生活への適応が困難となった児童に対し心理治療や生活指導をする施設）
・「児童自立支援施設」（不良行為をなし、又はなすおそれのある児童及び家庭環境その他の環境上の理由により生活指導等を要する児童に対し、自立を支援する施設）
・「乳児院」（乳児を養育する施設）
・「母子生活支援施設」（配偶者のない女子又はこれに準ずる事情にあ

る女子及びその者の監護すべき児童を保護、支援する施設）
・「自立援助ホーム」（義務教育を終了した児童であって、児童養護施設等を退所した児童等の日常生活上の援助、生活指導、就業支援をする施設）
がある。

2022年時点で、類型別の児童数は、里親6,080人、ファミリーホーム1,718人、児童養護施設23,008人、児童心理治療施設1,343人、児童自立支援施設1,103人、乳児院2,351人、母子生活支援施設5,293人、自立援助ホーム1,061人となっている。

社会的養護が必要なこどもは、温かく安定した環境で養育されることが望ましく、特に乳幼児期は、安定した養育環境の中で愛着関係の基礎が作られるべき大切な時期であり、こどもの最善の利益を考えれば、できる限り家庭における養育環境と同様の環境で育つことが、こどもの心身の健やかな成長、発達が図られる上で非常に重要である。

このため、目標を「2029年度までに、全ての都道府県において、乳幼児の里親等委託率75％以上、学童期以降の里親等委託率50％以上」として、里親制度の普及促進による新規里親の開拓、児童と里親とのマッチング、委託児童に係る自立支援計画策定、委託後の相談支援等に関する相談・支援を行う「里親養育包括支援（フォスタリング）事業」の実施に加え、2024年度より、里親支援センター（後述）による里親支援体制の構築を行ったところである。

更に、ケア形態の小規模化を図るため、児童養護施設、乳児院、児童心理治療施設及び児童自立支援施設を対象とした小規模グループケアの実施や、地域小規模児童養護施設の設置を進めている。

なお、2020年度からは、全ての自治体（都道府県、指定都市、児童相談所設置市）において、「社会的養育推進計画（2020年度～2029年度）」が策定され、計画に基づく里親委託等の推進に関する取組が開始されており、2023年度には、中間年の見直しのための策定要領が出されたところである。

このほか、民間あっせん機関による養子縁組あっせんに係る児童の保護等に関する法律に基づき、養子縁組あっせん事業の適正化に取り組むとともに、児童相談所等の関係機関との連携体制を構築し、養親希望者等の負担を軽減するなど、養子縁組民間あっせん機関が行う先駆的な取組への支援等を拡充することにより、適正な養子縁組のあっせんを促進している。

社会的養護の下で育ったこどもは、施設等を退所し自立するに当たり、保護者等から支援を受けられない場合が多く、その結果様々な困難に直面することが多いことから、個々の児童の状況に応じた支援を実施し、将来の自立に結びつけることが重要である。

このため、児童養護施設等を退所した者については自立援助ホームにおける支援を行っているほか、家賃相当額、生活費、就職に必要な各種資格を取得するための経費について貸付を行い、就業継続等の条件により返還を免除する「児童養護施設退所者等に対する自立支援資金貸付事業」や、就職やアパート等を賃借する際に、施設長等が身元保証人となる場合の支援として「身元保証人確保対策事業」などを実施している。

本来大人が担うべき家事や家族の世話などを日常的に行っているこども、いわゆる「ヤングケアラー」は、年齢や成長の度合いに見合わない重い責任や負担を負うことで自身の生活や学業に支障が出るケースも生じており、深刻な問題となっている。

2022年度の厚労省委託調査では世話をしている家族が「いる」と回答したのは中学2年生で5.7%、全日制高校2年生で4.1%、定時制高校2年生相当で8.5%、通信制高校生で11.0%となっている。

このようなヤングケアラーを早期に発見して適切な支援につなげるため、2021年3月に「ヤングケアラーの支援に向けた福祉・介護・医療・教育の連携プロジェクトチーム」を立ち上げ、同年5月に今後取り組むべき施策を取りまとめている。

具体的な対策としては、ヤングケアラー等がいる家庭への家事・育児支援、地方自治体単位での実態調査や関係機関・団体等職員への研修、

コーディネーターの配置やピアサポート等地方自治体の先進的な取組について必要な経費を支援するほか、2022年度から2024年度までの3年間をヤングケアラー認知度向上の「集中取組期間」として集中的な広報・啓発活動等を行っている。

②社会的養護等の今後の方向性

　社会的養護等については、引き続き、家庭養育の推進、児童養護施設等の小規模化、地域分散化及び高機能化、多機能化に取り組むとともに、こども・若者視点での新たなニーズに応じた支援を推進する方針である。ここではその具体的な取組をいくつか紹介しよう。

〈児童福祉法の改正等〉

　2022年の児童福祉法の改正等によって、里親の普及啓発、里親や里親に養育される児童、里親になろうとする者に相談援助等を行う「里親支援センター」を新たに法律上の児童福祉施設として位置付け、里親のリクルートからトレーニング、児童と里親のマッチング、里親家庭への支援、委託解除後も含めた児童の自立支援を推進することとしている（2024年4月施行）。

　また、児童自立生活援助事業の支援対象者の年齢要件等の弾力化や、虐待経験がありながらもこれまで公的支援につながらなかった者等の生活・就労・自立に関する相談等の機会や相互交流、相談等の場を提供する「社会的養護自立支援拠点事業」の創設、家庭生活に困難を抱える特定妊婦や出産後の母子等に対する支援の強化を図るため、一時的な住まいや食事の提供、その後の養育等に係る情報提供や、医療機関等の関係機関との連携を行う「妊産婦等生活援助事業」の創設等を行っている（2024年4月施行）。

　ここでこども家庭庁の「年齢の壁を克服した切れ目ない包括的な支援」という理念を表している特徴的な取組として、「児童自立生活援助事業の対象者等の年齢要件等の弾力化」について詳しく説明したい。

図表36　社会的養育経験者の自立支援（3.①関係）

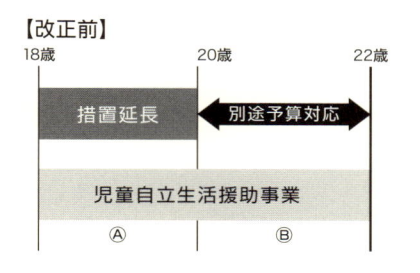

【改正前】

Ⓐ:義務教育を終了した児童等の満20歳に満たない者で、措置等を解除された者等
Ⓑ:高等学校の生徒、大学生、その他の生徒又は学生で満20歳に達した日から満22歳に達する年度の末日までの間の者で満20歳に達する日の前日までに自立生活援助を利用していた措置解除者等

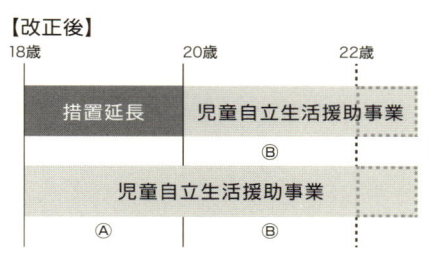

【改正後】

Ⓐ:義務教育を終了した児童等の満20歳に満たない者で、措置等を解除された者等
Ⓑ:満20歳以上の措置解除者等で高等学校の生徒、大学生その他のやむを得ない事情により自立生活援助の実施が必要と都道府県知事が認めた者

　これまで児童養護施設等に入居している児童については、措置延長[58]を経ても、20歳で施設を退所しなければならず、退所後、必要がある場合は自立援助ホーム（児童自立生活援助事業）に、生活の場を移して支援する仕組みになっていた。また、自立援助ホームに入居している児童については、22歳で自立援助ホームを退所しなければならなかった。

　しかしながら、児童等の置かれている状況や児童等の意見・意向は様々であり、年齢の壁によって児童養護施設等に入居するこどもの生活環境を大きく変えざるを得ない状況は適切ではなく、こどもが住み慣れた施設等で継続して支援が受けられることや、年齢で一律に区切るのではなく、こどもが置かれている状況に応じて支援が継続されることは極めて重要である。そこで、児童養護施設等に入所していた児童等又は里親等の委託を受けていた児童等は、20歳以降は、児童自立生活援助事業を活用し、それまで入所していた児童養護施設等や自立援助ホーム、委託を受けていた里親等により都道府県等が必要と判断する時点まで自

立支援を受けることを可能とする制度改正を行っている。この制度改正によって、満 20 歳以降も同じ施設等に入居し続けることができるようになるとともに、満 22 歳以上になった場合も同じ施設等に入居し続けることができるようになった（2024 年 4 月施行）。

注
58）児童養護施設等の下での児童の養育は満 18 歳までが基本とされているが、必要があれば、満 20 歳に達する日まで措置を延長できることとされている。

〈こども未来戦略〉

2023 年 12 月の「こども未来戦略」の策定過程では、同年 6 月の「こども未来戦略方針」において、「今後「こども大綱」の中で具体化する貧困、虐待防止（社会的養護含む）、障害児・医療的ケア児に関する支援策について、今後の予算編成過程において施策の拡充を検討し、全体として 3 兆円半ばの充実を図る」こととされ、社会的養護に関する予算が強化されている。

こども未来戦略では、こども・若者視点での新たなニーズに応じた支援やアウトリーチ型支援などを強化するという方針の下、具体的には、

○子育て世帯への訪問支援などの家庭支援事業を拡充するとともに、宅食などのアウトリーチ支援を充実する

○こどもの状況等に応じた個別ケアを推進するため、児童養護施設等に入所しているこどもの学習環境整備等の支援強化を図る

○家庭養育環境を確保するための里親委託等を推進し、里親等委託率の向上を目指す。併せて、里親支援センター等における特別養子縁組家庭等に対する情報提供、養育に関する助言等の支援を推進する

○社会的養護を経験した若者が自立した社会生活を送ることができるよう、住居の提供や生活相談等を行う事業について、年齢に関わらず必要な支援を継続するとともに、課題に応じた個別対応の強化や生活の質の向上を図る。また、虐待経験がありながら公的支援につながることなく成人した者等に対する相談・助言、一時的な居住支

援等を行う

といった内容が盛り込まれている。

　こども未来戦略を踏まえ、2024 年度予算では、

・ヤングケアラーのいる世帯等に対し、家事支援事業者が自宅を訪問
し、日常的に行う必要がある家事の支援を行う「子育て世帯訪問支
援事業」の拡充（現行制度では生活保護世帯について利用者負担な
しで利用を可能としているものについて、利用者負担軽減の対象者
の拡大や利用回数を拡充）

・児童養護施設におけるこどものスマートフォン（スマホ）の利用や
習い事、大学受験費用への支援の充実

・里親支援センターの里親リクルーター・里親トレーナーの配置や要
支援縁組に関する相談支援の充実

・社会的養護を経験した若者が自立した社会生活を送ることができる
よう支援する児童自立生活援助事業について、実施場所や一律の年
齢制限の弾力化

等を盛り込んでいる。

　また、ヤングケアラーについては、その後、法案化作業の過程で、ヤ
ングケアラーを「子ども・若者育成支援推進法」で国・地方公共団体等
が支援に努めるべき対象であることを明記し、子ども・若者支援地域協
議会と要保護児童対策地域協議会が協働して効果的に支援を行うよう両
協議会の連携を図るよう努めることとする改正を行うこととされた。

　「はじめに」でも触れたが、ここでこども家庭庁の「こどもの意見の
政策への反映」という理念を表している特徴的な取組として、「児童養
護施設におけるこどものスマホの利用や習い事への支援の充実」につい
て詳しく説明したい。

　現在、児童養護施設に対する支援において、こどものスマホの利用に
ついては、高校生は対象としているものの、中学生以下は対象になって
いない。加えて、学校外での学習体験については、学習塾は対象として
いるものの、学習塾以外の習い事は対象となっていない。しかしながら、

私（こども政策担当大臣）が児童養護施設を訪問した際、児童養護施設で生活するこども達から、「周りのこども達がスマホで学校・部活等に関する連絡をやりとりする中で自分はスマホを持てず友達の輪に入れない」、「習い事など自分の可能性にいろいろチャレンジしたい」というような切実な声をいただいた。従来であれば、こどもの意見よりもおとなの意見が優先され、このようなこども達からの声は無視されてしまったかもしれない。しかしながら、私は「こどもの意見を政策に反映することを使命とする「こども家庭庁」の創設によって、このような施策についても実現することができるようにしなければならない」と考え、こども家庭庁の職員とともに検討を進めてきた。結果として、こどもにとって重要な大学受験料への支援の充実と併せて予算を確保することができた。こども家庭庁としては、このようなこどもの意見を施策に反映する取組を更に広げていくこととしている。

【参考図書等】
・楢原真也（2021）『児童養護施設で暮らすということ　子どもたちと紡ぐ物語』日本評論社
・田中れいか（2021）『児童養護施設という私のおうち』旬報社
・坂本洋子（2003）『ぶどうの木：10 人の"わが子"とすごした、里親 18 年の記録』幻冬舎

（6）こどもの貧困対策

①こどもの貧困対策の現状

　我が国には、生まれ育った家庭や様々な事情から、健やかな成長に必要な生活環境や学習の機会が確保されていないこどもがいる。こどもの貧困率[59]は、「2022 年国民生活基礎調査」では、11.5％となり、前回（2019 年国民生活基礎調査）の 14.0％と比べて 2.5 ポイント改善、いわゆるひとり親家庭（おとなが 1 人でこどもがいる現役世帯）の貧困率は44.5％となり、前回の 48.3％と比べて 3.8 ポイント改善しているが、物価上昇等の中で多数のこどもやその家族が依然として苦しい生活を送っ

図表37　こどもの貧困率

こどもの貧困率

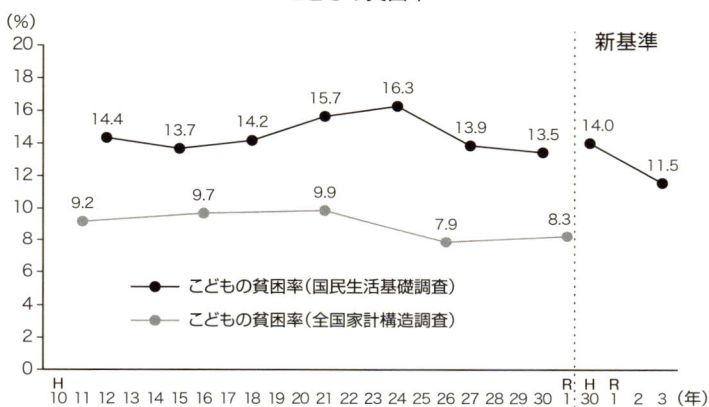

凡例:
- こどもの貧困率（国民生活基礎調査）
- こどもの貧困率（全国家計構造調査）

データ（国民生活基礎調査）: 14.4、13.7、14.2、15.7、16.3、13.9、13.5、新基準 14.0、11.5
データ（全国家計構造調査）: 9.2、9.7、9.9、7.9、8.3、新基準 57.0相当

ひとり親世帯の貧困率

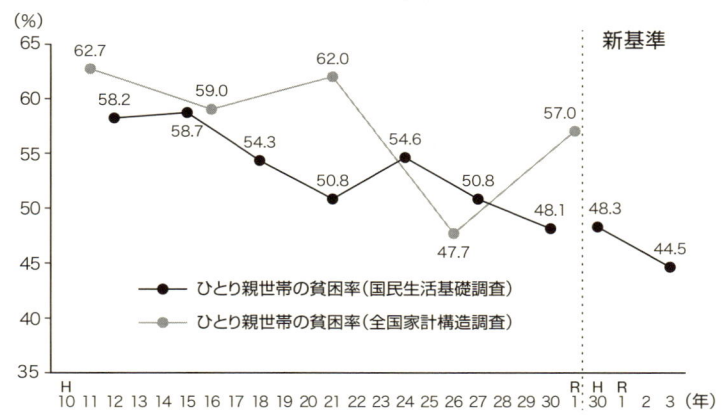

凡例:
- ひとり親世帯の貧困率（国民生活基礎調査）
- ひとり親世帯の貧困率（全国家計構造調査）

データ（国民生活基礎調査）: 58.2、58.7、54.3、50.8、54.6、50.8、48.1、新基準 48.3、44.5
データ（全国家計構造調査）: 62.7、59.0、62.0、47.7、57.0

【参考：全体】

相対的貧困率 （厚生労働省「国民生活基礎調査」）	15.4% （令和3年）
相対的貧困率 （総務省「全国家計構造調査」）	9.5% （令和元年）

注1：厚生労働省「国民生活基礎調査」、総務省「全国家計構造調査（旧全国消費実態調査）」をもとに作成。
注2：「国民生活基礎調査」における「新基準」のH30年及びR3年の数値は、2015年に改定されたOECDの所得定義の新たな基準で
　　算定した数値。それ以外は当該改定前の旧基準に基づく数値。

ており、こどもの貧困対策の更なる強化が求められている。

　我が国では、これまで「子供の貧困対策に関する大綱」（2019 年 11 月 29 日閣議決定）等に基づき対策が講じられてきたが、こども基本法の制定により、同大綱は、少子化社会対策大綱及び子ども・若者育成支援推進大綱と併せて、一元的に「こども大綱」として策定されることとなった。こども大綱では、「こども施策に関する基本的な方針」の 1 つとして、「良好な成育環境を確保し、貧困と格差の解消を図り、全てのこども・若者が幸せな状態で成長できるようにする」ことを掲げるとともに、ライフステージを通した重要事項として「こどもの貧困対策」については、「こどもの貧困の背景には様々な社会的な要因があることを国民全体で広く共有し、こどもの現在と将来が生まれ育った環境によって左右されることのないよう貧困を解消し、貧困の連鎖を断ち切る必要がある」、「地域や社会全体で課題を解決するという認識の下、教育の支援、生活の安定に資するための支援、保護者の就労の支援、経済的支援を進める」ことを示している。

　具体的に、
- 地域における関係機関・団体やスクールソーシャルワーカーが、要保護児童対策地域協議会、子ども・若者支援地域協議会等の枠組みを活用して連携し、苦しい状況にあるこどもや若者を早期に把握し、支援につなげる体制を強化
- 幼児教育・保育の無償化、義務教育段階の就学援助、高校生等への修学支援、大学生等への修学支援により、幼児期から高等教育段階まで切れ目のない教育費負担の軽減を図るとともに、高校中退を防止するための支援や高校中退後の継続的なサポートを強化
- こどもが安心して多様な体験や遊びができる機会や、学習する機会を確保し、必要な場合に支援につなげるための取組を支援
- 貧困の状況にあるこども・若者や子育て当事者が社会的孤立に陥ることのないよう、親の妊娠・出産期からの相談支援の充実や居場所づくりなど、生活の安定に資するための支援を推進

・生活保護法や生活困窮者自立支援法、母子及び父子並びに寡婦福祉法、児童扶養手当法等の関連法制を一体的に捉えて施策を推進
・保護者の就労支援において、子育て当事者の安定的な経済基盤を確保する観点から、単に職を得るにとどまらず、所得の増大、職業生活の安定と向上のための支援を推進
・ひとり親家庭はもちろんのこと、ふたり親家庭についても生活が困難な状態にある家庭については、保護者の状況に合ったきめ細かな就労支援を推進
・子育て当事者の日々の生活を安定させる観点から、様々な支援を組み合わせて経済的支援の効果を高めるとともに、必要な世帯へ支援の利用を促進

に取り組むこととしている。

また、こどもの貧困対策が国を挙げて推進されるよう、官公民の連携・協働プロジェクトとして「こどもの未来応援国民運動」を推進し、支援活動を行う団体とその活動をサポートする企業等とのマッチングの推進や、草の根で支援を行う特定非営利活動法人等に対する民間資金を活用した「こどもの未来応援基金」による支援等を行っている。

このうち、こども家庭庁の所管である「ひとり親家庭への支援」について詳しく解説したい。ひとり親家庭は、子育てと生計の維持を1人で担っており、様々な困難を伴う場合があることから、ひとり親家庭への支援として、「子育て・生活支援策」、「就業支援策」、「養育費の確保策」、「経済的支援策」の4本柱により施策を推進している。

母子世帯の推計世帯数（父のいない児童（満20歳未満のこどもであって、未婚のもの）がその母によって養育されている世帯）は、2021年で119.5万世帯となっており、父子世帯の推計世帯数（母のいない児童がその父によって養育されている世帯）は、同年で14.9万世帯になっている。母子世帯になった理由は、「死別」が5.3％、離婚などの「生別」が93.5％となっている。就業の状況については、母子世帯の母は86.3％が就業しているが、このうち、正規の職員・従業員が48.8％、パ

ート・アルバイト等が 38.8％となっている。一方、父子世帯の父は 88.1
％が就業しており、このうち正規の職員・従業員が 69.9％、自営業が
14.8％、パート・アルバイト等が 4.9％となっている。母子世帯の母自
身の平均年間収入は 272 万円であり、児童のいる世帯の 1 世帯当たり平
均所得金額 813.5 万円と比べて低い水準となっている。一方、父子世帯
の父自身の平均年間収入は 518 万円であり、母子世帯より高い水準にあ
るが、300 万円未満の世帯も 24.4％となっている [60]。

このようなひとり親家庭に対して、先述の 4 つの柱に沿って、

・地方公共団体の相談窓口のワンストップ化の推進
・放課後児童クラブ等の終了後にひとり親家庭の子供の生活習慣の習
　得・学習支援や食事の提供等を行うことが可能な居場所づくりの実
　施
・就職に有利な資格の取得を促進する高等職業訓練促進給付金の充実
・離婚前後の親に対する支援講座、養育費についての相談支援や履行
　確保に向けた手続支援等
・児童扶養手当の支給や母子父子寡婦福祉資金の貸付け

などの支援を実施している。

更に、「デフレ完全脱却のための総合経済対策」（2023 年 11 月 2 日閣
議決定）に基づき、物価高に最も切実に苦しんでいる低所得の方へ迅速
な支援を届ける観点から、低所得世帯への給付を行うとともに、低所得
の子育て世帯に対しては、こども 1 人当たり 5 万円の加算を臨時的な措
置として講じている。

注
59）こどもの貧困率は、17 歳以下のこども全体に占める、貧困線（その国の等価可処分
　　所得（世帯の可処分所得を世帯人員の平方根で割って調整したもの）の中央値の半
　　分）に満たない 17 歳以下のこどもの割合をいう。
60）厚生労働省「全国ひとり親世帯等調査」（2021 年）、「国民生活基礎調査」（2021 年）

②こどもの貧困対策の今後の方向性

こどもの貧困対策については、こどもの貧困（食事や学びの制約な

ど）を解消し、貧困の連鎖を断ち切るため、こどもの学習支援、生活支援を更に強化していく。また、子育てと仕事を1人で担わざるを得ない、ひとり親家庭が抱える様々な課題に対応するため、児童扶養手当の拡充のほか、就業支援策、養育費の確保策などを多面的に強化する方針である。ここではその具体的な取組をいくつか紹介しよう。

〈こども未来戦略〉

2023年12月の「こども未来戦略」の策定過程では、同年6月の「こども未来戦略方針」において、「今後「こども大綱」の中で具体化する貧困、虐待防止、障害児・医療的ケア児に関する支援策について、今後の予算編成過程において施策の拡充を検討し、全体として3兆円半ばの充実を図る」こととされ、こどもの貧困対策が強化されている。

具体的には、

○ひとり親家庭や低所得子育て世帯のこどもに対する伴走的な学習支援を拡充し、新たに受験料等を支援することで進学に向けたチャレンジを後押しする。

○こども達が、貧困によって食事が十分にとれなかったり、様々な体験に制約を受けることがなくなるよう、貧困家庭への宅食を行うとともに、地域にある様々な場所を活用して、安全・安心で気軽に立ち寄ることができる食事や体験・遊びの機会の提供場所を設ける。こうした取組を通じて、支援が必要なこどもを早期に発見し、適切な支援につなげる仕組みをつくることにより、こどもに対する地域の支援体制を強化する。

○看護師・介護福祉士等の資格取得を目指すひとり親家庭の父母に対する給付金制度（高等職業訓練促進給付金制度）について、短期間で取得可能な民間資格を含む対象資格に拡大し、より幅広いニーズに対応できる制度とする。また、幅広い教育訓練講座の受講費用の助成を行う給付金（自立支援教育訓練給付金）について、助成割合の引上げ等を行うとともに、ひとり親に対する就労支援事業等につ

図表38 「加速化プラン」による施策の充実 【貧困】

こどもの貧困（食事、学び等）を解消し、貧困の連鎖を断ち切るため、こどもの学習支援、生活支援を強化。子育てと仕事を1人で担わざるを得ない、ひとり親家庭が抱える様々な課題に対応するため、児童扶養手当の拡充のほか、就業支援、養育費確保支援などを多面的に強化する。

課　題	加速化プランでの対応	目指す姿

◆ひとり親家庭等のこどもの大学等の進学率が低い
ひとり親世帯 65.3%
（子育て世帯 83.8%）

◆食料が買えなかったことがある、頼れる人がいないという子育て家庭がある
ひとり親世帯 34.9%
子育て世帯 16.9%

こどもの貧困対策

○こどもの学習支援・生活支援の強化
→地域で学習をサポートする場を増やし、新たに、こどもの大学受験料等の補助を開始

○こどもの生活支援の強化
→こども食堂や学び体験などの場を増やす
→アウトリーチ型の訪問支援の展開（宅食・おむつ）

経済的な状況にかかわらず、大学等への進学に向けてチャレンジ出来る

食事や生活に困ったときに頼れる場所が身近にあり、必要な支援が受けられる

◆ひとり親の就業率は9割近く、母子世帯の母の正規雇用割合も上昇しているが、所得が低い

ひとり親家庭への支援

○ひとり親の就業支援・自立支援の強化
→資格取得を目指すひとり親家庭に対する給付金の対象資格の拡大・給付割合の拡充

手に職をつけて、安定的な収入を得られる

◆ひとり親の就労収入は上昇しているが、手当が減ったり止まったりすることが心配で、働き控えを考える人がいる
母子世帯の母の年収中央値
208万円（平成28年）→
240万円（令和3年）

◆多子ひとり親世帯は、特に生活に困窮

◆手当が止まると、手当と連動した支援策からも外れてしまう

○児童扶養手当の拡充
→所得制限の見直し
・満額を受給できる所得　年収160万円→190万円
・所得に応じた一部額を受給できる所得
年収365万円→385万円
→多子加算の増額
・第3子以降の額（6,250円）を
第2子と同額（10,420円）に増額
※R5年度の額。額は物価スライドによって変化。

○児童扶養手当の受給に連動した支援策の要件緩和
→所得が上がって手当の受給対象から外れた場合は、給付金や貸付けが利用できなかったが、1年間をめどに利用可能に

働き控えに対応し、児童扶養手当が自立を下支えする

多子のひとり親家庭の生活が安定する

◆養育費の受領率は、母子世帯の3割弱で非常に低い

○養育費確保支援の強化
→養育費の取り決め等の相談にのる弁護士報酬への補助

養育費をしっかりと受け取れるひとり親家庭を増やす

図表39　ひとり親の経済的支援（児童扶養手当）の拡充等概要

・ひとり親の就労収入の上昇等を踏まえ、働き控えに対応し自立を下支えする観点から所得限度額を引き上げると共に、生活の安定のため特に支援を必要とする多子家庭に対し、第3子以降の加算額を拡充する。

①所得限度額の引上げ

（対象見込み者数：約44万人　制度改正影響額〈令和6年度分〉：国費29億円）
・全部支給の所得限度額（全部支給が一部支給になる額）

160万円　→　190万円（年収ベース・こどもが1人の場合）

・一部支給の所得限度額（支給がすべて停止となる額）

365万円　→　385万円（年収ベース・こどもが1人の場合）

②多子加算の拡充

（対象見込み者数：約11万人　制度改正影響額〈令和6年度分〉：国費5億円）
・第3子以降の加算額（6,450円）(注1)を第2子の加算（10,750円）と同額まで引き上げる。

※①②とも、令和6年11月分（令和7年1月支給）からの実施を想定

・児童扶養手当の受給に連動した就労支援等について、自立への後押しが途切れないよう、所得が上がって児童扶養手当を受給しなくなっても支援策の利用を継続できるようにする。

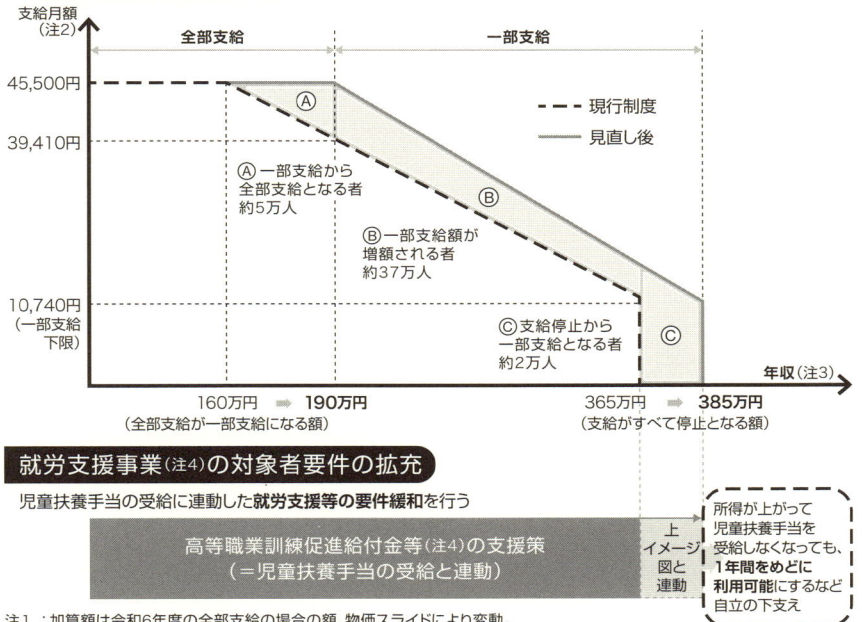

所得制限の引上げ（イメージ）

就労支援事業(注4)の対象者要件の拡充

児童扶養手当の受給に連動した**就労支援等の要件緩和**を行う

高等職業訓練促進給付金等(注4)の支援策
（＝児童扶養手当の受給と連動）

所得が上がって児童扶養手当を受給しなくなっても、**1年間をめどに利用可能にする**など自立の下支え

注1：加算額は令和6年度の全部支給の場合の額。物価スライドにより変動。
注2：支給月額は、令和6年度の額。物価スライドにより変動。
注3：年収額は、給与収入でこどもが1人の場合。
注4：対象となる就労支援事業：「自立支援プログラム」「高等職業訓練促進給付金」「自立支援教育訓練給付金」「ひとり親家庭住宅支援資金貸付事業」。

いて、所得等が増加しても自立のタイミングまで支援を継続できるよう、対象者要件を拡大する。

○ひとり親家庭の自立を促進する環境整備を進めるため、ひとり親を雇い入れ、人材育成・賃上げに向けた取組を行う企業に対する支援を強化する。

○養育費の履行確保のため、養育費の取り決め等に関する相談支援や養育費の受け取りに係る弁護士費用の支援を行い、ひとり親家庭の生活の安定を図る。

○児童扶養手当の所得制限限度額について、ひとり親の就労収入の上昇等を踏まえ、自立の促進を図る観点から見直すとともに、3人以上の多子世帯についての加算額を拡充することとし、このための所要の法案を次期通常国会に提出する[61]。

といった内容が盛り込まれた。

こども未来戦略を踏まえ、2024年度予算では、

・看護師・介護福祉士等の資格取得を目指すひとり親家庭に対する高等職業訓練促進給付金制度について、2023年度末までの拡充措置であった訓練期間の緩和措置（1年以上の資格を対象としていた資格取得期間を6月以上に拡大）や対象資格の拡大措置（6月以上の訓練を通常必要とするICT関係等の民間資格を追加）を恒久化

・ひとり親家庭の教育訓練講座の受講費用の助成を行う自立支援教育訓練給付金について、修了後1年以内に資格取得し、就職等した場合は受講費用の25%を追加支給（最大85%）

・ひとり親に対する就労支援事業等の要件について、収入増加により児童扶養手当の所得制限水準を超過した場合であっても、自立のタイミングまで支援を継続できるよう対象者要件を拡大

・特定求職者雇用開発助成金について、ひとり親を雇い入れ、人材育成・賃上げに向けた取組を行う企業に対して、通常の1.5倍、最大90万円の高額の助成を実施

・養育費に関する相談支援や取り決めを促進する離婚前後親支援モデ

ル事業について、「モデル事業」という位置付けを変更し、事業を実施したい全ての自治体が実施できるようにし、1自治体当たりの補助基準額を増額する拡充を行うとともに、養育費の受け取りに係る弁護士費用（養育費の受取開始後1年間）についても助成対象に追加

・児童扶養手当について、ひとり親の就労収入の上昇等を踏まえ、全部支給及び一部支給の対象となる所得制限限度額を引き上げると共に、第3子以降の加算額（現行制度は第2子の加算額より低い額に設定）を第2子の加算額と同額まで引き上げることとし、これらを2024年11月分の手当から適用

等を盛り込んでいる。特に児童扶養手当の拡大については、こども未来戦略の策定に当たって、多くの方から支援の拡大への要望があったところである。

　また、養育費の確保等については、私は男女共同参画担当大臣として我が国で初めて受領率の政府目標を定めた。これは、「2031年に、全体の受領率（養育費の取り決めの有無にかかわらない受領率）を40%とし、養育費の取り決めをしている場合の受領率を70%とすることを目指す」というものである。こども家庭庁のみならず、法務省、内閣府などが連携して諸外国に比べて遅れをとる養育費の確保等に努める必要がある。

【参考図書等】
・阿部彩（2008）『子どもの貧困：日本の不公平を考える』岩波書店
・渡辺由美子（2018）『子どもの貧困　未来へつなぐためにできること』水曜社
・赤石千衣子（2014）『ひとり親家庭』岩波書店

注
61）その後、児童扶養手当法の一部改正を含む「子ども・子育て支援法等の一部を改正する法律案」が2024年通常国会に提出され、成立している。

①いじめ・不登校対策の現状

〈いじめ防止対策〉

いじめ防止対策については、2012年度にいじめの問題を背景として生徒が自らその命を絶つという痛ましい事案[62]が生じ、大きな社会問題となったことをきっかけに、2013年6月に成立した「いじめ防止対策推進法」の枠組みが基本となっている。

いじめ防止対策推進法では、「いじめ」を「児童等に対して、当該児童等が在籍する学校に在籍している等当該児童等と一定の人的関係にある他の児童等が行う心理的又は物理的な影響を与える行為（インターネットを通じて行われるものを含む）であって、当該行為の対象となった児童等が心身の苦痛を感じているもの」と定義しており、「当該行為の対象となった児童等が心身の苦痛を感じているかどうか」（いじめられた児童生徒の立場）が重視されている。

図表40　いじめの状況について

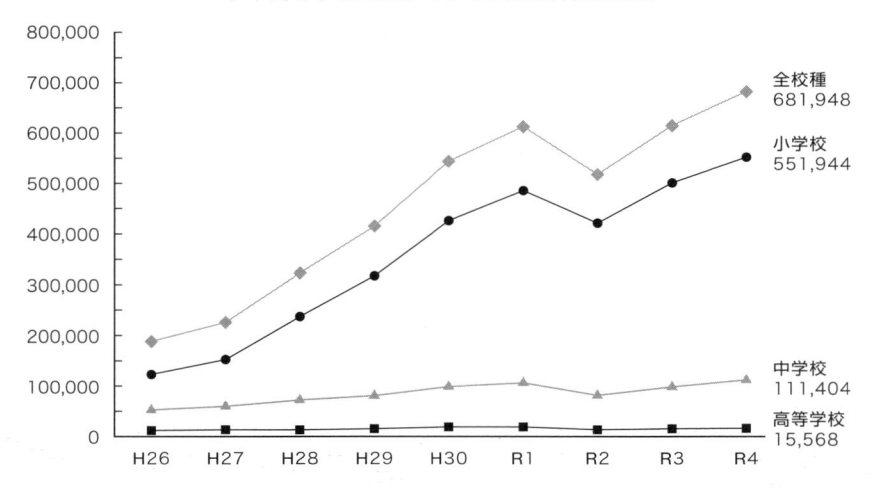

小中高等学校におけるいじめ認知件数の推移

全校種 681,948
小学校 551,944
中学校 111,404
高等学校 15,568

そして、同法では、いじめ防止対策として、

・国、学校に対して「いじめの防止等のための対策に関する基本的な方針」の策定を義務付け

・学校が講ずべき基本的施策として、①道徳教育等の充実、②早期発見のための措置、③相談体制の整備、④インターネットを通じて行われるいじめに対する対策の推進を義務付け

・学校に対して、いじめの防止等に関する措置を実効的に行うための複数の教職員、心理・福祉等の専門家その他の関係者により構成される組織の設置を義務付け

・学校に対して、個別のいじめに対して学校が講ずべき措置として、ⅰ）いじめの事実確認と設置者への結果報告、ⅱ）いじめを受けた児童生徒又はその保護者に対する支援、ⅲ）いじめを行った児童生徒に対する指導又はその保護者に対する助言、ⅳ）いじめが犯罪行為として取り扱われるべきものであると認める時の警察との連携を義務付け

・学校に対して、重大事態（いじめにより児童等の生命、心身又は財産に重大な被害が生じた疑いがあると認める時又はいじめにより児童等が相当の期間学校を欠席することを余儀なくされている疑いがあると認める時）について、同種の事態の発生の防止に資するため、速やかに、適切な方法により事実関係を明確にするための調査を実施することを義務付け

等の措置を講じている。

　文科省では、2013年10月に「いじめの防止等のための基本的な方針」を策定し、「いじめの問題に関する指導者養成研修」や「いじめの防止等のための普及啓発協議会」の開催、「いじめ対策に係る事例集」の作成、いじめの早期発見・早期対応のための専門家を活用した教育相談体制の整備・関係機関との連携強化等に取り組む地方自治体への財政支援等に取り組んでいる。

　2022年度の全国の小・中・高等学校及び特別支援学校におけるいじ

図表41　不登校の状況について

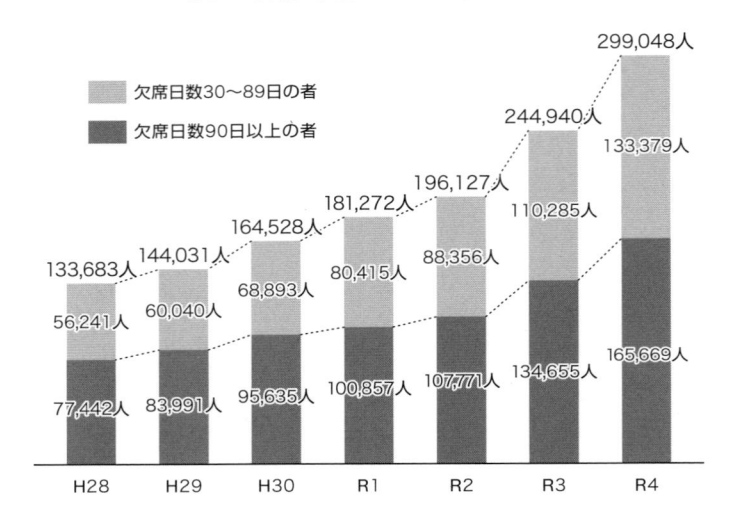

小・中学校における不登校児童生徒数と
うち90日以上欠席している人数の推移

凡例:
- 欠席日数30～89日の者
- 欠席日数90日以上の者

	H28	H29	H30	R1	R2	R3	R4
合計	133,683人	144,031人	164,528人	181,272人	196,127人	244,940人	299,048人
欠席日数30～89日の者	56,241人	60,040人	68,893人	80,415人	88,356人	110,285人	133,379人
欠席日数90日以上の者	77,442人	83,991人	95,635人	100,857人	107,771人	134,655人	165,669人

めの認知件数は約 68 万件、重大ないじめ事案の発生件数は約 900 件と過去最多となっている。いじめは、どのこどもにも、どの学校にも起こり得るものだが、いじめの認知件数については、都道府県間の差が大きく、実態を正確に反映しているとは言い難い状況にある。このため、政府としては、いじめの認知件数が多い学校について、「いじめを初期段階のものも含めて積極的に認知し、その解消に向けた取組のスタートラインに立っている」ものと評価し、いじめの積極的な認知を徹底するよう促している。

注
62) 2011 年 10 月、滋賀県大津市立中学校の 2 年生だった男子生徒が同級生らからのいじめを苦に自殺した事件。

〈不登校対策〉

2022 年度の不登校児童生徒数は過去最多（約 36 万人）となっており、そのうち、小・中学校における不登校児童生徒数も過去最多（約 29 万 9 千人）となっている。更に、小・中学校における不登校児童生徒のうち、90 日以上欠席している児童生徒数、学校内外で相談・指導等を受けていない児童生徒数も過去最多（それぞれ約 16 万 6 千人、約 11 万 4 千人）となっている。

不登校対策については、2016 年 12 月に成立した「義務教育の段階における普通教育に相当する教育の機会の確保等に関する法律」（教育機会確保法）の枠組みが基本となっている。

教育機会確保法は、「全児童生徒が豊かな学校生活を送り、安心して教育を受けられるよう、学校における環境の確保が図られるようにすること」、「不登校児童生徒が行う多様な学習活動の実情を踏まえ、個々の状況に応じた必要な支援が行われるようにすること」、「不登校児童生徒が安心して教育を受けられるよう、学校における環境の整備が図られるようにすること」等を基本理念としている。

そして、同法では、不登校対策として、

・国に対して「教育機会の確保等に関する施策を総合的に推進するための基本的な指針」の策定を義務付け

・国・地方自治体に対して、教職員、心理・福祉等の専門家等の関係者間での情報の共有の促進等に必要な措置を講じることを義務付け

・国・地方自治体に対して、不登校特例校（不登校児童生徒に対しその実態に配慮して特別に編成された教育課程に基づく教育を行う学校、2023 年 8 月より名称を「学びの多様化学校」に変更）、教育支援センター（不登校児童生徒の学習活動に対する支援を行う公立の教育施設）の整備を努力義務化

・国・地方自治体に対して、学校以外の場における不登校児童生徒の学習活動、その心身の状況等の継続的な把握や、学校以外の場における学習活動等を行う不登校児童生徒に対する情報提供等の支援を

義務付け

等の措置を講じている。

　文科省では、2017年10月から「義務教育の段階における普通教育に相当する教育の機会の確保等に関する基本指針」を策定した上で、義務教育段階の不登校児童生徒が、教育支援センターや民間施設など学校外の機関で指導等を受けた場合や、自宅においてICT等を活用して学習を行った場合について、一定の要件の下に出席扱いとできることを通知するとともに、学びの多様化学校の設置推進、教育相談体制の充実、教育委員会・学校と民間団体等が連携した支援の充実、ICTを活用した教育機会の確保等に取り組んでいる。

②いじめ・不登校対策の今後の方向性

　いじめ・不登校対策については、これまで文科省が中心となって対策が講じられてきたが、こども家庭庁の設置後は、こども家庭庁と文科省の連携の下に、文科省が学校を中心とした対策、こども家庭庁が学校外の地方自治体等の関係機関との連携を中心とした対策を一層強化していく方針である。ここではその具体的な取組をいくつか紹介しよう。

〈いじめ防止対策に関する関係府省連絡会議〉

　いじめ防止対策については、これまでの学校、教育委員会、文科省による取組に加え、こどもの権利利益の擁護等を担うこども家庭庁が、ⅰ）司令塔機能の発揮、ⅱ）学校外からのアプローチによるいじめ解消の仕組みづくり、ⅲ）第三者性確保による重大ないじめ事案への対応強化に取り組むこととしている。

　まずⅰ）司令塔機能の発揮については、こども家庭庁の創設前のこども家庭庁設立準備室時代の2022年11月から、こども家庭庁と文科省が共同議長となって、内閣府、警察庁、総務省、法務省等と「いじめ防止対策に関する関係府省連絡会議」を開催し、各府省連携によるいじめ防止対策の強化を進めている。

具体的には、2022 年末から 2023 年始めにかけて、
- ・犯罪行為が疑われる場合の警察連携の徹底など、関係機関との連携の強化
- ・被害児童生徒・保護者へのケアと加害児童生徒への指導・支援
- ・保護者と学校がともにいじめ防止対策を共有するための普及啓発方策
- ・いじめの重大事態における総合教育会議の活用等・文科省による厳格な指導

について、改めて教育委員会、地方自治体首長部局、警察等の関係機関に周知徹底を図るとともに、2023 年度から、
- ・いじめの重大事態認定時の国への報告の仕組みの構築
- ・いじめの重大事態に対する地方自治体の対処状況の国によるモニタリングの仕組みの構築
- ・いじめ調査アドバイザーによる関係機関連携や第三者性確保に係る助言強化
- ・全国のいじめの重大事態の事案分析

に取り組むことを決定した。更に、同会議では、
- ・ネットいじめについての対応強化に向けた方策
- ・リスクマネジメント力のある教育長の確保方策
- ・いじめ対応における「第三者性確保」の方策
- ・学校外からのいじめ防止対策アプローチの確立方策
- ・被害児童生徒へのケアの方策
- ・学校教育におけるいじめや犯罪についての学習の充実

の検討を進めることとしている。

　次にⅱ）学校外からのアプローチによるいじめ解消の仕組みづくりについては、学校内にいじめの被害者と加害者が同時に存在する中で学校・教育委員会のみで対応することが困難な場合も生じていることを踏まえ、学校以外の首長部局からのアプローチによるいじめ解消の仕組みづくりに向けた手法の開発・実証のためのモデル事業に取り組んでいる。

この学校以外の首長部局からのアプローチによるいじめ解消の仕組み
のモデルとなっているのが、大阪府寝屋川市の取組である。寝屋川市で
は、教育的な指導による人間関係の再構築を目的とした教育的アプロー
チによって学校・教育委員会でのいじめ対応を行うとともに、いじめを
人権問題として捉えた行政的アプローチによって市長部局の監察課での
いじめ対応を行っている。寝屋川市では、この2つのルートを確保する
ことで、こども達や保護者の方が望む形の解決を選択でき、いじめの早
期解決と抑止を図っている。こども家庭庁では、このような事例を参考
にしつつ、学校以外の首長部局からのアプローチによるいじめ解消の仕
組みづくりを進めている。

　最後にⅲ）第三者性確保による重大ないじめ事案への対応強化につい
ては、いじめ調査アドバイザーからの助言による地方自治体の対応力の
強化に取り組んでいる。

　いじめの重大事態調査については、例えば、自治体によっては調査経
験がなく、調査の立ち上げに苦慮したり、委員決定までに時間を要した
り、被害児童生徒側の納得が得られなかったりするなどの課題が指摘さ
れている。このような課題を踏まえ、いじめ調査アドバイザーは、いじ
めの重大事態について自治体や学校の設置者からの要請に応じて、「第
三者性（中立性、公平性）の確保」の観点から、委員の人選に関する助
言や、中立・公平性のある調査方法等について助言を行っている。

　いじめ問題については、「いじめは絶対に許されない」との意識を社
会全体で共有し、こどもを「加害者にも、被害者にも、傍観者にもしな
い」ことが重要である。いじめ防止対策について、これまで以上に地域
ぐるみで対応していく環境づくりをしていくことがこども家庭庁には期
待されている。

〈COCOLO プラン〉
　不登校対策についても、これまでの学校、教育委員会、文科省による
取組に加え、こどもの権利利益の擁護等を担うこども家庭庁が福祉部局

と教育委員会の連携の強化に取り組むこととしている。

　具体的な取組として、文科省は、こども家庭庁と連携協力し、2024年3月に「誰一人取り残されない学びの保障に向けた不登校対策（COCOLOプラン）」を取りまとめるとともに、同年4月、不登校対策推進本部を設置している。

　COCOLOプランでは、不登校により学びにアクセスできないこども達をゼロにすることを目指し、「ⅰ）不登校の児童生徒全ての学びの場を確保し、学びたいと思った時に学べる環境を整えること」、「ⅱ）心の小さなSOSを見逃さず、「チーム学校」で支援すること」、「ⅲ）学校の風土の「見える化」を通して、学校を「みんなが安心して学べる」場所にすること」によって、誰一人取り残されない学びの保障を社会全体で実現することを目指すこととしている。

　「ⅰ）不登校の児童生徒全ての学びの場を確保し、学びたいと思った時に学べる環境を整えること」については、不登校特例校の名称を「学びの多様化学校」に改め全国300校設置を目指して設置促進を図るとともに、校内教育支援センター（スペシャルサポートルーム等）の設置促進や、教育支援センターの機能強化（NPOやフリースクール等との連携の強化、オンラインによる広域支援、メタバースの活用等）、多様な学びの場・居場所の確保に取り組むこととしている。

　「ⅱ）心の小さなSOSを見逃さず、「チーム学校」で支援すること」については、1人1台端末を活用し、心や体調の変化の早期発見を推進するとともに、「チーム学校」による早期支援（教師やスクールカウンセラー、スクールソーシャルワーカー、養護教諭等が専門性を発揮して連携、福祉部局と教育委員会の連携の強化）、一人で悩みを抱え込まないようにするための保護者への支援（相談窓口を整備し、スクールカウンセラーやスクールソーシャルワーカーによる保護者への支援を強化）に取り組むこととしている。

　「ⅲ）学校の風土の「見える化」を通して、学校を「みんなが安心して学べる」場所にすること」については、学校の風土を「見える化」

（風土等を把握するためのツールを整理し、全国へ提示）するとともに、いじめ等の問題行動に対する毅然とした対応の徹底、児童生徒が主体的に参画した校則等の見直しの推進等に取り組むこととしている。

　こども家庭庁としては、特にこどもの居場所づくりに関する指針の下に多様な学びの場・居場所の確保を推進することや、「チーム学校」による早期支援のための福祉部局と教育委員会の連携の強化、児童生徒が主体的に参画した校則等の見直しの推進（こどもの意見の反映）を中心に対策を強化することとしている。

　学校はこどもの学びの場として極めて重要な機能を有しており、こどもが学校で学べるような環境を整えていくことは重要である。しかしながら、学校という環境で過ごすことに苦しさを感じるこどもがいることも事実であり、このようなこどもに学校に行くことを押しつけても問題の解決にはならない。こどもを取り巻く状況は千差万別だが、どのような状況にあっても、こどもが学びたいと思った時に学べる「学びの場」を確保していくことが求められている。

　私が視察した埼玉県戸田市では、校内・校外の教育センターやメタバースなど、こどもの状況や希望に応じて学びを継続できる多様な場所を提供している。印象的だったのが、教育委員会や学校の管理職が不登校対策に熱心で、こどもの状況や気持ちにあわせて適した場所を担任がつなぎ、その上で関係機関と連携している姿だった。このように不登校対策は、学校かそれ以外かの二者択一ではなく、両者の関与と連動が必要なのは言うまでもない。

【参考図書等】
・和久田学（2019）『学校を変える　いじめの科学』日本評論社
・今村久美（2023）『NPO カタリバがみんなと作った　不登校─親子のための教科書』
　ダイヤモンド社

(8) 障がい児・医療的ケア児支援

①障がい児・医療的ケア児支援の現状

　障がい児については、児童福祉法に基づき、障がいのある児童が身近な地域で適切な支援が受けられるよう、相談支援、通所支援、入所支援の３つのサービスを提供しており、利用者の自己負担は所得に応じて負担上限月額が設定され、ひと月に利用したサービス量にかかわらず、それ以上の負担は生じないような仕組みとなっている。

　それぞれのサービスについて、相談支援は「計画相談支援」、「障がい児相談支援」、通所支援は「児童発達支援」、「放課後等デイサービス」、「居宅訪問型児童発達支援」、「保育所等訪問支援」、入所支援は「福祉型障がい児入所施設」、「医療型障がい児入所施設」の類型があり、サービス内容、2023年の利用者数、施設・事業所数は図表42の通りである。

図表42　障がい福祉サービス等の体系（障がい児支援、相談支援に係る給付）

			サービス内容	利用者数	施設・事業所数
障がい児通所系	児童発達支援	センター	地域の障がい児の健全な発達において中核的な役割を担う機関として、障がい児を日々保護者の下から通わせて、高度の専門的な知識及び技術を必要とする児童発達支援を提供し、併せて障がい児の家族、指定障がい児通所支援事業者その他の関係者に対し、相談、専門的な助言その他の必要な援助を行う	189,149	12,507
		センター以外	日常生活における基本的な動作及び知識技能の習得並びに集団生活への適応のための支援、その他必要な支援を行う		
	放課後等デイサービス		授業の終了後又は休校日に、児童発達支援センター等の施設に通わせ、生活能力向上のための必要な訓練、社会との交流促進などの支援を行う	344,147	21,212
障がい児訪問系	居宅訪問型児童発達支援		重度の障がい等により外出が著しく困難な障がい児の居宅を訪問して発達支援を行う	373	138
	保育所等訪問支援		保育所、乳児院・児童養護施設等を訪問し、障がい児に対して、障がい児以外の児童との集団生活への適応のための専門的な支援などを行う	21,577	1,903
障がい児入所系	福祉型障がい児入所施設		施設に入所している障がい児に対して、保護、日常生活の指導及び知識技能の付与を行う	1,298	184
	医療型障がい児入所施設		施設に入所又は指定医療機関に入院している障がい児に対して、保護、日常生活の指導及び知識技能の付与並びに治療を行う	1,748	199

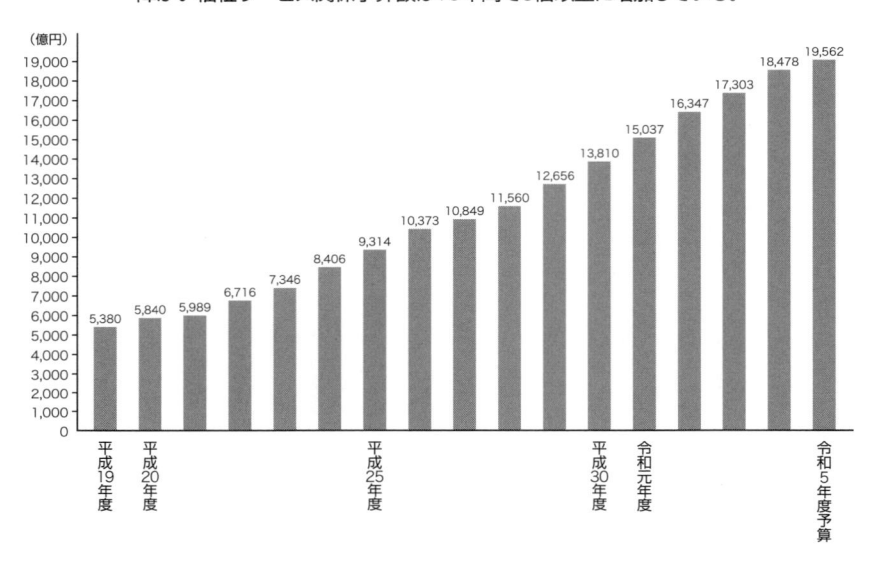

図表43　障がい福祉サービス等予算の推移

障がい福祉サービス関係予算額は15年間で3倍以上に増加している。

　2022年度の調査では、我が国の在宅で生活する障がい児数（18歳未満）は約37.8万人（推計値。18歳未満人口の2.1％）となっており、身体障がいのある児童は9.7万人、知的障がいのある児童は28.1万人となっている。近年、身体障がい児数は減少しているが、知的障がい児数は大幅に増加している。また、我が国の医療的ケア児数（20歳未満）は2022年で2万人（推計値）となっており、増加してきている。障がい福祉サービス等予算は15年間で3倍以上に増加しており、そのうち障がい児に係る予算は約9倍となっている。

　近年の障がい児施策の動きを見ると、2016年の障害者総合支援法等改正法では、重度の障がい等により外出が著しく困難な障がい児に対する支援である居宅訪問型児童発達支援事業を新設するとともに、医療的ケア児が適切な支援を受けられるよう自治体において保健・医療・福祉等の連携促進に努めることなどを規定し、障がい児支援のニーズの多様

化へのきめ細かな対応をすることとされた。

　また、2019 年 4 月から、自治体への補助事業により、人工呼吸器を装着している児童その他の日常生活を営むために医療を要する状態にある児童や重症心身障がい児の地域における受け入れが促進されるよう、地方自治体の体制の整備を行うとともに、医療的ケア児等の地域生活支援の向上に取り組んでいる。

　発達障がいについては、2004 年 12 月に「発達障害者支援法」が成立し、発達障がいの法的位置付けが確立され、発達障がいの早期発見・早期支援や発達障がい児の生活全般にわたる支援が進められてきた。「発達障害者支援センター」（発達障がい児者及びその家族等に対して相談支援、発達支援、就労支援及び情報提供などを行う）は、2012 年度までに全 67 都道府県・指定都市に設置された。2018 年度からは、地域生活支援促進事業の「発達障害児者及び家族等支援事業」において、同センターを通じて従来から実施しているペアレントメンターの養成やペアレントトレーニング等に加え、同じ悩みを持つ本人同士や発達障がい児者の家族に対するピアサポート等の取組に対して支援を行っている。

　また、医療的ケア児については、2021 年 9 月に、「医療的ケア児及びその家族に対する支援に関する法律」が成立し、同法に基づく「医療的ケア児支援センター」（医療的ケア児及びその家族からの相談への対応、情報の提供、助言等に加え、医療、保健、福祉、教育、労働等に関する業務を行う関係機関等への医療的ケアについての情報の提供及び研修等を行う）の設置を推進している。

　このほか、障がい児に関する障がい福祉サービス等の報酬改定では、児童発達支援等について、支援の質を向上させる観点から、専門職（理学療法士・作業療法士・言語聴覚士・心理担当職員等）を加配して行う支援を評価する加算や、著しく重度及び行動上の課題のあるケアニーズの高い障がい児や虐待等の要保護・要支援児童を受け入れて支援することを評価する加算を創設するなど、きめ細かな支援を強化してきている。

　上記のように、医療的ケア児の政策は近年めざましく進展している。

もっとも、現場では課題も多い。私が足立区の障がい児通所施設「療育室つばさ」を視察した際、同区は最も医療的ケア児に注力している自治体のひとつではあるが、利用者とその保護者から、「日常的には区（市長村）から支援を受けているため、都（道府県）が運営する医療的ケア児支援センターに距離を感じる」、「医療的ケア児をもつ親がキャリアを求めることは困難」、「高校から大学に進学するとキャリア相談も含め支援が手薄になる」などの意見を伺った。また、施設側からは看護師などの専門人材の確保が難しいとの意見が寄せられた。このような意見を真摯に受け止めて、施策の充実に向けた取組を続けていく必要がある。

②障がい児・医療的ケア児支援の今後の方向性

　障がい児・医療的ケア児支援については、引き続き、地域の支援体制の強化やきめ細かな支援の強化に取り組んでいく方針である。ここではその具体的な取組をいくつか紹介しよう。

〈児童福祉法の改正〉

　2022 年 6 月、児童発達支援センターの役割・機能の強化、放課後等デイサービスの対象児童の拡大、障がい児入所施設からの円滑な移行調整の枠組みの構築等を内容とする令和 4 年改正児童福祉法が成立した。

　「児童発達支援センターの役割・機能の強化」は、主に未就学の障がい児の発達支援を行う「児童発達支援センター」について、地域における障がい児支援の中核的役割（ⅰ）幅広い高度な専門性に基づく発達支援・家族支援機能、ⅱ）地域の障がい児通所支援事業所に対するスーパーバイズ・コンサルテーション機能（支援内容等の助言・援助機能）、ⅲ）地域のインクルージョン推進の中核としての機能、ⅳ）地域の障がい児の発達支援の入口としての相談機能）を担うことを法律上明確化し、地域全体の障がい児支援の質の底上げにつなげるとともに、「福祉型」と「医療型」（肢体不自由児を対象）に分かれていた類型を一元化し、障がい種別にかかわらず、身近な地域で必要な発達支援を受けられ

るようにするものである。

「放課後等デイサービスの対象児童の拡大」は、これまで小学校、中学校、高校、特別支援学校に就学している障がい児を対象としていたものについて、専修学校[63]・各種学校[64] に就学している障がい児も対象に追加するものである。

「障がい児入所施設からの円滑な移行調整の枠組みの構築」は、障がい児が大人になる際に、障害児入所施設から地域生活への円滑な移行を図るため、法律上、都道府県・政令市を移行調整の責任主体として位置付けるとともに、移行が困難な場合に22歳までの入所継続を可能とするものである。

注
63）実践的な職業教育、専門的な技術教育を行う教育機関。
64）和洋裁、簿記、珠算、自動車整備、調理・栄養、看護師、保健師、理容、美容、タイプ、英会話、工業などをはじめとする各種の教育施設。

〈令和6年度障がい福祉サービス等報酬改定〉
　障がい児への相談支援、通所支援、入所支援サービスについては、公費による支援が行われているが、この公費支援の単価については、3年に1回改定を行っており、こども家庭庁創設の翌年度（2024年度）が改定のタイミングであった。

　令和6年度障がい福祉サービス等報酬改定では、障がい児に対する専門的で質の高い支援体制の構築のため、

ⅰ）児童発達支援センターの機能強化等による地域の支援体制の充実（児童発達支援センターの中核機能の発揮を促進する観点から、専門人材を配置して地域の関係機関と連携した支援の取組を進めるなど、4つの機能を発揮して地域の障がい児支援の中核的役割を担うセンターを中核拠点型と位置付けて体制や取組に応じて段階的に評価を行う等）

ⅱ）質の高い発達支援の提供の推進（関係機関連携加算について、対

象となる関係機関に医療機関や児童相談所等を含めるとともに、個別支援計画作成時以外に情報連携を行った場合の評価を行う等）

ⅲ）支援ニーズの高い児への支援の充実（医療的ケア児等への対応のため喀痰吸引等を行うのに必要な知識及び技能を修得するための研修の修了者（認定特定行為業務従事者）による支援についての評価の見直しを行う等）

ⅳ）家族支援の充実（居宅への訪問による相談援助について、訪問支援を促進する観点から、評価の見直しを行う等）

ⅴ）インクルージョンの推進（併行通園や保育所等への移行等、インクルージョン推進の取組を求めるとともに、事業所の個別支援計画等において具体的な取組等について記載しその実施を求める等）

ⅵ）障害児入所施設における支援の充実（大人になった際の地域生活への移行の準備を計画的に進める観点から、15歳以上に達した入所児童について、移行支援に係る個別の計画（移行支援計画）を作成し、同計画に基づき移行支援を進めることを求める等）

ⅶ）障害児相談支援の適切な実施・質の向上や提供体制の整備（支援の質の高い相談支援事業所の整備を推進するため、一定の人員体制や質を確保する事業所向けの基本報酬及び算定要件の見直しを行う等）

といった内容の改定を行っている。

〈こども未来戦略〉

　2023年12月の「こども未来戦略」の策定過程では、同年6月の「こども未来戦略方針」において、「今後「こども大綱」の中で具体化する貧困、虐待防止、障がい児・医療的ケア児に関する支援策について、今後の予算編成過程において施策の拡充を検討し、全体として3兆円半ばの充実を図る」こととされ、障がい児・医療的ケア児支援に関する予算が強化されている。

　こども未来戦略では、こどもと家族に寄り添いながら個々の特性や状

況に応じた質の高い支援の提供を進めるとともに、地域社会への参加・包摂（インクルージョン）を推進し、障がいの有無にかかわらず、全てのこどもが安心して共に育ち暮らすことができる地域社会を実現するという方針の下、具体的には、

○地域における障がい児支援の中核的役割を担う児童発達支援センターについて、専門的な支援の提供と併せて、地域の障害児支援事業所や保育所等への支援を行うなどの機能強化を行うとともに、保育所等への巡回支援の充実を図る。

○こうした支援体制の強化が全国各地域で進むよう、国や都道府県等による状況把握や助言等の広域的支援を進め、地域の支援体制の整備を促進する。

○医療的ケア児、聴覚障がい児など、専門的支援が必要なこども達への対応のため地域における連携体制を強化するとともに、医療的ケア児について一時的に預かる環境の整備や保育所等における受入れ体制の整備を進める。

○補装具については、障がいのあるこどもにとって日常生活に欠かせないものであり、成長に応じて交換が必要なものであることを踏まえ、保護者の所得にかかわらずこどもの育ちを支える観点から、障がい児に関する補装具費支給制度の所得制限を撤廃する。

○全国どの地域でも、質の高い障がい児支援の提供が図られるよう、研修体系の構築など支援人材の育成を進めるとともに、ICT を活用した支援の実証・環境整備を進める。

といった内容が盛り込まれている。

こども未来戦略を踏まえ、2023 年度補正予算及び 2024 年度予算では、

・児童発達支援センターの機能強化のための人材配置や保育所等に巡回支援を行う巡回支援専門員の配置の促進

・地域の保健、子育て、教育・福祉等の関係者と医師、心理職、ソーシャルワーカー等が連携して、こどもの発達相談や家族支援を行い、必要な支援につなげる取り組みの推進

図表44　「加速化プラン」による施策の充実　【障がい児・医療的ケア児】

障がい児と医療的ケア児への支援を強化し、障がいの有無にかかわらず、すべてのこどもが地域で安心して共に育ち暮らすことができる包括的な社会づくりを強力に進める。

課　題	加速化プランでの対応	目指す姿
	本人支援・家族支援の充実	
◆こどもの育ちに不安、どこで誰に相談すればよいかわからない、支援につながれない ◆専門的な発達支援を受けたい	○早期からの切れ目のない支援の推進 →乳幼児検診、親子教室、保育所などの身近な機会・場所での発達相談を充実 →支援人材の育成促進により地域の障がい児支援事業所の支援技術	様々な機会・場所での「気づき」を、専門的支援に早くつなげる
◆医療的ケアの必要なこどもを預かってくれる場所が少ない	○医療的ケア児等の預かり環境の整備 →医療的ケア児や重度心身障がい児を一時的に預かる環境を整備	休憩やきょうだいと過ごす時間が確保される
◆成長に応じて補装具を頻繁に買い替えられない（経済的な負担が大きい）	○こどもの補装具費支給制度の所得制限の撤廃 →障がいのあるこどもの日常生活と成長に欠かせない補装具費支給制度の所得制限を撤廃	こどもの成長にあった補装具を使うことができる
	地域社会の参加・包摂（インクルージョン）の推進	
◆障がいがあっても、みんなといっしょに遊び、学びたい ◆いろいろなイベントにも参加したい	○障がい児・医療的ケア児の地域での受入環境の整備 →児童発達支援センターによる専門人材の巡回支援や看護師等の配置促進により、保育所等の受入体制を強化 →習い事や地域のイベントなどに専門人材を派遣し、様々な場での受入環境の整備を促進	保育所、習いごと、イベントなどの地域の様々な場で、共に過ごし・育つことができる
◆住んでいる地域で支援に差がある（隣の地域で受けられる支援が自分の地域では受けられない）	**地域の支援体制の強化** ○児童発達支援センター等の強化 →地域の障がい児支援の中核となる児童発達支援センターや医療的ケア児支援センター等の体制や支援機能を強化	全国どの地域でも、必要な支援が受けられ、共に育ち暮らせる社会を実現

・医療的ケア児への支援について医療機関や福祉施設等との総合調整を担う「医療的ケア児等コーディネーター」の配置や医療的ケア児を支援する人材育成の促進
・医療的ケア児を一時的に預かる環境の整備や保育所等における受け入れ体制の整備の促進
・聴覚障がい児について、医療・保健・福祉・教育等の関係機関が連

携した地域の支援体制整備の促進

・障がい児に関する補装具費支給制度の所得制限の撤廃

等を盛り込んでいる。特に障がい児に関する補装具支給制度の所得制限の撤廃については、こども未来戦略の策定に当たって、多くの方から支援の拡大への要望があったところである。

　私は、こども政策担当大臣として、障がい児支援施設、医療的ケア児支援施設を訪問し、こどもや保護者、施設の職員の方々から直接話を伺ってきたが、障がい児・医療的ケア児の支援の分野は、まだまだ支援体制が不足しており、こどもや保護者、施設の職員の方々への負担が大きい状況である。地方自治体と連携して、継続して支援体制の強化に取り組んでいく必要がある。

【参考図書等】
・北川聡子・小野善郎（2020）『子育ての村ができた！　発達支援、家族支援、共に生きるために』福村出版
・福田雅文（2017）『重い障がい児に導かれて―重症児の母、北浦雅子の足跡』中央法規出版
・野辺明子・前田浩利（2020）『命あるがままに　医療的ケアの必要な子どもと家族の物語』中央法規出版

おわりに　～こどもまんなか社会への長い道のり～

　こども家庭庁は、厚労省、文科省、財務省、総務省、法務省、警察庁、内閣府などの各省庁の職員に加えて、地方自治体、民間企業、NPO法人からの出向者や保育士等の専門職など多様なバックグラウンドを持つ職員で構成されている。どの職員にも共通するのは、こども政策に希望や使命感を持ち、非常に熱心に職務に取り組んでくれることである。そのような職員に囲まれて、共にこども家庭庁の立ち上げに関われたことは生涯にわたる私の誇りである。

　もっとも、どんなに優秀な職員であっても熱意と努力だけで政策を完遂することは能わない。私がこども家庭庁の発足にあたってもうひとつ気をつけたことは、ペーパーレス、リモートワーク、勤務間インターバルや男女共の育休の全員取得などの職員の働き方改革である。350名の職員でスタートした組織であるが、5兆円近くの予算を確実に執行していくと共に、日々発生する様々な課題に対しても政府横断的に対応していくことを考えれば、こども家庭庁は決して大所帯とは言えない。霞が関では国会対応など自助努力では解決できないことに多くの時間を割かれるのも事実であるが、これからも不断に働き方改革を行いながら、職員自らがワークライフバランスを大切にしつつ、現場を良く知った上で、真にこどものためになる政策を打ち出せる組織となることを願う。

　こどもの置かれている状況や必要とする政策は社会構造の変化につれ時々刻々と変わっていく。その一方で、「はじめに」で述べた、こども政策の司令塔機能を発揮し省庁の縦割りを排し、こどもや若者の意見を聴きその目線に立った政策を実現し、それにより「こどもまんなか社会」を実現する社会変革を促すこども家庭庁の使命は、時代が変わっても変わらない。こども家庭庁が今後も変化や発展を遂げながらも、この

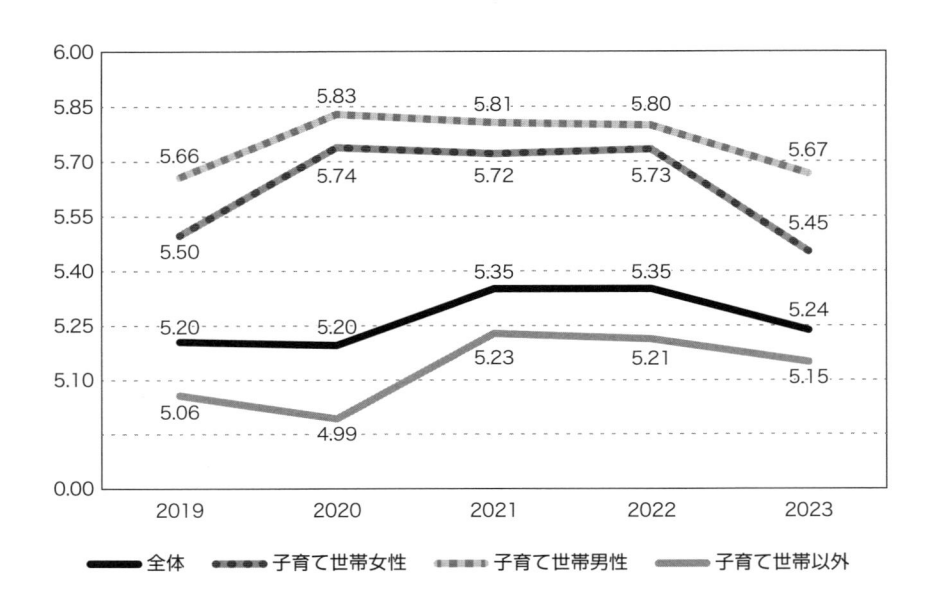

図表45 「子育てのしやすさ」満足度の推移（満足度・生活の質に関する調査〈内閣府〉）

根本は変わらずに、こども、子育て当事者、子育て支援者達の大きな希望であり続けることを願ってやまない。

　こども政策の難しさは、政策の対象が多種多様であり、児童手当など一部を除き、個々の子育て支援策を享受する人や期間が限られる点にある。農業政策や産業政策を想像してほしい。その対象者である農家や企業は基本的には何十年とその業に携わるので、その分野の政策が充実していることも実感してもらえるだろう。他方、例えば、幼児教育・保育の無償化のような比較的普遍的な制度であっても、実施時に該当するこどもをもつ親には好感されるが、その後の世代にとっては当該政策はいわば当たり前の制度になってしまう（図表45をみると、幼保無償化が2019年10月からスタートしたことから2020年の満足度は上昇したが、その後、新制度が当たり前の制度となっていくにつれて満足度が低下していることがわかる）。この間、こどもが幼稚園や保育園に通う時期を

過ぎた保護者には不満が溜まってしまう。一部のこどものみを対象とした制度は言わずもがなである。

　更に、言論空間としてますます存在の増しているSNSが、こども政策の難しさに拍車をかける。私が在任中に「こども家庭庁がJリーグに5兆円を補助する」とのデマがTwitter（現X）で広まり、これを週刊誌のネット記事やSNS上のインフルエンサーが取り上げたことで、こども家庭庁が大きな批判にさらされた。きっかけは、Jリーグが彼らの社会連携活動（通称シャレン）においてこどもを対象としたプログラムをより増やしていくことで、こども家庭庁の「こどもまんなか応援サポーター」になってくれる、その記者会見を私とJリーグの野々村チェアマンとしたことだった。こども家庭庁がJリーグに資金を提供した事実はなく、当然、こども家庭庁の予算5兆円がまるまるJリーグに渡るということはあり得ない。それでも、Jリーグにこども家庭庁が資金支援していると信じている人にリアルでも出会った。これは極端な例であるが、その他にもSNS上の様々なデマに苦しめられた。一度広まったデマを訂正するのは並大抵ではない。

　こども政策に内在する困難さに自らの無力さを感じる時もあったが、こどもにまつわる課題は深刻さを増し、多様化も進んでいる。こどもを支える保護者や関係者の負担も増加の一途を辿っていることだろう。こどもとこどもを支える人達の厳しい環境に比して、こども政策の進展スピードやこども家庭庁の動きにもどかしさを感じる人も多いかもしれない。しかし、国民の皆様にもどうかこども家庭庁に対して長い目で見守ってもらいたいと願ってやまない。もちろん、願うだけでなく、政治家や行政官が、わかりやすい広報だけでなく、メディアを通じて、あるいは直接当事者へ一つ一つの政策を丁寧に説明し続けることは必要不可欠である。

　私は2023年9月に、400日間のこども政策担当大臣としての任務を終えた。こども家庭庁発足から5か月あまりであったので、うしろ髪を引かれる思いがなかったわけではない。しかし、短い期間であっても、

こども未来戦略方針、こども大綱の中間試案、こどもの自殺や性暴力・性被害防止の緊急対策パッケージや初めての概算要求などの政策の骨格を決めることができた。そして、それ以上に、なぜこども家庭庁が発足したのか、何のために誰のためにこども家庭庁があるのかといった根本的な認識を職員達と共有することができたと思う。

　大臣退任後、私は自民党の「こども・若者」輝く未来創造本部の事務局長として、本部長である後藤茂之前内閣府特命担当大臣と共に、こども政策の責任者を務めている。我が国は議院内閣制・与党事前審査制の下で、政府と与党が極めて密に連携をとって政策を決定している。仮に政府にいる期間が限られていたとしても、今度は党の責任者として立場を変えつつも政策に関わり続けるのが日本政治の特徴のひとつだ。いわゆる族議員という言葉があるが、今はまだ少ない「こども族議員」として、子ども・子育て支援法の改正、こども性暴力防止法の成立、こども未来戦略やこどもまんなか実行計画の策定に微力であるが、力を尽くしてきた。これからも様々な立場から、こども達の笑顔を増やす政策の実現に人生を捧げたい。

　最後に、本書を執筆するに際して、意見交換をさせていただき、貴重な示唆をいただいた各方面の方々には厚く御礼を申し上げたい。

　特にこども家庭庁の伊澤知法氏、佐藤勇輔氏、伊藤涼子氏、河村のり子氏、菊地史晃氏、栗原正明氏、木庭愛氏、小松秀夫氏、近藤裕行氏、齋藤潔氏、髙田行紀氏、中村明恵氏、西川昌登氏、羽柴愛砂氏、林俊宏氏、本後健氏、宮崎千晶氏、山口正行氏、吉田武司氏には、専門家としての現場の経験に基づいた様々な知見をいただいた。また、総務省の前田茂人氏には専門家との意見交換の場の調整等について協力いただいた。

　この場を借りて深く御礼を申し上げる。

(1) こども政策の新たな推進体制に関する基本方針（令和 3 年 12 月 21 日閣議決定）

こども政策の新たな推進体制に関する基本方針
～こどもまんなか社会を目指すこども家庭庁の創設～

1. はじめに

こどもや若者に関する施策（以下「こども政策」という。）については、これまで、少子化社会対策基本法（平成 15 年法律第 133 号）や子ども・若者育成支援推進法（平成 21 年法律第 71 号）等に基づき、政府を挙げて、各般の施策に取り組んできた。様々な取組が着実に前に進められてきたものの、少子化、人口減少に歯止めがかからない。こうした中、令和 2 年度には、児童虐待の相談対応件数や不登校、いわゆるネットいじめの件数が過去最多となり、大変痛ましいことに令和 2 年は約 800 人もの 19 歳以下のこどもが自殺するなど、こどもを取り巻く状況は深刻になっており、さらに、コロナ禍がこどもや若者、家庭に負の影響を与えている。

今こそ、こども政策を強力に推進し、少子化を食い止めるとともに、一人ひとりのこどもの Well-being を高め、社会の持続的発展を確保できるかの分岐点である。

常にこどもの最善の利益を第一に考え、こどもに関する取組・政策を我が国社会の真ん中に据えて（以下「こどもまんなか社会」という。）、こどもの視点で、こどもを取り巻くあらゆる環境を視野に入れ、こどもの権利を保障し、こどもを誰一人取り残さず、健やかな成長を社会全体で後押しする。そうしたこどもまんなか社会を目指すための新たな司令塔として、こども家庭庁を創設する。

2. 今後のこども政策の基本理念

(1) こどもの視点、子育て当事者の視点に立った政策立案

こども政策が行われる際には、こどもの最善の利益が考慮されなければならないことは、言うまでもない。こどもが保護者や社会の支えを受けながら自立した個人として自己を確立していく主体であることを認識し、こどもの最善の利益を実現する観点から、社会が保護すべきところは保護しつつ、こどもの意見が年齢や発達段階に応じて積極的かつ適切にこども政策に反映されるように取り組む。また、若者

の社会参画を促進する。こどもや若者の参画は、政策や取組そのものをより良くするのみならず、社会課題の解決に向けた力を自らが持っているとの自己有用感をこどもや若者が持つことができる機会にもなる。

こどもは家庭を基盤とし、地域や学校など様々な場所において、様々な大人との関わりの中で成長する存在である。こどもの成長を支えるためには、家庭における子育てをしっかりと支えることが必要であるが、核家族化や地域の関わりの希薄化などにより、子育てを困難に感じる保護者が増えている状況にある。子育てに対する負担や不安、孤立感を和らげることを通じて、保護者が自己肯定感を持ちながらこどもと向き合える環境を整え、親としての成長を支援し、保護者が子育ての第一義的責任を果たせるようにすることが、こどものより良い成長の実現につながる。こうした観点から、こどもや若者の意見反映とともに、子育て当事者の意見を政策に反映させていく。保護者による虐待や養育困難などの理由により、こどもを家庭において養育することが困難又は適当ではない場合においては、できる限り家庭と同様の養育環境において継続的な養育が保障されるよう必要な措置を講ずる。

ここでいう「こども」とは、基本的に 18 歳までの者を念頭に置いているが、こどもが大人として円滑な社会生活を送ることができるようになるまでの成長の過程は、その置かれた環境にも大きく依存し、こどもによって様々であり、かつ、乳幼児期からの連続性を持つものである。円滑な社会生活を送ることができるようになる時期も、個人差がある。

それぞれのこどもや若者の状況に応じて必要な支援が 18 歳や 20 歳といった特定の年齢で途切れることなく行われ、思春期から青年期・成人期への移行期にある若者が必要な支援を受けることができ、若者が円滑な社会生活を送ることができるようになるまでを社会全体で支え、伴走していく。

また、「子育て」とは、こどもが乳幼児期の時だけのものではなく、学童期、思春期、青年期を経て、こどもが大人になるまで続くものである。そうした認識の下で、各ステージにおけるこども政策を切れ目なく行う。

(2) 全てのこどもの健やかな成長、Well-being の向上

全てのこどもが、相互に人格と個性を尊重し合いながら、健やかに成長し、社会との関わりを自覚しつつ、自立した個人としての自己を確立し、他者とともに社会の構成員として自分らしく尊厳をもって社会生活を営むことができるように、その成長を社会が支えつつ、伴走していくことが基本である。

全ての国民に基本的人権を保障する日本国憲法の下、児童の権利に関する条約に則り、

・全てのこどもが生命・生存・発達を保障されること

・こどもに関することは、常に、こどもの最善の利益が第一に考慮されること

・こどもは自らに関係のあることについて自由に意見が言え、大人はその意見を
こどもの年齢や発達段階に応じて十分に考慮すること

・全てのこどもが、個人としての尊厳が守られ、いかなる理由でも不当な差別的
取扱いを受けることがないようにすること

といった基本原則を、今一度、社会全体で共有し、必要な取組を推進することが重
要である。

こどもの発達、成長を支えるため、妊娠前から、妊娠・出産、新生児期、乳幼児
期、学童期、思春期、青年期の各段階を経て、大人になるまでの一連の成長過程に
おいて、良質かつ適切な保健、医療、療育、福祉、教育を提供する。

全てのこどもが、安全で安心して過ごせる多くの居場所を持ちながら、様々な学
びや、社会で生き抜く力を得るための糧となる多様な体験活動や外遊びの機会に接
することができ、自己肯定感や自己有用感を高め、幸せな状態（Well-being）で成
長し、社会で活躍していけるようにすることが重要である。このため、家庭、学校、
職域、地域などの社会のあらゆる分野の全ての人々が、学校等の場をプラットフォ
ームとして相互に協力しながら、一体的に取り組んでいく。また、性別にかかわら
ずそれぞれのこどもの可能性を拡げていくことが重要であり、乳幼児期から大人に
至るまでの全ての段階で男女共同参画の視点を取り入れる。

(3) 誰一人取り残さず、抜け落ちることのない支援

「誰一人取り残さない」は、我が国も賛同し国連総会で採択された「持続可能な
開発のための 2030 アジェンダ」の根底に流れる基本的な理念であり、このアジェ
ンダは、こどもについての取組も求めている。

脆弱な立場に置かれたこどもや外国人のこどもなどを含めて、全てのこどもが、
施策対象として取り残されることなく、かつ、当事者として持続可能な社会の実現
に参画できるよう、支援する。

こうした支援は、こども本人の福祉というだけにとどまらない我が国社会の持続
可能性に資するものであるとの認識をもって、進めていく。

(4) こどもや家庭が抱える様々な複合する課題に対し、制度や組織による縦割りの壁、年齢の壁を克服した切れ目ない包括的な支援

こどもの抱える困難は、発達障害などのこどもの要因、保護者の精神疾患などの
家庭の要因、虐待などの家庭内の関係性の要因、生活困窮などの環境の要因といっ

た様々な要因が複合的に重なり合って、いじめ、不登校、ひきこもり、非行といった様々な形態で表出するものであり、重層的な視点からのアプローチが必要である。非行やいじめなどの問題行動は、こどもからの SOS であり、加害者である前に被害者である場合がある。また、困難を抱えるこどもの保護者自身も、その生育過程において被虐待体験その他の様々な困難を経験していたり、現に様々な困難に直面していることも少なくない。こうした構造的な要因を踏まえ、表出している問題行動などへの対処のみならず、保護者に対する支援をはじめとする成育環境へのアプローチが不可欠である。

　一方で、困難を抱えるこどもや家庭に対するこれまでの支援については、

・児童虐待、貧困、いじめ、不登校、高校中退、非行といった困難の種類や制度ごとの「縦割り」によって生じる弊害
・教育、福祉、保健、医療、雇用といった各関連分野や関係府省庁の「縦割り」によって生じる弊害
・児童福祉法（昭和 22 年法律第 164 号）や要保護児童対策地域協議会の対象年齢が 18 歳未満であるなど、支援の対象年齢を区切っていることで支援が途切れがちになる「年齢の壁」

などによって、必要な支援が抜け落ちてしまうといった課題がみられる。

　課題が深刻化・複合化しており、単一分野の専門性のみでは解決できないとの認識の下、教育、福祉、保健、医療、雇用などに関係する機関や団体が密接にネットワークを形成し、協働しながら支援を行う。多職種の専門家による連携を促進するとともに、こどもと近い目線・価値観で対応することができる「お兄さん」「お姉さん」的な支援者（ナナメの関係性）による支援を進める。

　18 歳など特定の年齢で一律に区切ることなく、それぞれのこどもや若者の状況に応じ、こどもや若者が円滑に社会生活を送ることができるようになるまで伴走していく。

(5) 待ちの支援から、予防的な関わりを強化するとともに、必要なこども・家庭に支援が確実に届くようプッシュ型支援、アウトリーチ型支援に転換

　専門家の配置や相談窓口の開設といった、施設型、来訪型の支援では、支援が必要なこどもや家族ほど SOS を発すること自体が困難であったり、相談支援の情報を知らなかったり、知っていたとしても申請が複雑で難しいといった課題がある。来ることを待っていては、本来支援が必要なこどもや家族にアプローチすることは難しい。

　地域における関係機関や NPO 等の民間団体等が連携して、こどもにとって適切

な場所に支援者が出向いて、それぞれのこどもや家庭の状況に合わせたオーダーメイドの支援を行うアウトリーチ型支援（訪問支援）を充実させる。そのための支援者の養成・技能の向上に関する取組を進める。支援を望むこどもや家族が相談支援に関する必要な情報を得られるよう、SNS を活用したプッシュ型の情報発信やこどもや子育て当事者にとってわかりやすい広報の充実強化等を進める。そもそも困難が生じることを未然に防ぐための予防的関わりを重視し、充実させていく。

(6) データ・統計を活用したエビデンスに基づく政策立案、PDCA サイクル（評価・改善）

こどもや若者の置かれている状況は多様であり、また、困難を抱える課題は複雑化、重層化している。

こどもの意識に関するデータ、こどもや家庭を取り巻く状況に関するデータ、こどもや家庭を支援する機関や団体のデータ、各種統計など、様々なデータや統計を活用するとともに、こどもからの意見聴取などの定性的な事実も活用し、個人情報を取り扱う場合にあってはこども本人等の権利利益の保護にも十分に配慮しながら、エビデンスに基づき多面的に政策を立案し、評価し、改善していく。

3. こども家庭庁の設置とその機能

(1) こども家庭庁の設置の必要性、目指すもの

こども政策については、これまで関係府省庁においてそれぞれの所掌に照らして行われてきたが、2. に掲げた基本理念に基づき、こども政策を更に強力に進めていくためには、常にこどもの視点に立ち、こどもの最善の利益を第一に考え、こどもまんなか社会の実現に向けて専一に取り組む独立した行政組織と専任の大臣が司令塔となり、政府が一丸となって取り組む必要がある。当該行政組織は、新規の政策課題に関する検討や制度作りを行うとともに、現在各府省庁の組織や権限が分かれていることによって生じている弊害を解消・是正する組織でなければならない。

このため、こどもまんなか社会の実現のための新たな行政組織として、こどもが、自立した個人としてひとしく健やかに成長することができる社会の実現に向け、子育てにおける家庭の役割の重要性を踏まえつつ、こどもの視点に立って、こどもの年齢及び発達の程度に応じて、その意見を尊重し、その最善の利益を優先して考慮することを基本とし、こども及びこどものある家庭の福祉の増進及び保健の向上その他のこどもの健やかな成長及びこどものある家庭における子育てに対する支援並びにこどもの権利利益の擁護に関する事務を行うことを任務とする、こども家庭庁

を創設する。

　なお、こどもの健やかな成長にとって、教育は必要不可欠である。教育は、教育基本法（平成18年法律第120号）において人格の完成と国家社会の形成者の育成を目的とする旨が定められており、その振興は文部科学省の任務とされている。文部科学省は、初等中等教育、高等教育及び社会教育の振興に関する事務を一貫して担っており、この教育行政の一体性を維持しつつこどもの教育の振興を図ることは、こどもの成長を「学び」の側面から支えていく上で重要である。このため、教育については文部科学省の下でこれまでどおりその充実を図り、こども家庭庁は全てのこどもの健やかな成長を保障する観点から必要な関与を行うことにより、両省庁が密接に連携して、こどもの健やかな成長を保障することとする。

(2) こどもまんなか社会を目指すこども家庭庁の基本姿勢

①こどもの視点、子育て当事者の視点

　こどもの声に耳を傾けることは、こどもを大切にする第一歩である。こどもの最善の利益を実現する観点から、こどもや若者の意見が年齢や発達の程度に応じて積極的かつ適切にこども政策等に反映されるよう取り組む。

　こどもの最善の利益を実現するためには、様々な立場にある保護者の子育てをしっかりと支えることが重要であり、子育て当事者の声についても同様に、適切に政策に反映されるよう取り組む。

②地方自治体との連携強化

　こども政策の具体的な実施を中心的に担っているのは地方自治体であり、地方自治体の取組状況を把握し、取組を促進するための必要な支援等を行うとともに、現場のニーズを踏まえた地方自治体の先進的な取組を横展開し、必要に応じて制度化していく。また、地方自治体との人事交流を推進する、地方自治体との定期的な協議の場をきめ細かく設けるなどにより、地域の実情を踏まえつつ、国と地方公共団体の視点を共有しながら政策を推進していく。

③NPOをはじめとする市民社会との積極的な対話・連携・協働

　こどもや若者、子育て家庭に対し地域で支援を行っているNPOをはじめとする様々な民間団体や、地域で活動する民生・児童委員、青少年相談員、保護司等とのネットワークを強化し、市民社会との積極的な対話・連携・協働を図っていく。

　こども家庭庁への民間人の登用や出向を積極的に行うとともに、民間団体等からの政策提案を積極的に取り入れていく。

（3）強い司令塔機能

こども政策についての司令塔機能は、これまで、

・青少年の健全な育成や子どもの貧困対策については、内閣府政策統括官（政策調整担当）において、

・子ども・子育て支援や少子化対策については、内閣府子ども・子育て本部において、

・犯罪からこどもを守るための対策については、内閣官房において、

・児童の性的搾取については、国家公安委員会及び警察庁において、

・児童虐待については、厚生労働省において、

それぞれ別々に担われてきた。

また、こども政策に関連する大綱は別々に作成・推進され、関連する閣僚会議も別々に運営されてきた。

こども政策の司令塔機能を、常にこどもの視点に立ち、こどもの最善の利益を第一に考えるこども家庭庁に一本化することにより、政府のこども政策を一元的に推進する。就学前の全てのこどもの育ちの保障や全てのこどもの居場所づくりなどを主導する。

このような機能にふさわしい組織として、内閣総理大臣の直属の機関とし、こどもに関連する内閣の重要政策に関する内閣の事務を助けるとともに恒常的な事務を実施するべく、内閣府の外局とする。

こどもの視点に立ち、各省庁より一段高い立場から、こどもが自立した個人としてひとしく健やかに成長することができる社会の実現のための基本的な政策や、子ども・若者育成支援、少子化の進展への対処に関し、一元的に企画・立案・総合調整を行う（内閣補助事務）。

教育、福祉、保健、医療、矯正、更生保護、雇用等の分野を超えて、行政各部の統一を図るため、

①各省大臣に対し、資料の提出や説明を求める権限

②各省大臣に対し、勧告する権限

③当該勧告に基づいて講じた措置について、各省大臣に対し、報告を求める権限

④勧告した事項に関し、内閣総理大臣に対し、意見具申できる権限

を有するこども政策を担当する内閣府特命担当大臣を必置とする。担当大臣は、総合調整の観点から必要に応じ教育政策や雇用政策等に関与することとなる。

これまではバラバラに運営されてきた総理を長とするこども政策に関わる閣僚会議をこども家庭庁に移管し、一体的に運営する。

また、別々に作成・推進されてきたこども政策に係る大綱を一体的に作成・推進

する。こども家庭庁創設後に、こども政策の推進に係る有識者会議報告書（令和3年11月29日）で示された以下の政策の柱を踏まえ、こども政策に係る新たな大綱を作成する。

①結婚・妊娠・出産・子育てに夢や希望を感じられる社会を目指す
②全てのこどもに、健やかで安全・安心に成長できる環境を提供する
③成育環境にかかわらず、誰一人取り残すことなく健やかな成長を保障する

(4) 法律・事務の移管・共管・関与

法律の目的が、主として、こどもの権利利益の擁護、福祉の増進、保健の向上、その他のこどもの健やかな成長及びこどものある家庭の子育てに対する支援を行うものについては、こども家庭庁に移管する。

こどもやこどものある家庭に関する部分とそれ以外の者に関する部分とを切り分けて事務を執行することが可能であるもの、また、法律の目的がこども又はこどものある家庭を対象としているが、権利利益の擁護、福祉の増進、保健の向上、その他のこどもの健やかな成長及びこどものある家庭における子育てに対する支援とそれ以外の政策分野を含んでいるものについては、関係府省庁で共管する。

国民全体の教育の振興、雇用の確保や環境整備、福祉の増進、保健の向上等を目的とするものについては、関係府省庁の所管としつつ、個別作用法に具体的な関与を規定するほか、こどもの視点から総合調整を行う。

これらの考えに基づき、こども家庭庁が所管等することとなる法律は、別添のとおり。

(5) 新規の政策課題や隙間事案への対応

こども政策に関し他省の所掌に属しない事務を担うことを所掌事務として規定し、各省庁の所掌事務のすき間で抜け落ちる事務がないよう必要な取組を行うとともに、新規の政策課題に取り組む。

4. こども家庭庁の体制と主な事務

3. で示した機能を十全に果たすことができるよう、内閣総理大臣、こども政策を担当する内閣府特命担当大臣、こども家庭庁長官の下に、内部部局として以下の3部門の体制を設ける。

司令塔機能の整備や法律・事務の移管・共管に伴い、必要な職員・予算を確保する。なお、こども家庭庁の行う事務のうち、別添の事務については、厚生労働省の

地方支分部局である地方厚生局に事務委任する。また、こども政策に関する重要事項等を調査審議する審議会を置くとともに、施設等機関として国立児童自立支援施設を移管する。

　組織規模については、法律・事務の移管に伴い必要となる職員として、関係する行政機関で採用した職員を転任させるとともに、新規の政策課題への対応や司令塔機能や政策立案機能の強化に必要な人員を置くために、移管する定員を大幅に上回る体制を目指す。また、政策立案機能の強化のため、地方自治体職員や民間人材からの積極登用を行う。なお、こども家庭庁の設置に当たって、内閣府子ども・子育て本部、厚生労働省子ども家庭局等を廃止する。

①成育部門
　成育部門は、全てのこどもの健やかで安全・安心な成長に関する事務を担う。主たる事務は以下の通り。

1）妊娠・出産の支援、母子保健、成育医療等

　妊娠期から子育て期にわたるまでの包括的かつ継続的な保健施策に取り組むとともに、将来の妊娠のための健康管理などに必要な情報を提供する機会や相談体制の充実を図る。虐待や貧困などの複合的な要因を抱え、居場所がない若年妊婦への支援に取り組む。

　子育て世代包括支援センターについて、産前産後から子育て期を通じ、支援の切れ目や狭間が生じない、継続的な支援を提供できる体制の構築に取り組む。また、支援を必要とする全ての母子が、全国どこに住んでいても、産後うつの予防等心身のケアや育児のサポートといった産後ケアなどの支援を受けられる環境の整備を進める。さらに、関係府省と連携しながら、相談支援等により男性の子育てへの参画促進に取り組む。

　妊産婦やこどもの医療については、成育過程にある者及びその保護者並びに妊産婦に対し必要な成育医療等を切れ目なく提供するための施策の総合的な推進に関する法律（平成30年法律第104号）に基づく成育医療等基本方針等に基づき、また、医療関係各法に基づく基本方針等を定める際に事前協議を受けることなどにより、保健、教育、福祉等広い関係分野との相互連携を図りながら、全国どこにいても安全で安心して妊娠・出産することができ、こどもが心身ともに健康で育っていく環境を整備するための総合的な取組を推進する。

　また、関係省庁と連携しながら、小児がん患者等が家族や友人等と安心して過ごすことができる環境の整備について検討を進める。

2）就学前の全てのこどもの育ちの保障

こども家庭庁は、就学前のこどもの健やかな成長のための環境確保及びこどもの
ある家庭における子育て支援に関する事務を所掌し、幼稚園に通うこどもや、いず
れの施設にも通っていない乳幼児を含む、就学前の全てのこどもの育ちの保障を担
う。また、幼稚園、保育所、認定こども園（以下「3施設」という。）、家庭、地域
を含めた、政府内の取組を主導する（就学前のこどもの育ちに係る基本的な指針
（仮称）を新たに閣議決定し、これに基づき強力に推進。）。

文部科学省は、幼児に対する教育の振興に関する基本的な施策の企画及び立案並
びに調整に関する事務を所掌し、就学前の全てのこどもの小学校教育への円滑な接
続に向けた各地域における体制整備への支援等を担う。こども家庭庁が行う就学前
のこどもの健やかな成長のための環境確保及びこどものある家庭における子育て支
援に関する事務と緊密に連携して取り組む。

施設類型を問わず共通の教育・保育を受けることが可能となるよう、こども家庭
庁は、就学前のこどもの健やかな成長のための環境確保及びこどものある家庭にお
ける子育て支援に関する事務を所掌する観点から、文部科学省の定める幼稚園の教
育内容の基準の策定に当たり協議を受けることとし、文部科学省は、幼児教育の振
興に関する事務を所掌する観点から、こども家庭庁が定める保育所の保育内容の基
準の策定に当たり協議を受けることとし、これらの教育・保育内容の基準をともに
策定（共同告示）することとする。幼保連携型認定こども園の教育・保育内容の基
準をこども家庭庁及び文部科学省が定めることと併せ、3施設の教育・保育内容の
基準の整合性を制度的に担保する（児童福祉法及び学校教育法（昭和22年法律第
26号）の一部改正）。

幼稚園の指導監督等に関する文部科学大臣による地方自治体への指導・助言等に
ついて、所掌事務の遂行のため特に必要がある場合には、こども政策を担当する内
閣府特命担当大臣は、3（3）に従い、文部科学大臣に勧告を行うことができる。

認定こども園に関して指摘されている事務の輻輳や縦割りの問題について、園や
自治体の負担軽減や確実な連絡といった観点から、以下のように改善を図る。

・通知等は、原則として、こども家庭庁と文部科学省の連名で発出する（こども
家庭庁の創設時期にかかわらずできるだけ早期に実施。）。

・園に関する調査については、内容の共通化に向けた検討を開始し、令和5年度
の実施を目指す。なお、令和4年度からは、翌年度の調査の年間予定を地方自
治体に対して周知する。

・園を対象とする施設整備事業・災害復旧事業については、原則として、こども
家庭庁へ移管し、一本化する。その他の各種補助金等について、調査・整理を

行い、対応方針を決定する。

　就学前の教育・保育についての新たな制度の施行の状況を勘案し、一定期間経過後に検討を加え、必要があると認めるときは、その結果に基づいて所要の措置を講ずる。

　3）相談対応や情報提供の充実、全てのこどもの居場所づくり

　こどもや保護者等の相談に応じて関係機関の紹介等の情報提供・助言を行う拠点である子ども・若者総合相談センターのほか、子育て世代包括支援センター、子ども家庭総合支援拠点を一元的に所管する。地域において、これらの相談支援機能が円滑かつ着実に機能を果たし、必要な人に情報や支援が届くよう、こどもや子育て当事者の視点に立った情報発信や SNS 等を活用したプッシュ型の情報提供に取り組むとともに、子ども・若者総合相談センターの設置促進と機能を抜本的に強化する。

　身近な場所に親子が気軽に集まって相談や交流を行う地域子育て支援拠点の充実に取り組む。

　こどもが安心して過ごすことができる場の整備に関する事務を所掌し、政府の取組を中心的に担う（こどもの居場所づくりに関する指針（仮称）を閣議決定し、これに基づき強力に推進。）。

　放課後児童クラブを所管するとともに、NPO 等と連携し、不登校のこどもへの支援を含め、児童館や青少年センター、こども食堂、学習支援の場をはじめとする様々な居場所（サードプレイス）づくりやこどもの可能性を引き出すための取組に係る事務を自ら担う。

　また、各省がそれぞれの所掌に照らして行っているこどもの居場所と関連する事務について、必要な調整を行う。

　家庭等における生活の安定に寄与するとともに、こどもの健やかな成長に資するため、児童手当の支給を着実に実施する。

　4）こどもの安全

　こどもの性的搾取を防止するための政府の取組を中心的に担うとともに、教育・保育施設等やこどもが活動する場（放課後児童クラブ、学習塾、スポーツクラブ、部活動など）等において働く際に性犯罪歴等についての証明を求める仕組み（日本版 DBS）の導入に向けた検討を進める。また、教育職員等による児童生徒等への性暴力等の防止等に関し、今後、文部科学省が基本指針を変更する際に事前協議を受けることとする。

こどもの事故防止に関する事務を所掌し、消費者庁や文部科学省等の関係府省庁と連携して、こどもを事故から守るためのプロジェクトを推進する。関係府省庁連絡会議を開催して政府全体の調整を行うとともに、教育・保育施設の事故防止や学校や保育所が加入する災害共済給付等を自ら担う。こどもの事故防止に関する注意喚起を消費者庁と連携して行う。

　こどもの死亡の原因に関する情報の収集・分析・活用などの予防のためのこどもの死亡検証（チャイルド・デス・レビュー（CDR））の検討を進める。

　こどもが主体的にインターネットを利用できる能力習得の支援や有害な情報を閲覧する機会を減少させるための環境整備など、こどもが安全に安心してインターネットを利用できる環境整備を担う。

　登下校の安全や犯罪からこどもを守る取組を進める。

②支援部門

　支援部門は、困難を抱えるこどもや若者、家庭が、困難な状態から脱する、あるいは、軽減することができ、成育環境にかかわらずこどもが健やかに成長できるよう、こどもと家庭に対する、アウトリーチ型・伴走型の支援に関する事務を担う。主たる事務は以下の通り。

　1）様々な困難を抱えるこどもや家庭に対する年齢や制度の壁を克服した切れ目ない包括的支援

　虐待、貧困、不登校、高校中退、非行といった様々な困難を抱えるこどもや若者、家庭に対し、制度や組織による縦割りの壁や年齢の壁を克服した切れ目ない包括的なアウトリーチ型・伴走型の支援を届けるため、地域における支援ネットワークづくりを推進する。また、若年女性など困難な状況にある女性を対象とする支援施策と緊密な連携を図る。

　18歳といった特定の年齢で支援が途切れないようにするためには、子ども・若者支援地域協議会と要保護児童対策地域協議会の連携が有用である。これらの協議会は、秘密保持義務により個人情報の共有が可能となっている。子ども・若者支援地域協議会の設置促進・機能強化のための取組を抜本的に強化するとともに、子ども・若者支援地域協議会と要保護児童対策地域協議会を一元的に所管し、有機的な連携を図る。また、現場のニーズや実情を把握しているNPO等の民間団体のこれらの協議会への参画を促進する。子ども家庭総合支援拠点において、要保護児童等に対する相談支援等により児童虐待の未然防止等を図る。

　児童虐待防止対策について、子育て支援に早期につなげるなどの虐待予防の取組

を強化するとともに、児童虐待相談等の増加に見合った児童相談所や市町村の更なる体制強化、要保護児童対策地域協議会の運用改善、学校、保育所等と市町村、児童相談所等との連携推進等を行う。また、こどもの権利が擁護され、こどもの最善の利益を保障するため、児童相談所が措置を行う場合等において、こどもの意見を聴く仕組みづくりを進める。さらに、虐待リスクのある家庭等への子育て支援や、虐待をしてしまう保護者への回復支援の充実を図る。

　本来大人が担うと想定されている家事や家族の世話などを日常的に行っているこども、いわゆるヤングケアラーの問題について、社会的認知度を高めるとともに、福祉、介護、医療、教育等の関係者が情報共有・連携して早期発見・把握し、こどもの意向に寄り添いながら、必要な支援につなげていく。

　いじめ及び不登校対策に関し、文部科学省は、いじめ防止対策推進法（平成 25 年法律第 71 号）及び同法に基づき定める基本方針や義務教育の段階における普通教育に相当する教育の機会の確保等に関する法律（平成 28 年法律第 105 号）及び同法に基づき定める基本指針等に基づき、教育委員会を含む学校設置者、地方自治体が行う取組に対して、必要な指導・助言や調査等を行う。

　こども家庭庁は、文部科学省が指針等を変更する際に事前協議を受けることとするほか、地方自治体における相談体制の充実や居場所づくりの推進、地方自治体や民間団体等における学習支援の充実、要保護児童対策地域協議会や子ども・若者支援地域協議会の枠組みの活用による地域の居場所等と連携したアウトリーチ型支援など、関係機関等が連携した支援の充実を進める。また、法務省の人権擁護機関の活動との連携を推進する。

　いじめに関し、こども家庭庁は、学校外でのいじめを含めたこどものいじめの防止を担い、関係機関や関係者からの情報収集を通じた事案の把握、いじめの防止に向けた地方自治体における具体的な取組や体制づくり等を推進する。また、重大ないじめ事案への対応について、必要な情報を文部科学省と共有するとともに、地方自治体での共有を促進し、学校の設置者等が行う調査における第三者性の確保や運用等についての改善などの必要な対策を文部科学省とともに講ずる。

　さらに、文部科学省が個別の事案に関して行う指導・助言や調査等に関し、所掌事務の遂行のため特に必要がある場合には、こども政策を担当する内閣府特命担当大臣は、3（3）に従い、文部科学大臣に対し、必要な資料の提出及び説明を求め、勧告を行い、さらに当該勧告に基づいて講じた措置について報告を求めるなどの関与を行う。

　こどもの支援に携わる様々な専門分野の人材の確保や専門性の向上を図るとともに、地域における身近な大人や若者などボランティアやピアサポートができる人材

などこどもの健やかな成長を支える多様な人材の確保・育成に取り組む。

2) 社会的養護の充実及び自立支援
　社会的養護を必要とする全てのこどもが適切に保護され、心身ともに健やかに養育されるよう、家庭養育優先原則に基づき、里親やファミリーホームへの関係機関の支援の充実等による社会的養護の受け皿の確保・充実、社会的養護の下にあるこどもの権利保障や支援の質の向上を図る。その際、こどもの声に耳を傾け、こどもの意見を尊重した改善に取り組む仕組みづくりを進める。
　施設や里親の下で育った社会的養護経験者や、社会的養護の経験はないが、支援や保護が必要であった若者について、伴走型の支援や、複合的な課題にも対応できる多職種・関係機関の連携による自立支援を進める。

3) こどもの貧困対策、ひとり親家庭の支援
　子供の未来応援基金を活用し、貧困の状況にあるこどもと家庭に寄り添って草の根で支援を行っているNPO等に対して支援を行う。マッチングネットワーク推進協議会により、草の根の支援を行うNPO等とそうした活動をCSRの観点から応援する企業とのマッチングを推進する。
　文部科学省と連携し、学校を地域に開かれたプラットフォームと位置付けて、スクールソーシャルワーカーが機能する体制づくりを進めるとともに、地域において支援に携わる人材やNPO等と一体となって、支援が必要なこどもを早期に把握し、支援につなげる取組を推進する。
　ひとり親家庭が抱える様々な課題や個別のニーズに対応するため、児童扶養手当等による経済的支援のほか、それぞれの家庭の状況に応じて生活支援、子育て支援、就労支援等適切な支援を実施するとともに、相談に来ることを待つことなくプッシュ型による積極的な相談支援を行うことや、様々な課題にワンストップで必要な支援に繋げることができる相談支援体制を強化する。

4) 障害児支援
　全ての国民が障害の有無にかかわらず、互いに人格と個性を尊重しあい、理解しあいながら共に生きていく共生社会の実現に向けて、障害児の地域社会への参加・包容（インクルージョン）を推進する観点等を踏まえ、こども家庭庁が所管する子育て支援施策の中で障害や発達に課題のあるこどもへの支援を行う。その際、文部科学省や厚生労働省と連携し、一人一人の教育的ニーズを踏まえた特別支援教育との連携の促進や、一般就労や障害者施策への円滑な接続・移行を図るなど、切れ目

ない支援を充実する。医療的ケアが必要なこどもや様々な発達に課題のあるこども等について、医療、福祉、教育が連携して対応する環境整備を進める。

③企画立案・総合調整部門

企画立案・総合調整部門は、庁全体の官房機能を担うとともに、こども政策全体の司令塔機能の発揮、地方・民間団体・国際社会との連携、こどもの健やかな成長を支える社会的機運の醸成、データ分析や EBPM に関する事務を行う。主たる事務は以下の通り。

1）こどもの視点に立った政策の企画立案・総合調整

これまで各府省が別々に行ってきたこども政策に関する総合調整機能を一元的に集約し、こどもの視点に立って、行政各部の統一を図るための企画・立案・総合調整を行う。

こどもや若者から意見を聴くユース政策モニターやユースラウンドテーブルを実施するとともに、各府省でこども政策を決める際のこどもや若者を対象としたパブリックコメントの実施などを推進する。審議会・懇談会等の委員等へのこども・若者の参画を促進するとともに、こどもや若者にとって身近な SNS を活用した意見聴取などこどもや若者から直接意見を聴く仕組みや場づくりについても検討していく。

こうしたこどもや若者の意見を踏まえ、こども政策に関連する大綱を一体的に作成・推進する。地方自治体における関連計画の策定を支援する。

大綱や総合調整権限を活用し、こども家庭庁が自ら実施する事務のみならず、政府全体の少子化対策やこどもや若者の健やかな成長に関する施策を強力に推進する。

地域の実情や課題に応じた少子化対策を進めるため、結婚、子育てに関する地方公共団体の取組を支援するとともに、結婚新生活支援事業の充実を図る。

外務省と連携し、児童の権利に関する条約に基づく児童の権利委員会への対応など、児童の権利に関する条約に関する取組を主体的に進める。子どもに対する暴力撲滅グローバル・パートナーシップの活動の一環として策定された子どもに対する暴力撲滅行動計画（令和3年8月）についても取り組む。これらを通じて、こどもに関する国際合意等を国内施策に適切に反映していくとともに、国際的な取組に貢献していく。

2）必要な支援を必要な人に届けるための情報発信や広報等

必要な人に情報や支援が届くよう、こどもや若者、子育て当事者が正確でわかり

やすい情報に簡単にアクセスできるようにしたり、利用者目線に立って必要な情報がわかりやすくまとまって確認できるような一覧性が確保された情報発信、こどもや若者にとってなじみやすい SNS 等を活用したプッシュ型広報、制度や支援についてオンラインで気軽に問い合わせできる仕組みの構築など、情報発信や広報を改善・強化する。

各種月間・週間や表彰、子供の未来応援国民運動、さんきゅうパパプロジェクト等を通じ、こどもの健やかな成長や子育てを応援する社会的な機運の醸成を図る。

3) データ・統計を活用したエビデンスに基づく政策立案と実践、評価、改善

各種統計におけるこどもや家庭に関するデータや、こどもや若者を対象とした意識調査、子どもの貧困対策や少子化対策に関する調査研究などを更に充実させていく。

こどもの置かれている状況や課題を的確に分析し、現状把握にとどまらず、政策効果を明らかにした上で、エビデンスに基づく政策立案・実践を行う。また、内閣府が令和 3 年に作成した「子供・若者インデックスボード」を更に充実させるなど、多様なデータを参照して、施策を検証・評価し、改善につなげていく。

関連する国会報告（法定白書）を一体的に作成・公表し、こどもや若者、家庭の置かれている状況やこども政策の実施状況を、こどもや若者、子育て当事者をはじめ国民に対してわかりやすく情報提供する。

デジタル庁等と連携し、先進的な地方自治体の取組も参考に、住民に身近な地方自治体において、個々のこどもや家庭の状況や支援内容等に関する教育・保健・福祉などの情報を分野横断的に連携・集約するデジタル基盤を整備し、情報を分析し、支援の必要なこどもや家庭の SOS を待つことなく、能動的なプッシュ型支援を届けることができる取組を推進する。その際、個人情報の取扱いにあってはこども本人や家族の権利利益の保護に十分に配慮するとともに、子ども・若者支援地域協議会や要保護児童対策地域協議会のような個人情報の共有が可能な法的枠組みにおいてもそれぞれの運営目的に基づき有効に活用することを検討する。

5. こども家庭庁創設に向けたスケジュール

こども家庭庁は、令和 5 年度のできる限り早い時期に創設することとし、次期通常国会に必要な法律案を提出する。

「こどもに関する政策パッケージ」（令和 3 年 11 月 30 日）に基づき、結婚・子育てに関する地方自治体の取組支援、こども食堂等の支援、市町村における家庭・養

育環境支援の強化、SNS 等を利用したこどもや若者からの意見聴取の仕組みなどの新たな取組に関する検討を進めるとともに、こども政策に関する新たな大綱の策定に向けた検討に着手するなど、こども家庭庁の創設を待たずにできることから速やかに、着実に取り組む。

6. こども政策を強力に進めるために必要な安定財源の確保

こども政策を強力に進めるために必要な安定財源の確保について、政府を挙げて、国民各層の理解を得ながら、社会全体での費用負担の在り方を含め、幅広く検討を進め、確保に努めていく。その際には、こどもに負担を先送りすることのないよう、応能負担や歳入改革を通じて十分に安定的な財源を確保しつつ、有効性や優先順位を踏まえ、速やかに必要な支援策を講じていく。安定的な財源の確保にあたっては、企業を含め社会・経済の参加者全員が連帯し、公平な立場で、広く負担していく新たな枠組みについても検討する。

こども基本法（令和四年法律第七十七号）

第一章　総則

（目的）

第一条　この法律は、日本国憲法及び児童の権利に関する条約の精神にのっとり、次代の社会を担う全てのこどもが、生涯にわたる人格形成の基礎を築き、自立した個人としてひとしく健やかに成長することができ、心身の状況、置かれている環境等にかかわらず、その権利の擁護が図られ、将来にわたって幸福な生活を送ることができる社会の実現を目指して、社会全体としてこども施策に取り組むことができるよう、こども施策に関し、基本理念を定め、国の責務等を明らかにし、及びこども施策の基本となる事項を定めるとともに、こども政策推進会議を設置すること等により、こども施策を総合的に推進することを目的とする。

（定義）

第二条　この法律において「こども」とは、心身の発達の過程にある者をいう。

2　この法律において「こども施策」とは、次に掲げる施策その他のこどもに関する施策及びこれと一体的に講ずべき施策をいう。

　　一　新生児期、乳幼児期、学童期及び思春期の各段階を経て、おとなになるまでの心身の発達の過程を通じて切れ目なく行われるこどもの健やかな成長に対する支援

　　二　子育てに伴う喜びを実感できる社会の実現に資するため、就労、結婚、妊娠、出産、育児等の各段階に応じて行われる支援

　　三　家庭における養育環境その他のこどもの養育環境の整備

（基本理念）

第三条　こども施策は、次に掲げる事項を基本理念として行われなければならない。

　　一　全てのこどもについて、個人として尊重され、その基本的人権が保障されるとともに、差別的取扱いを受けることがないようにすること。

　　二　全てのこどもについて、適切に養育されること、その生活を保障されること、愛され保護されること、その健やかな成長及び発達並びにその自立が図られる

ことその他の福祉に係る権利が等しく保障されるとともに、教育基本法（平成
　　十八年法律第百二十号）の精神にのっとり教育を受ける機会が等しく与えられ
　　ること。
三　全てのこどもについて、その年齢及び発達の程度に応じて、自己に直接関係
　　する全ての事項に関して意見を表明する機会及び多様な社会的活動に参画する
　　機会が確保されること。
四　全てのこどもについて、その年齢及び発達の程度に応じて、その意見が尊重
　　され、その最善の利益が優先して考慮されること。
五　こどもの養育については、家庭を基本として行われ、父母その他の保護者が
　　第一義的責任を有するとの認識の下、これらの者に対してこどもの養育に関し
　　十分な支援を行うとともに、家庭での養育が困難なこどもにはできる限り家庭
　　と同様の養育環境を確保することにより、こどもが心身ともに健やかに育成さ
　　れるようにすること。
六　家庭や子育てに夢を持ち、子育てに伴う喜びを実感できる社会環境を整備す
　　ること。

（国の責務）

第四条　国は、前条の基本理念（以下単に「基本理念」という。）にのっとり、こ
　　ども施策を総合的に策定し、及び実施する責務を有する。

（地方公共団体の責務）

第五条　地方公共団体は、基本理念にのっとり、こども施策に関し、国及び他の地
　　方公共団体との連携を図りつつ、その区域内におけるこどもの状況に応じた施策
　　を策定し、及び実施する責務を有する。

（事業主の努力）

第六条　事業主は、基本理念にのっとり、その雇用する労働者の職業生活及び家庭
　　生活の充実が図られるよう、必要な雇用環境の整備に努めるものとする。

（国民の努力）

第七条　国民は、基本理念にのっとり、こども施策について関心と理解を深めると
　　ともに、国又は地方公共団体が実施するこども施策に協力するよう努めるものと
　　する。

第八条　政府は、毎年、国会に、我が国におけるこどもをめぐる状況及び政府が講じたこども施策の実施の状況に関する報告を提出するとともに、これを公表しなければならない。

2　前項の報告は、次に掲げる事項を含むものでなければならない。

　　一　少子化社会対策基本法（平成十五年法律第百三十三号）第九条第一項に規定する少子化の状況及び少子化に対処するために講じた施策の概況

　　二　子ども・若者育成支援推進法（平成二十一年法律第七十一号）第六条第一項に規定する我が国における子ども・若者の状況及び政府が講じた子ども・若者育成支援施策の実施の状況

　　三　子どもの貧困対策の推進に関する法律（平成二十五年法律第六十四号）第七条第一項に規定する子どもの貧困の状況及び子どもの貧困対策の実施の状況

第二章　基本的施策

（こども施策に関する大綱）

第九条　政府は、こども施策を総合的に推進するため、こども施策に関する大綱（以下「こども大綱」という。）を定めなければならない。

2　こども大綱は、次に掲げる事項について定めるものとする。

　　一　こども施策に関する基本的な方針

　　二　こども施策に関する重要事項

　　三　前二号に掲げるもののほか、こども施策を推進するために必要な事項

3　こども大綱は、次に掲げる事項を含むものでなければならない。

　　一　少子化社会対策基本法第七条第一項に規定する総合的かつ長期的な少子化に対処するための施策

　　二　子ども・若者育成支援推進法第八条第二項各号に掲げる事項

　　三　子どもの貧困対策の推進に関する法律第八条第二項各号に掲げる事項

4　こども大綱に定めるこども施策については、原則として、当該こども施策の具体的な目標及びその達成の期間を定めるものとする。

5　内閣総理大臣は、こども大綱の案につき閣議の決定を求めなければならない。

6　内閣総理大臣は、前項の規定による閣議の決定があったときは、遅滞なく、こども大綱を公表しなければならない。

7　前二項の規定は、こども大綱の変更について準用する。

（都道府県こども計画等）

第十条　都道府県は、こども大綱を勘案して、当該都道府県におけるこども施策についての計画（以下この条において「都道府県こども計画」という。）を定めるよう努めるものとする。

2　市町村は、こども大綱（都道府県こども計画が定められているときは、こども大綱及び都道府県こども計画）を勘案して、当該市町村におけるこども施策についての計画（以下この条において「市町村こども計画」という。）を定めるよう努めるものとする。

3　都道府県又は市町村は、都道府県こども計画又は市町村こども計画を定め、又は変更したときは、遅滞なく、これを公表しなければならない。

4　都道府県こども計画は、子ども・若者育成支援推進法第九条第一項に規定する都道府県子ども・若者計画、子どもの貧困対策の推進に関する法律第九条第一項に規定する都道府県計画その他法令の規定により都道府県が作成する計画であってこども施策に関する事項を定めるものと一体のものとして作成することができる。

5　市町村こども計画は、子ども・若者育成支援推進法第九条第二項に規定する市町村子ども・若者計画、子どもの貧困対策の推進に関する法律第九条第二項に規定する市町村計画その他法令の規定により市町村が作成する計画であってこども施策に関する事項を定めるものと一体のものとして作成することができる。

（こども施策に対するこども等の意見の反映）

第十一条　国及び地方公共団体は、こども施策を策定し、実施し、及び評価するに当たっては、当該こども施策の対象となるこども又はこどもを養育する者その他の関係者の意見を反映させるために必要な措置を講ずるものとする。

（こども施策に係る支援の総合的かつ一体的な提供のための体制の整備等）

第十二条　国は、こども施策に係る支援が、支援を必要とする事由、支援を行う関係機関、支援の対象となる者の年齢又は居住する地域等にかかわらず、切れ目なく行われるようにするため、当該支援を総合的かつ一体的に行う体制の整備その他の必要な措置を講ずるものとする。

（関係者相互の有機的な連携の確保等）

第十三条　国は、こども施策が適正かつ円滑に行われるよう、医療、保健、福祉、教育、療育等に関する業務を行う関係機関相互の有機的な連携の確保に努めなけ

ればならない。

2　都道府県及び市町村は、こども施策が適正かつ円滑に行われるよう、前項に規定する業務を行う関係機関及び地域においてこどもに関する支援を行う民間団体相互の有機的な連携の確保に努めなければならない。

3　都道府県又は市町村は、前項の有機的な連携の確保に資するため、こども施策に係る事務の実施に係る協議及び連絡調整を行うための協議会を組織することができる。

4　前項の協議会は、第二項の関係機関及び民間団体その他の都道府県又は市町村が必要と認める者をもって構成する。

第十四条　国は、前条第一項の有機的な連携の確保に資するため、個人情報の適正な取扱いを確保しつつ、同項の関係機関が行うこどもに関する支援に資する情報の共有を促進するための情報通信技術の活用その他の必要な措置を講ずるものとする。

2　都道府県及び市町村は、前条第二項の有機的な連携の確保に資するため、個人情報の適正な取扱いを確保しつつ、同項の関係機関及び民間団体が行うこどもに関する支援に資する情報の共有を促進するための情報通信技術の活用その他の必要な措置を講ずるよう努めるものとする。

（この法律及び児童の権利に関する条約の趣旨及び内容についての周知）
第十五条　国は、この法律及び児童の権利に関する条約の趣旨及び内容について、広報活動等を通じて国民に周知を図り、その理解を得るよう努めるものとする。

（こども施策の充実及び財政上の措置等）
第十六条　政府は、こども大綱の定めるところにより、こども施策の幅広い展開その他のこども施策の一層の充実を図るとともに、その実施に必要な財政上の措置その他の措置を講ずるよう努めなければならない。

第三章　こども政策推進会議

（設置及び所掌事務等）
第十七条　こども家庭庁に、特別の機関として、こども政策推進会議（以下「会議」という。）を置く。

2　会議は、次に掲げる事務をつかさどる。

　一　こども大綱の案を作成すること。

二　前号に掲げるもののほか、こども施策に関する重要事項について審議し、及
　　びこども施策の実施を推進すること。
　三　こども施策について必要な関係行政機関相互の調整をすること。
　四　前三号に掲げるもののほか、他の法令の規定により会議に属させられた事務
3　会議は、前項の規定によりこども大綱の案を作成するに当たり、こども及びこ
　どもを養育する者、学識経験者、地域においてこどもに関する支援を行う民間団
　体その他の関係者の意見を反映させるために必要な措置を講ずるものとする。

（組織等）
第十八条　会議は、会長及び委員をもって組織する。
2　会長は、内閣総理大臣をもって充てる。
3　委員は、次に掲げる者をもって充てる。
　一　内閣府設置法（平成十一年法律第八十九号）第九条第一項に規定する特命担
　　当大臣であって、同項の規定により命を受けて同法第十一条の三に規定する事
　　務を掌理するもの
　二　会長及び前号に掲げる者以外の国務大臣のうちから、内閣総理大臣が指定す
　　る者

（資料提出の要求等）
第十九条　会議は、その所掌事務を遂行するために必要があると認めるときは、関
　係行政機関の長に対し、資料の提出、意見の開陳、説明その他必要な協力を求め
　ることができる。
2　会議は、その所掌事務を遂行するために特に必要があると認めるときは、前項
　に規定する者以外の者に対しても、必要な協力を依頼することができる。

（政令への委任）
第二十条　前三条に定めるもののほか、会議の組織及び運営に関し必要な事項は、
　政令で定める。

　　　附　　則

（施行期日）
第一条　この法律は、令和五年四月一日から施行する。
　（検討）

第二条　国は、この法律の施行後五年を目途として、この法律の施行の状況及びこども施策の実施の状況を勘案し、こども施策が基本理念にのっとって実施されているかどうか等の観点からその実態を把握し及び公正かつ適切に評価する仕組みの整備その他の基本理念にのっとったこども施策の一層の推進のために必要な方策について検討を加え、その結果に基づき、法制上の措置その他の必要な措置を講ずるものとする。

こども家庭庁設置法（令和四年法律第七十五号）

第一章　総則

（目的）

第一条　この法律は、こども家庭庁の設置並びに任務及びこれを達成するため必要となる明確な範囲の所掌事務を定めるとともに、その所掌する行政事務を能率的に遂行するため必要な組織を定めることを目的とする。

第二章　こども家庭庁の設置並びに任務及び所掌事務等

第一節　こども家庭庁の設置

（設置）

第二条　内閣府設置法（平成十一年法律第八十九号）第四十九条第三項の規定に基づいて、内閣府の外局として、こども家庭庁を設置する。

2　こども家庭庁の長は、こども家庭庁長官（以下「長官」という。）とする。

第二節　こども家庭庁の任務及び所掌事務等

（任務）

第三条　こども家庭庁は、心身の発達の過程にある者（以下「こども」という。）が自立した個人としてひとしく健やかに成長することのできる社会の実現に向け、子育てにおける家庭の役割の重要性を踏まえつつ、こどもの年齢及び発達の程度に応じ、その意見を尊重し、その最善の利益を優先して考慮することを基本とし、こども及びこどものある家庭の福祉の増進及び保健の向上その他のこどもの健やかな成長及びこどものある家庭における子育てに対する支援並びにこどもの権利利益の擁護に関する事務を行うことを任務とする。

2　前項に定めるもののほか、こども家庭庁は、同項の任務に関連する特定の内閣の重要政策に関する内閣の事務を助けることを任務とする。

3　こども家庭庁は、前項の任務を遂行するに当たり、内閣官房を助けるものとする。

第四条　こども家庭庁は、前条第一項の任務を達成するため、次に掲げる事務をつかさどる。

一　小学校就学前のこどもの健やかな成長のための環境の確保及び小学校就学前のこどものある家庭における子育て支援に関する基本的な政策の企画及び立案並びに推進に関すること。

二　子ども・子育て支援法（平成二十四年法律第六十五号）の規定による子ども・子育て支援給付その他の子ども及び子どもを養育している者に必要な支援に関すること（同法第六十九条第一項の規定による拠出金の徴収に関することを除く。）。

三　就学前の子どもに関する教育、保育等の総合的な提供の推進に関する法律（平成十八年法律第七十七号）に規定する認定こども園に関する制度に関すること。

四　こどもの保育及び養護に関すること。

五　こどものある家庭における子育ての支援体制の整備並びに地域におけるこどもの適切な遊び及び生活の場の確保に関すること。

六　こどもの福祉のための文化の向上に関すること。

七　母子家庭及び父子家庭並びに寡婦の福祉の増進に関すること。

八　第四号から前号までに掲げるもののほか、こども、こどものある家庭及び妊産婦その他母性の福祉の増進に関すること。

九　こどもの安全で安心な生活環境の整備に関する基本的な政策の企画及び立案並びに推進に関すること。

十　独立行政法人日本スポーツ振興センターが行う独立行政法人日本スポーツ振興センター法（平成十四年法律第百六十二号）第十五条第一項第七号に規定する災害共済給付に関すること。

十一　青少年が安全に安心してインターネットを利用できる環境の整備等に関する法律（平成二十年法律第七十九号）第八条第一項に規定する基本計画の作成及び推進に関すること。

十二　こどもの保健の向上に関すること（児童福祉法（昭和二十二年法律第百六十四号）の規定による小児慢性特定疾病医療費の支給等に関することを除く。）。

十三　妊産婦その他母性の保健の向上に関すること。

二十五　所掌事務に係る国際協力に関すること。

二十六　政令で定める文教研修施設において所掌事務に関する研修を行うこと。

二十七　前各号に掲げるもののほか、法律（法律に基づく命令を含む。）に基づきこども家庭庁に属させられた事務

2　前項に定めるもののほか、こども家庭庁は、前条第二項の任務を達成するため、行政各部の施策の統一を図るために必要となる次に掲げる事項の企画及び立案並びに総合調整に関する事務（内閣官房が行う内閣法（昭和二十二年法律第五号）第十二条第二項第二号に掲げる事務を除く。）をつかさどる。

一　こどもが自立した個人としてひとしく健やかに成長することのできる社会の実現に向けた基本的な政策に関する事項

二　結婚、出産又は育児に希望を持つことができる社会環境の整備等少子化の克服に向けた基本的な政策に関する事項

三　子ども・若者育成支援に関する事項

3　前二項に定めるもののほか、こども家庭庁は、前条第二項の任務を達成するため、内閣府設置法第四条第二項に規定する事務のうち、前条第一項の任務に関連する特定の内閣の重要政策について、当該重要政策に関して閣議において決定された基本的な方針に基づいて、行政各部の施策の統一を図るために必要となる企画及び立案並びに総合調整に関する事務をつかさどる。

（資料の提出要求等）

第五条　長官は、こども家庭庁の所掌事務を遂行するため必要があると認めるときは、関係行政機関の長に対し、資料の提出、説明その他必要な協力を求めることができる。

第三章　こども家庭庁に置かれる機関

第一節　審議会等

（設置）

第六条　こども家庭庁に、こども家庭審議会を置く。

2　前項に定めるもののほか、別に法律で定めるところによりこども家庭庁に置かれる審議会等は、旧優生保護法一時金認定審査会とし、旧優生保護法に基づく優生手術等を受けた者に対する一時金の支給等に関する法律（これに基づく命令を含む。）の定めるところによる。

（こども家庭審議会）

第七条　こども家庭審議会は、次に掲げる事務をつかさどる。

一　内閣総理大臣、関係各大臣又は長官の諮問に応じて、こどもが自立した個人としてひとしく健やかに成長することのできる社会の実現に向けた基本的な政策に関する重要事項を調査審議すること。

二　前号に規定する重要事項に関し、内閣総理大臣、関係各大臣又は長官に意見を述べること。

三　内閣総理大臣又は長官の諮問に応じて、次に掲げる重要事項を調査審議すること。

イ　子ども・子育て支援法の施行に関する重要事項

ロ　こども、こどものある家庭及び妊産婦その他母性の福祉の増進に関する重要事項

ハ　こども及び妊産婦その他母性の保健の向上に関する重要事項

ニ　こどもの権利利益の擁護に関する重要事項

四　前号イに掲げる重要事項に関し内閣総理大臣、関係各大臣又は長官に、同号ロからニまでに掲げる重要事項に関し内閣総理大臣又は長官に、それぞれ意見を述べること。

五　次に掲げる法律の規定によりその権限に属させられた事項を処理すること。

イ　児童福祉法

ロ　児童買春、児童ポルノに係る行為等の規制及び処罰並びに児童の保護等に関する法律（平成十一年法律第五十二号）

ハ　次世代育成支援対策推進法（平成十五年法律第百二十号）

ニ　就学前の子どもに関する教育、保育等の総合的な提供の推進に関する法律

ホ　子ども・子育て支援法

ヘ　成育過程にある者及びその保護者並びに妊産婦に対し必要な成育医療等を切れ目なく提供するための施策の総合的な推進に関する法律

2　こども家庭審議会の委員その他の職員で政令で定めるものは、内閣総理大臣が任命する。

3　前二項に定めるもののほか、こども家庭審議会の組織及び委員その他の職員その他こども家庭審議会に関し必要な事項については、政令で定める。

第二節　特別の機関

（こども政策推進会議）

第八条　別に法律の定めるところによりこども家庭庁に置かれる特別の機関は、こ

224

ども政策推進会議とする。

2　こども政策推進会議については、こども基本法（これに基づく命令を含む。）の
定めるところによる。

第四章　雑則

（官房及び局の数等）

第九条　こども家庭庁は、内閣府設置法第五十三条第二項に規定する庁とする。

2　内閣府設置法第五十三条第二項の規定に基づきこども家庭庁に置かれる官房及
び局の数は、三以内とする。

附　則

（施行期日）

1　この法律は、令和五年四月一日から施行する。

（検討）

2　政府は、この法律の施行後五年を目途として、小学校就学前のこどもに対する
質の高い教育及び保育の提供その他のこどもの健やかな成長及びこどものある家
庭における子育てに対する支援に関する施策の実施の状況を勘案し、これらの施
策を総合的かつ効果的に実施するための組織及び体制の在り方について検討を加
え、必要があると認めるときは、その結果に基づいて所要の措置を講ずるものと
する。

参考文献

- 末冨芳・秋田喜代子・宮本みち子（2023）『子ども若者の権利とこども基本法』明石書店
- 松田茂樹（2021）『［続］少子化論—出生率回復と〈自由な社会〉』学文社
- メアリー・C・ブリントン（2022）『縛られる日本人—人口減少をもたらす「規範」を打ち破れるか』中央公論新社
- 山崎史郎（2021）『人口戦略法案』日本経済新聞出版
- 山口慎太郎（2021）『子育て支援の経済学』日本評論社
- 山田昌弘（2020）『日本の少子化対策はなぜ失敗したのか？—結婚・出産が回避される本当の原因』光文社
- 村上芽（2019）『少子化する世界』日本経済新聞出版社
- 柴田悠（2016）『子育て支援が日本を救う—政策効果の統計分析』勁草書房
- 藤波匠（2023）『なぜ少子化は止められないのか』日本経済新聞出版
- 永瀬伸子・寺村絵里子編著（2021）『少子化と女性のライフコース』原書房
- 小室淑恵・天野妙（2020）『男性の育休—家族・企業・経済はこう変わる』PHP研究所
- 遠藤利彦（2017）『赤ちゃんの発達とアタッチメント：乳児保育で大切にしたいこと』ひとなる書房
- 明和政子（2019）『ヒトの発達の謎を解く—胎児期から人類の未来まで』筑摩書房
- 本橋豊（2007）『自殺対策ハンドブックQ & A』ぎょうせい
- 小倉將信（2020）『EBPMとは何か』中央公論事業出版
- 公益財団法人母子衛生研究会（2021）『わが国の母子保健—令和3年—』公益財団法人母子衛生研究会
- 荘村明彦（2013）『五訂　児童手当法の解説』中央法規出版
- 荘村明彦（2022）『七訂　児童手当事務マニュアル』中央法規出版

- 倉石哲也（2023）『人口減少時代に向けた　保育所・認定こども園・幼稚園の子育て支援』中央法規出版
- 国立教育政策研究所（2020）『幼児教育・保育の国際比較』明石書店
- 倉橋惣三（2008）『育ての心（上）（下）』フレーベル館
- 大豆生田啓友・豪田トモ（2022）『子どもが対話する保育『サークルタイム』のすすめ』小学館
- 厚生労働省（2018）『保育所保育指針解説』フレーベル館
- 内閣府・文部科学省・厚生労働省（2018）『幼保連携型認定こども園教育・保育要領解説』フレーベル館
- 文部科学省（2018）『幼稚園教育要領解説』フレーベル館
- 厚生労働省（2021）『改訂版　放課後児童クラブ運営指針解説書』フレーベル館
- 放課後児童支援員認定資格研修教材編集委員会（2024）『放課後児童支援員都道府県認定資格研修教材　第3版』中央法規出版
- 遠藤奈央子（2019）『「民間学童」のつくり方・運営の仕方』日本実業出版社
- 遠藤奈央子（2022）『「自分でできる子」に育つ放課後時間の過ごし方』講談社
- 児童館研究委員会・一般財団法人児童健全育成推進財団編（2022）『子どもは歴史の希望—児童館理解の基礎理論』フレーベル館
- 児童館研究委員会・一般財団法人児童健全育成推進財団編（2022）『わたしのまちのじどうかん—児童館実践事例集』フレーベル館
- 豪田トモ（2019）『オネエ産婦人科』サンマーク出版
- 川﨑二三彦（2019）『虐待死　なぜ起きるのか、どう防ぐか』岩波書店
- 青山さくら、川松亮（2020）『ジソウのお仕事　50の物語で考える子ども虐待と児童相談所』フェミックス
- 後藤啓二（2016）『"子ども虐待死ゼロ"を目指す法改正の実現に向けて』エピック
- 後藤啓二（2019）『子どもが守られる社会に』エピック
- 森岡満恵（2018）『思春期からの子ども虐待予防教育—保健・福祉・教育専門職が教える、親になる前に知っておいてほしいこと』明石書店

・矢満田篤二・萬屋育子（2015）『「赤ちゃん縁組」で虐待死をなくす―愛知方式がつないだ命』光文社
・楢原真也（2021）『児童養護施設で暮らすということ　子どもたちと紡ぐ物語』日本評論社
・田中れいか（2021）『児童養護施設という私のおうち』旬報社
・坂本洋子（2003）『ぶどうの木：10人の“わが子”とすごした、里親18年の記録』幻冬舎
・阿部彩（2008）『子どもの貧困：日本の不公平を考える』岩波書店
・渡辺由美子（2018）『子どもの貧困　未来へつなぐためにできること』水曜社
・赤石千衣子（2014）『ひとり親家庭』岩波書店
・池上彰編（2015）『日本の大課題　子どもの貧困―社会的養護の現場から考える』筑摩書房
・山野良一（2014）『子どもに貧困を押しつける国・日本』光文社
・和久田学（2019）『学校を変える　いじめの科学』日本評論社
・今村久美（2023）『NPOカタリバがみんなと作った　不登校―親子のための教科書』ダイヤモンド社
・北川聡子・小野善郎（2020）『子育ての村ができた！　発達支援、家族支援、共に生きるために―向き合って、寄り添って、むぎのこ37年の軌跡』福村出版
・福田雅文（2017）『重い障がい児に導かれて―重症児の母、北浦雅子の足跡』中央法規出版
・野辺明子・前田浩利（2020）『命あるがままに　医療的ケアの必要な子どもと家族の物語』中央法規出版
・北川聡子・古家好恵・小野善郎＋むぎのこ（2021）『子育ての村『むぎのこ』のお母さんと子どもたち―支え合って暮らす　むぎのこ式子育て支援・社会的養育の実践』福村出版
・竹内今日生（2020）『子どもの悩み、家庭の悩み―ハブ機能としてのメンタルクリニック』文芸社
・内閣府（2022）『少子化社会対策白書』日経印刷
・厚生労働省（2023）『令和5年版厚生労働白書』日経印刷

・厚生労働省（2024）『令和 5 年版自殺対策白書』日経印刷
・文部科学省（2023）『令和 4 年度文部科学白書』日経印刷

230　参考文献

著者略歴

小倉將信（おぐら・まさのぶ）
昭和56年生まれ。
平成16年東京大学法学部卒業後、日本銀行に入行。
平成21年オックスフォード大学大学院金融経済学修士修了。
平成24年、町田市・多摩市（東京都第23選挙区）選出の衆議院議員として初当選。現在4期目。
平成29年総務大臣政務官に就任。地方行政・地方財政・地方税制・消防を担当。
令和3年自民党青年局長に就任。
令和4年内閣府特命担当大臣に就任。こども政策、少子化対策、男女共同参画、女性活躍、共生社会、孤独・孤立対策を担当。
令和5年初代こども家庭庁担当大臣に就任。
令和6年現在、自民党副幹事長。税制調査会幹事、金融調査会幹事長代理、消費者問題調査会事務局長、党改革実行本部幹事、女性活躍推進特別委員会委員長代理、「こども・若者」輝く未来創造本部事務局長、孤独・孤立対策特命委員会委員長など。

こども家庭庁と日本のこども政策
―こどもまんなか社会の実現に向けて

2024年10月1日　初版発行

著　者　小倉將信

制作・発売　**中央公論事業出版**
〒101-0051　東京都千代田区神田神保町1-10-1
IVYビル5階
電話　03-5244-5723
URL　https://www.chukoji.co.jp/

印刷・製本／大日本印刷
装丁／ studio TRAMICHE